100% FLE

A2

W0336572

Grammaire essentielle du français

45 leçons • 10 bilans

Ludivine Glaud, Muriel Lannier, Yves Loiseau pour les leçons

Marion Perrard, Odile Rimbert pour la grammaire contrastive

didier
Français Langue Étrangère

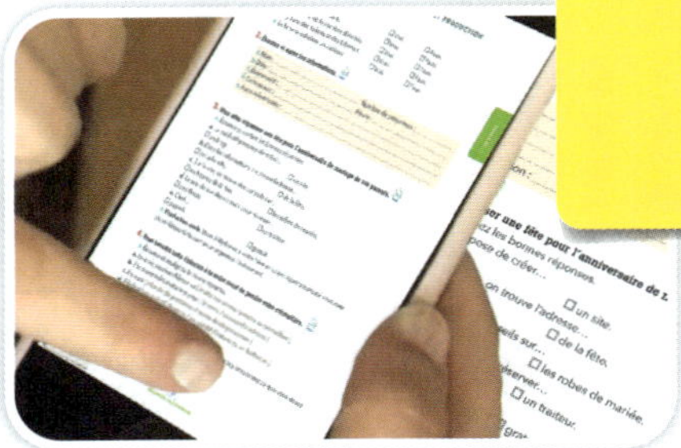

Crédits photographiques : page 125 : Héliotypie Dugas & Cie de Nantes / autres pages : Amarante/Shutterstock LdD Dec 2014 © : 193637351, MJTH; 194797433, Karramba Production; 116394583, TrotzOlga; 117756757, anyamuse; 174015797, Rose Carson; 148576580, Fotoksa; 54357628, Golden Pixels LLC; 186743468, pirtuss; 164889590, lightwavemedia; 78880765, dotshock; 160127498, Jiri Hera; 101697775, Blend Images; 142486603, racorn; 173651450, Nadino; 204417616, NataliaShikarnai; 186229475, Brian McEntire; 109696361, Ilike; 172459952, pisaphotography; 165811163, Monkey Business Images; 168757025, Anton_Ivanov; 104302643, Minerva Studio; 129598361, wavebreakmedia; 169919432, g-stockstudio; 187631777, TAGSTOCK1; 178553666, Evgeny Bakharev; 95719522, Dudarev Mikhail; 112840573, BMJ; 130157048, Richard Cavalleri; 151847828, Sergey Novikov; 58739668, svetara; 183689507, tanuha2001; 166404422, Hasloo Group Production Studio; 85001884, sarra22; 196783658, Syda Productions; 179787356, Vtls; 137333393, m.bonotto; 161354726, ilolab; 89899735, SipaPhoto; 171245753, Pekka Nikonen; 121852696, Olesia Bilkei; 144959950, racorn; 139942111, Tyler Olson; 154176629, William Perugini; 76713919, Igor Bulgarin; 159963464, Smileus; 219651598, Nadya Lukic; 122692906, Sukharevskyy Dmytro (nevodka); 173223272, RomanSlavik; 198732815, Ollyy.

Édition : Valentine Pillet / Illustrations : Joëlle Passeron / Couverture : olo.éditions / Maquette : amarantedesign
Enregistrements, montage et mixage : Olivier Ledoux (Studio EURODVD)

PAPIER À BASE DE FIBRES CERTIFIÉES

éditions didier s'engagent pour l'environnement en réduisant l'empreinte carbone de leurs livres. Celle de cet exemplaire est de : 1,2 kg éq. CO_2
Rendez-vous sur www.editionsdidier-durable.fr

 / ISBN 978-2-278-10924-1

Achevé d'imprimer en Espagne par Macrolibros (Valladolid) en avril 2024 - Dépot légal: 10924/01

Avant-propos

La *Grammaire essentielle du français* a été conçue pour l'étude du fonctionnement syntaxique et morphologique du français.

Un ouvrage qui s'adresse à un large public

- Les étudiants de français langue étrangère, dès le début de leur apprentissage (niveau A2[1]).
- Les personnes installées en France ou dans un pays francophone, ou en projet d'installation, et souhaitant mieux maîtriser le français.
- Les enseignants de français langue étrangère qui pourront l'utiliser comme matériel de cours.

Une méthode visant l'autonomie de l'apprenant

- Cette grammaire s'articule autour de 45 points de langue. Chaque leçon comprend :
  - une démarche de découverte de la grammaire par l'**observation** et la **réflexion**,
  - un exposé synthétique de **la règle** avec un minimum de métalangage,
  - des **exercices de difficulté progressive**.
- En fin d'ouvrage, les corrigés et les bilans offrent la possibilité d'une **autocorrection** et d'une **autoévaluation**.

Un outil actuel et complet

- Les points de langue y sont exposés dans des **situations de communication de la vie quotidienne**.
- À la démarche systématique est associée une **dimension communicative** par le biais d'exercices de production écrite et d'exercices de prise de parole en continu ou en interaction.
- La **grammaire de l'oral** y est développée et mise en œuvre par des dialogues et des activités systématiques de compréhension de l'oral et de production orale.
- Le **support audio** (sur CD mp3 et en ligne à l'adresse www.centpourcentfle.fr) permet l'écoute de tous les dialogues et la mise en œuvre des exercices :
  - pour repérer les incidences orales de la grammaire,
  - pour lier la compréhension et la production orale.
- Les pages consacrées à la **grammaire contrastive** anglais-français et espagnol-français offrent aux étudiants un outil complémentaire pour éviter les erreurs selon les langues sources.
- Les **renvois** d'une leçon à l'autre et l'index en fin d'ouvrage facilitent le repérage des points de langue et la circulation au sein de l'ouvrage.
- Le **tableau des conjugaisons** et une **liste de verbes avec prépositions** sont des éléments de référence essentiels.

Que ce voyage 100 % grammatical soit riche et ludique !

Les auteurs

---

1. du Cadre européen commun de référence pour les langues

Sommaire

LES PRONOMS

LES TEMPS

Mode d'emploi

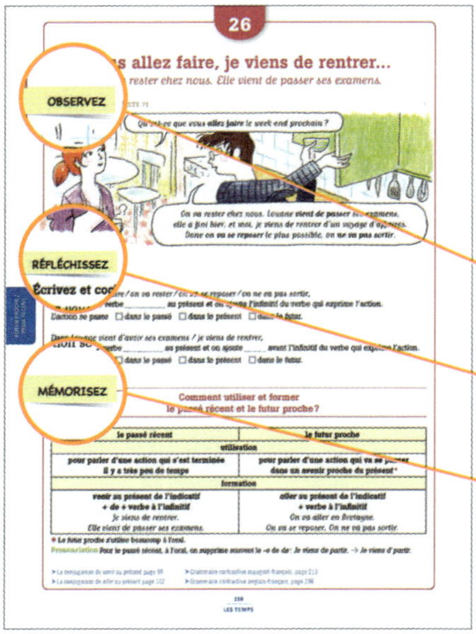

LES LEÇONS

→ Une démarche inductive et raisonnée

- Mise en situation du point de grammaire dans un corpus à lire ou à écouter
- Activités de découverte et de réflexion sur le fonctionnement du point de grammaire
- Énoncé clair et précis de la règle

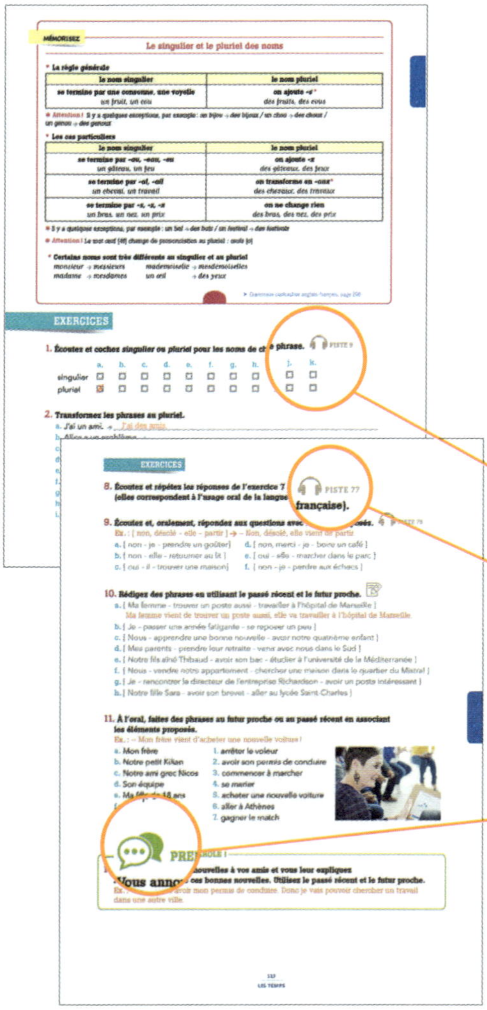

LES EXERCICES

→ Des activités variées et de difficulté progressive

- Exercices systématiques et contextualisés
- Alternance d'activités pour travailler toutes les compétences : compréhension orale et écrite, production orale et écrite
- Exercice de discrimination auditive : les incidences orales de la grammaire
- Exercice de compréhension orale / production orale avec le corrigé

→ Une dimension communicative

À la fin de chaque leçon, un exercice de prise de parole en continu ou en interaction

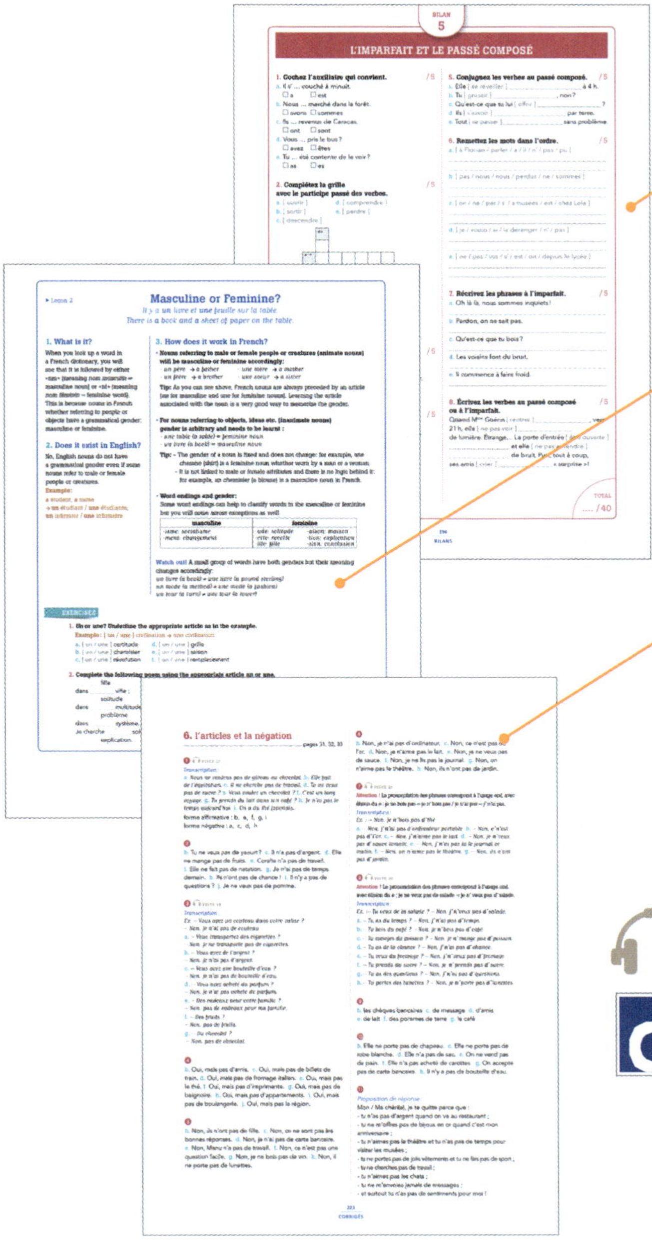

LES BILANS

→ 10 tests d'évaluation avec score sur 40 points

LA GRAMMAIRE CONTRASTIVE

→ Étude des difficultés propres aux apprenants anglophones et hispanophones, avec exercices à l'appui

LES CORRIGÉS

→ Avec transcription de tous les textes audio

LES DIALOGUES ET LES EXERCICES ENREGISTRÉS

→ Dans votre navigateur, saisissez **didierfle.app** et flashez les pages de votre livre pour un accès direct aux audios.

LE TABLEAU DES CONJUGAISONS

→ Avec les principaux verbes

L'INDEX

→ Pour un accès rapide aux différents points de langue du niveau A2

1

voilà, c'est, il y a, il est…

C'est une interprète. Il est espagnol.

OBSERVEZ PISTE 2

RÉFLÉCHISSEZ

Cochez.

Après *voici* ou *voilà*, on trouve un verbe.	vrai ☐	faux ☐
Après *il est* ou *elle est*, on trouve un nom ou un adjectif.	vrai ☐	faux ☐
Après *c'est*, on trouve un nom.	vrai ☐	faux ☐
Après *il y a*, on trouve un verbe.	vrai ☐	faux ☐

MÉMORISEZ

Quel présentatif choisir ?

- ***Voici / Voilà***
  - *Voici / Voilà* + prénom
  Voici Pedro. / Voilà Xinwen.
  - *Voici / Voilà* + déterminant + nom
  Voici le directeur. / Voilà mes collègues.
- ***Il y a*** + déterminant + nom
  Il y a une réunion. / Il y a des réunions.
- ***C'est***
  - *C'est* + déterminant + nom singulier
  C'est une interprète.
  - *C'est* + prénom / nom
  C'est Xinwen. / C'est Mme Yang.
- ***Ce sont*** + déterminant + nom pluriel
  Ce sont des étudiantes.
- ***Il est / Elle est***
  - *Il est / Elle est* + nom singulier
  Elle est interprète.
  - *Il est / Elle est* + adjectif singulier
  Il est espagnol.
- ***Ils sont / Elles sont***
  - *Ils sont / Elles sont* + nom pluriel
  Elles sont interprètes.
  - Ils sont / Elles sont + adjectif pluriel
  Elles sont chinoises.

→ Grammaire contrastive espagnol-français, page 210

EXERCICES

1. Écoutez et notez le numéro de la phrase devant le présentatif entendu. PISTE 3

a. [4] il est
b. [ ] elle est
c. [ ] ils sont
d. [ ] c'est
e. [ ] ce sont
f. [ ] voici
g. [ ] voilà
h. [ ] il y a

2. Associez (plusieurs possibilités).

a. Elle est
b. Il est
c. Il y a
d. C'est
e. Ils sont
f. Voilà
g. Ce sont

1. Marie.
2. boulangers.
3. chinoise.
4. ma sœur.
5. allemand.
6. des enfants.
7. deux collègues.

a	b	c	d	e	f	g
3						

3. Complétez avec *c'est, il est* ou *elle est*.

a. C'est .... ma mère.
b. .... vendeuse.
c. .... anglaise.
d. .... beau.
e. .... ma fille.
f. .... un acteur.
g. .... très gentil.
h. .... un bon ami.
i. .... indienne.
j. .... / .... drôle.

4. Écrivez deux phrases pour chaque profession.

a. [un journaliste] Il est journaliste. C'est un journaliste.
b. [une coiffeuse] ....
c. [un musicien] ....
d. [une boulangère] ....
e. [une danseuse] ....
f. [un médecin] ....
g. [un facteur] ....

5. Complétez avec *c'est* ou *ce sont*.

a. Ce sont .... mes professeurs.
b. .... mes parents.
c. .... une belle femme.
d. .... un étudiant étranger.
e. .... des amies.
f. .... les amis de ma petite sœur.
g. .... le plus beau jour de ma vie.
h. .... le chanteur préféré des Français.
i. .... des vacances formidables.
j. .... un joli cadeau.

EXERCICES

6. Répondez en utilisant les mots proposés.

a. Quelle est la profession de Léa ? [boulangère] Elle est boulangère.

b. Quelle est la qualité de Clément ? [drôle]

....

c. Qu'est-ce qu'il y a dans un bureau ? [un ordinateur]

....

d. Quelle est la nationalité de Xinyi et Yuan ? [chinoises]

....

e. Qui est Alexandre ? [mon ami]

....

7. Complétez avec *il y a, c'est, il est, elle est.*

Salut Maria,
Ça va ? Moi, je vais bien.
Le voyage s'est bien passé. Je suis arrivée à Paris samedi dernier et j'ai déjà commencé les cours. Dans ma classe, il y a quinze étudiants. .... cinq étudiants américains, deux Japonais et huit Chinois. Hier, j'ai rencontré une étudiante. Elle s'appelle Jia Li. .... chinoise. .... étudiante dans la même classe que moi. Demain, nous allons prendre un verre ensemble. J'habite chez une famille française. .... un garçon de mon âge. Il s'appelle Hugo. .... étudiant en médecine. .... un garçon vraiment sympa. Voilà, les premières nouvelles de mon séjour en France. Je te donne des nouvelles la semaine prochaine.
Bises. Paula.

8. Écoutez et répondez oralement avec les mots proposés. PISTE 4

Ex. : [française] → – Elle est française.

a. [suisse]
b. [une amie]
c. [étudiant]
d. [des collègues]
e. [marié]
f. [infirmier]
g. [actrice]
h. [des cousins]

9. Soulignez la proposition qui convient.

a. [Voilà / Elle] Anaïs. [Elle est / C'est] ma sœur. [Elle est / C'est] mariée à Jérémy.
b. [C'est / Ce sont] l'ami de ma sœur. [Il est / C'est] étudiant à l'université de Lyon.
c. Sur la photo, [il y a / il est] une jeune femme. [C'est / Elle est] ma tante.
d. [C'est / Ce sont] mes meilleurs amis : Sébastien et Anthony.
e. [Elle est / C'est] coiffeuse à Bordeaux.
f. [Il est / C'est] turc et [elle est / c'est] irakienne.
g. [C'est / Il est] Vladimir. [Il est / C'est] russe.
h. [Voici / Il est] mon mari. [C'est / Il est] un homme d'affaires.

EXERCICES

10. Complétez avec des présentatifs.

– Qui est cette femme, sur la photo ?
– ...C'est... mon amie. Elle s'appelle Fatima.
– .... française ?
– Non, ... marocaine mais elle habite en France.
– Ah, d'accord. Elle travaille ?
– Oui, elle travaille à l'hôpital. .... médecin.
– Et là, c'est qui ?
– .... sa soeur. Elle s'appelle Dounia.
– .... jeune. C'est sa petite sœur ?
– Oui, Dounia a 19 ans. .... étudiante à Rabat.
– Et là, ... son mari ?
– Non, ... célibataire. .... Mohamed, son frère.
– Et là, ... deux enfants.
– Oui, ... les enfants de Mohamed.

11. À l'oral, présentez ces deux personnes avec les mots proposés.

Ex. : – C'est Takafumi.

[Takafumi - japonais - étudiant - mon ami - marié - drôle - sympathique]

[Jillian - américaine - traductrice - ma sœur - célibataire - dynamique]

12. Rédigez un texte (environ 30 mots) pour présenter votre ami(e).
Vous devez utiliser chaque expression proposée.

[voici / voilà - il y a - il est / elle est - c'est un / c'est une]

Voici Marco. Il est italien.

PRENEZ LA PAROLE !

13. Vous arrivez avec votre petit(e) ami(e) à un repas de famille. Vous le / la présentez et vous présentez les personnes de votre famille. Jouez la situation. Utilisez un maximum de présentatifs différents.

Ex. : – Voici Hans. Il est allemand. Il est étudiant.

2

un étudiant, une étudiante...

Son frère est informaticien. C'est une grande pianiste.

OBSERVEZ PISTE 5

RÉFLÉCHISSEZ

1. Associez.

un ○ ○ féminin
une ○ ○ masculin

2. Complétez avec *un* ou *une*.

.... *étudiante* .... *Breton*
.... *pianiste* .... *informaticien*
.... *danseuse* .... *directrice*
.... *infirmier* .... *princesse*

3. Retrouvez le féminin ou le masculin.

un étudiant → *une* ....
un pianiste → *une* ....
un danseur → *une* ....
un directeur → *une* ....
un prince → *une* ....
une infirmière → *un* ....
une informaticienne → *un* ....
une Bretonne → *un* ....

4. Cochez.

Que se passe-t-il quand on passe du masculin au féminin ?

☐ + (j'ajoute) ☐ ≠ (je transforme) ☐ – (j'enlève) ☐ = (je ne change rien)

MÉMORISEZ

Le masculin et le féminin des noms

- **Transformation du nom masculin**

le nom masculin	le nom féminin
se termine par -*e* *un pianiste*	**on ne change rien** * *une pianiste*
se termine par une consonne *un étudiant*	**en général, on ajoute un -*e*** *une étudiante* *
se termine par une voyelle autre que -*e* *un ami* *un invité*	**on ajoute -*e*** *une amie* *une invitée*
se termine par -*(i)er* *un boulanger* *un infirmier*	**on transforme en -*(i)ère*** *une boulangère* *une infirmière*
se termine par -*(i)en*, -*(i)on* *un informaticien* *un Breton*	**on transforme en -*(i)enne*, -*(i)onne*** *une informaticienne* *une Bretonne*
se termine par -*eur* *un danseur*	**on transforme en -*euse*** *une danseuse*
se termine par -*teur* *un directeur*	**on transforme en -*trice*** ** *une directrice*

*** Attention !**
Quelques exceptions, par exemple :
un prince → une princesse
un hôte → une hôtesse
un maître → une maîtresse

**** Attention !**
Il y a des exceptions :
un chanteur → une chant**eu**se
un acheteur → une achet**eu**se

*** Prononciation**
On prononce la consonne finale du mot masculin quand il y a un *-e* après cette consonne au féminin.

- **Certains noms sont très différents au masculin et au féminin**

un homme → une femme
un garçon → une fille
un frère → une sœur
un oncle → une tante
un neveu → une nièce
un père → une mère

→ Grammaire contrastive anglais-français, page 204

EXERCICES

1. Écoutez et cochez *masculin* ou *féminin* (plusieurs possibilités). PISTE 6

	a.	b.	c.	d.	e.	f.	g.	h.	i.	j.	k.	l.
masculin	☐	☐	☐	☐	☐	☐	☐	☐	☐	☐	☐	☐
féminin	☒	☐	☐	☐	☐	☐	☐	☐	☐	☐	☐	☐

2. Écrivez le féminin des noms.

a. un client → une cliente
b. un pianiste → une ....
c. un dentiste → une ....
d. un ami → une ....
e. un voisin → une ....
f. un invité → une ....
g. un collègue → une ....
h. un étudiant → une ....
i. un Français → une ....
j. un journaliste → une ....

EXERCICES

3. Écrivez le masculin des noms.

a. une touriste → un touriste

b. une retraitée → un ....

c. une avocate → un ....

d. une malade → un ....

e. une mariée → un ....

f. une employée → un ....

g. une marchande → un ....

h. une gagnante → un ....

4. Écoutez et cochez *masculin* ou *féminin* pour les noms de chaque phrase. PISTE 7

	a.	b.	c.	d.	e.	f.	g.	h.
masculin	☐	☐	☐	☐	☐	☐	☐	☐
féminin	☒	☐	☐	☐	☐	☐	☐	☐

5. À l'oral, transformez les phrases au féminin.

Ex. : – Peter est un jeune Allemand. Et Ellen ? → C'est une jeune Allemande.

a. – Pedro est un Mexicain très sympa. Et Alejandra ?

b. – François est un Belge d'origine française. Et Laure ?

c. – Andrew est un jeune Américain de New York. Et Dona ?

d. – Chang est un Chinois qui habite à Pékin. Et Jia ?

e. – Abdou est un jeune Sénégalais de 18 ans. Et Adana ?

f. – Dimitri est un Russe très drôle. Et Olga ?

6. Retrouvez dans la grille le féminin des noms proposés (tous sens de lecture possibles : de haut en bas, de droite à gauche...).

[chanteur – comédien – infirmier – boucher – directeur – acteur – boulanger – coiffeur – vendeur – danseur]

Associez les lettres qui restent, à l'exception des Z, pour créer un mot :

....

C	H	A	N	T	E	U	S	E	I	I
B	O	U	C	H	È	R	E	S	N	D
O	N	M	Z	E	Z	Z	T	U	F	I
U	A	I	É	Z	Z	I	Z	E	I	R
L	Z	Z	Z	D	Z	Z	Z	S	R	E
A	A	C	T	R	I	C	E	N	M	C
N	F	Z	Z	N	Z	E	Z	A	I	T
G	E	Z	Z	R	O	M	N	D	È	R
È	Z	C	Z	Z	N	Z	Z	N	R	I
R	V	E	N	D	E	U	S	E	E	C
E	E	S	U	E	F	F	I	O	C	E

7. Associez les questions et les réponses.

a. Nous avons deux fils, et vous ?

b. Votre neveu va bien ?

c. Ton grand-père fait toujours du vélo?

d. Le père de Laura est vétérinaire ?

e. L'oncle de Paul vit en Irlande ?

f. Roger, c'est ton mari ?

g. Ils ont des frères ?

1. Oui, et ma grand-mère, elle fait de la danse !
2. Oui, et moi, je suis sa deuxième femme.
3. Oui, et sa tante habite à Londres.
4. Nous, nous avons une fille de 10 ans.
5. Oui, et sa mère est enseignante.
6. Oui, mais pas de sœur.
7. Oui, il va bien mais notre nièce est malade.

a	b	c	d	e	f	g
4						

EXERCICES

8. Placez les mots sur la ligne qui convient.

[masseur - écolier - directeur - ouvrier - lion - politicien - amateur - chanteur - bijoutier - spectateur - fermier - technicien - mécanicien - Parisien - champion]

a. le féminin du nom est *-ière* ....

b. le féminin du nom est *-(i)enne* ou *-(i)onne* ....

c. le féminin du nom est *-euse* masseur ....

d. le féminin du nom est *-trice* ....

9. Soulignez la proposition qui convient.

a. Ma soeur est [informaticien / informaticienne] et mon père est [technicien / technicienne].

b. Mon cousin est [agriculteur / agricultrice] et ma tante est [acteur / actrice].

c. Mon frère est [caissier / caissière] et ma mère est [chanteur / chanteuse].

d. Mon fils est [serveur / serveuse] et ma fille est [boulanger / boulangère].

e. Ma femme est [traducteur / traductrice] et ma nièce est [musicien / musicienne].

f. Mon neveu est [danseur / danseuse] et mon oncle est [coiffeur / coiffeuse].

10. À l'oral, faites les phrases de la petite fille qui veut faire comme son frère.

Je voudrais être champion de tennis, boulanger, acteur, bijoutier, coiffeur, prince, ...

Moi aussi, je voudrais être ...

11. Transformez le courriel en mettant les noms soulignés au féminin.

Salut Marlène,
J'ai une super nouvelle à t'annoncer ! J'ai trouvé un travail comme traducteur à Paris, dans ton entreprise. Incroyable ! Je vais donc être parisien et aussi le collègue de Max pendant un an ! Après avoir travaillé comme vendeur, serveur, comédien, facteur, je vais réaliser enfin mon rêve d'adolescent !
Et toi, ça va ? À bientôt ! Fabrice

Salut Antoine,
J'ai une super nouvelle à t'annoncer ! ....
....
....
....
....
....
Hélène

PRENEZ LA PAROLE !

12. Formez un cercle. Un objet permet de passer la parole. Un arbitre donne un thème et passe l'objet à une personne du groupe qui doit dire un mot au féminin sur ce thème avant de passer à son tour l'objet à une autre personne. La personne qui ne trouve plus de mot a perdu et est éliminée du jeu. L'arbitre relance une partie sur un autre thème. La dernière personne qui reste dans le cercle a gagné.

Idées de thèmes : les professions, les nationalités, les personnes de la famille.

3

un fruit, des fruits…

Il reste des gâteaux. Tu veux des fruits ?

OBSERVEZ PISTE 8

RÉFLÉCHISSEZ

1. Cochez.

	singulier	pluriel
un cou	☐	☐
des fruits	☐	☐
des gâteaux	☐	☐
une pomme	☐	☐
un bras	☐	☐
des travaux	☐	☐
un prix	☐	☐
un feu	☐	☐

2. Retrouvez le singulier ou le pluriel.

des cous → un ……………………………
un fruit → des ……………………………
un gâteau → des ……………………………
des pommes → une ……………………………
des bras → un ……………………………
un travail → des ……………………………
des prix → un ……………………………
des feux → un ……………………………

3. Cochez.

Que se passe-t-il quand on passe du singulier au pluriel ?

☐ + (j'ajoute) ☐ ≠ (je transforme) ☐ – (j'enlève) ☐ = (je ne change rien)

MÉMORISEZ

Le singulier et le pluriel des noms

• **La règle générale**

le nom singulier	le nom pluriel
se termine par une consonne, une voyelle *un fruit, un cou*	**on ajoute *-s**** *des fruits, des cous*

* Il y a quelques exceptions, par exemple : *un bijou → des bijoux / un chou → des choux / un genou → des genoux*

Prononciation Le mot *œuf* [œ] change de prononciation au pluriel : *œufs* [Ø]

• **Les cas particuliers**

le nom singulier	le nom pluriel
se termine par *-au, -eau, -eu* *un gâteau, un feu*	**on ajoute *-x*** *des gâteaux, des feux*
se termine par *-al, -ail* *un cheval, un travail*	**on transforme en *-aux**** *des chevaux, des travaux*
se termine par *-s, -z, -x* *un bras, un nez, un prix*	**on ne change rien** *des bras, des nez, des prix*

* Il y a quelques exceptions, par exemple : *un bal → des bals / un festival → des festivals*

• **Certains noms sont très différents au singulier et au pluriel**

monsieur → messieurs *mademoiselle → mesdemoiselles*
madame → mesdames *un œil → des yeux*

→ Grammaire contrastive anglais-français, page 206

EXERCICES

1. Écoutez et cochez *singulier* ou *pluriel* pour le nom de chaque phrase. PISTE 9

	a.	b.	c.	d.	e.	f.	g.	h.	i.	j.	k.
singulier	☐	☐	☐	☐	☐	☐	☐	☐	☐	☐	☐
pluriel	☒	☐	☐	☐	☐	☐	☐	☐	☐	☐	☐

2. Transformez les phrases au pluriel.

a. J'ai un ami. → J'ai des amis.
b. Alice a un problème. → ......
c. Ils écrivent une carte. → ......
d. Il y a une réunion. → ......
e. Vous voulez un chocolat ? → ......
f. J'ai un chat. → ......
g. Je voudrais une rose. → ......
h. Ils ont un ordinateur. → ......
i. Tu veux un bonbon ? → ......

3. Rédigez les rêves de Charles en mettant les noms en gras au pluriel.

a. Pour mon anniversaire, je voudrais avoir :
- un **jeu** de société
- un **ballon**
- un **bateau**
- une **voiture**
- un **gâteau** au chocolat

b. Au zoo, je voudrais voir :
- un **animal**
- un **éléphant**
- un **tigre**
- un **oiseau**
- une **girafe**

Pour mon anniversaire, je voudrais avoir des jeux de société...

4. Complétez avec les noms au pluriel.

a. Nous n'avons plus beaucoup de [sou] ..sous.. pour offrir un cadeau à notre mère.
b. Antoine a acheté deux [bijou] .... à sa femme : un bracelet et un collier.
c. Les [chou] .... à la crème sont les gâteaux préférés des enfants !
d. Les [cou] .... des girafes sont très longs.
e. Les enfants adorent faire des [bisou] .... à leurs parents.
f. Sur les routes d'Australie, on peut voir très souvent des [kangourou] ....
g. Ils travaillent comme des [fou] ....
h. Oh, il y a des [trou] .... à ton pantalon !

5. Écrivez les réponses à ces devinettes.

a. Ceux des girafes sont très longs. → ..les cous..
b. On les offre à Noël. → les c....................
c. Ce sont des fêtes où les personnes dansent. → les b....................
d. Les échecs, le Mahjong en sont des exemples. → les j....................
e. On les porte autour du cou, aux oreilles, aux doigts, aux poignets. → les b....................

6. Complétez avec les noms au pluriel.

a. – Elle apporte un gâteau pour sa fête.
– Moi aussi, je fais toujours des ..gâteaux.. pour mon anniversaire.
b. – Paul et Loanna, vous voulez faire un jeu avec nous ?
– Oh oui, nous adorons les .... de société.
c. – Excusez-moi monsieur, vous avez le journal du dimanche ?
– Non, je n'ai pas encore reçu les ....
d. – Vous avez vu cet oiseau dans l'arbre ?
– Oui, il y a toujours des .... dans notre jardin.
e. – Clara a un animal chez elle ?
– Oui, elle a deux .... : un chien et un chat.
f. – Tu veux un bijou pour ton anniversaire ?
– Oui, j'aime beaucoup les ....
g. – Les étudiants ont déjà visité un château français ?
– Bien sûr, ils ont visité les .... de la Loire le week-end dernier.

EXERCICES

7. Rédigez un texte (environ 30 mots) pour décrire l'image. Utilisez les noms proposés au pluriel.

[une assiette - un verre - une fourchette - un couteau - une cuillère - un plateau - une serviette]

Sur la table, il y a des assiettes...

8. Soulignez les noms qui ne changent pas au pluriel.

a. un chat - un tas - une base
b. un prix - un ami - une vie
c. un dé - un nez - une clé
d. un roi - un mois - une joie
e. une bulle - une rue - un bus
f. un bras - une case - un vase
g. un doigt - un toit - un choix
h. un dos - une rose - un pot
i. un cours - une course - une cour

9. Complétez avec les noms au pluriel.

a. [Madame] Mesdames et [monsieur] ...., bienvenue au théâtre.
b. Avez-vous des [œuf] .... pour faire des [gâteau] .... au chocolat ?
c. Pouvez-vous m'indiquer les [prix] .... des deux [article] ....?
d. J'ai mal aux [œil] ...., je vais acheter des [médicament] ....
e. J'ai visité quatre [pays] .... en Afrique et cinq [ville] .... en Europe.
f. Les [château] .... et les [musée] .... en Espagne sont magnifiques.

10. Transformez le courriel en mettant au pluriel les noms en gras.

Anna,
Voici toutes mes bonnes résolutions pour la nouvelle année : lire **un roman** français tous les mois, manger **un fruit** à chaque repas, faire de temps en temps **un gâteau** pour mes collègues, faire **un voyage** en Europe, écrire **un courriel** à mes parents chaque semaine, apprendre **une chanson**, adopter **un animal**, offrir **un cadeau** à mes frères. Et toi ? Bises, Maud

11. À l'oral, répondez aux questions en transformant les mots proposés au pluriel.

[un roman - un colis - un chapeau - une carte - un billet de train - une serviette - un gâteau - un guide - un médicament - un parapluie - une écharpe - un sac à dos - un cahier - un manteau - un timbre - une bouteille d'eau - une enveloppe - une chemise - une brosse à dents]

Ex. : – Qu'allez-vous acheter à la librairie ? – À la librairie, je vais acheter des romans.

a. Qu'allez-vous acheter à la gare ?
b. Qu'allez-vous acheter au supermarché ?
c. Qu'allez-vous acheter à la pharmacie ?
d. Qu'allez-vous acheter à la poste ?
e. Qu'allez-vous acheter dans la boutique de vêtements ?

PRENEZ LA PAROLE !

12. Vous organisez un voyage de deux semaines en Espagne avec votre meilleur(e) ami(e). Vous faites la liste des objets dont vous avez besoin et vous en discutez ensemble. Utilisez le maximum de mots au pluriel.

Ex. : – Nous avons besoin de deux sacs à dos et aussi…

4

un, une, des, le, la, les

Je cherche un livre d'Anna Moï. J'adore la lecture.

OBSERVEZ PISTE 10

RÉFLÉCHISSEZ

1. Associez. 1 2

un livre ○ ○ 

des livres ○ ○ 

2. Cochez. 3

un est utilisé pour un nom ☐ masculin ☐ féminin.

une est utilisé pour un nom ☐ masculin ☐ féminin.

3. Associez. 1 4

un livre ○ ○ On sait de quel livre on parle (un livre en particulier ou connu).

le livre ○ ○ On ne sait pas exactement de quel livre on parle.

4. Cochez. 4 5 6

le est utilisé pour un nom ☐ masculin ☐ féminin ☐ singulier ☐ pluriel.

la est utilisé pour un nom ☐ masculin ☐ féminin ☐ singulier ☐ pluriel.

les est utilisé pour un nom ☐ masculin ☐ féminin ☐ singulier ☐ pluriel.

5. Associez. 7

la lecture ○ ○ On parle de la lecture en général.

○ On parle de la lecture d'un livre en particulier.

MÉMORISEZ

Quel article choisir : défini ou indéfini ?

• **L'article indéfini : *un, une, des***

Pour désigner un objet, une personne ou un animal non déterminés.
Je cherche un livre d'Anna Moï. (On ne connaît pas le nom du livre.)
Il y a des livres partout. (On ne sait pas quels livres.)

singulier		pluriel	
masculin	**féminin**	**masculin**	**féminin**
un *un livre*	*une* *une BD*	*des* *des livres, des BD*	

Prononciation Il faut faire une liaison quand *un* et *des* sont suivis d'un mot qui commence par une voyelle (a, e, i, o, u, y).
Jean-Paul Dubois est un écrivain français. / Vous avez des albums pour enfants ?

• **L'article défini : *le, la, les***

• Pour désigner un objet, une personne ou un animal en particulier.
Je cherche le livre d'Étienne Davodeau. Et aussi les BD de Geluck.
La BD d'Étienne Davodeau s'appelle Les Ignorants. */ Tu as lu les nouvelles d'Anna Gavalda ?*

• Pour exprimer une notion générale.
J'adore la lecture ! (la lecture en général)

singulier		pluriel	
masculin	**féminin**	**masculin**	**féminin**
le *le livre, l'argent**	*la* *la BD, l'image**	*les* *les livres, les BD*	

*** Attention !** *l'* se place devant un nom commençant par une voyelle *(a, e, i, o, u, y)* ou un *h* muet.
Prononciation Il faut faire une liaison quand *les* est suivi d'un mot qui commence par une voyelle *(a, e, i, o, u, y)* :
Tu regardes les images.

→ Grammaire contrastive anglais-français, pages 205 et 206

EXERCICES

1. Écoutez et cochez l'article utilisé dans chaque phrase. PISTE 11

	a.	b.	c.	d.	e.	f.	g.	h.	i.
un, une	☒	☐	☐	☐	☐	☐	☐	☐	☐
des	☐	☐	☐	☐	☐	☐	☐	☐	☐
le, la, l'	☐	☐	☐	☐	☐	☐	☐	☐	☐
les	☐	☐	☐	☐	☐	☐	☐	☐	☐

2. Complétez avec *un, une, des* (M pour masculin, F pour féminin).

a. une pomme F
b. .... kiwi M
c. .... fraises F
d. .... oranges F
e. .... avocat M
f. .... banane F
g. .... cerise F
h. .... abricots M
i. .... citron M

3. Complétez avec *le, la, les.*

a. le salon M
b. .... chambre F
c. .... toilettes F
d. .... entrée F
e. .... cuisine F
f. .... garage M
g. .... fenêtres F
h. .... porte F

EXERCICES

4. Écrivez les mots au pluriel.

a. [un livre] des livres
b. [une personne] ……
c. [l'ordinateur] ……
d. [un avion] ……
e. [la clé] ……
f. [le message] ……
g. [la maison] ……
h. [une idée] ……

5. Écrivez les mots au singulier.

a. [les réunions] la réunion
b. [des vêtements] ……
c. [les enfants] ……
d. [des chèques] ……
e. [des erreurs] ……
f. [les informations] ……

6. Transformez les phrases au pluriel.

a. Tu as lu **le message** de Sarah ? → Tu as lu les messages de Sarah ?
b. Tu as pris **le sac** ? → ……
c. Je vais lui offrir **une écharpe**. → ……
d. On va manger **une pizza**. → ……
e. Je vais acheter **un croissant**. → ……
f. Ils n'ont pas compris **la question**. → ……
g. Où tu as mis **la clé** ? → ……
h. Je voudrais rencontrer **le voisin**. → ……

7. Complétez avec un article indéfini.

a. Tu peux acheter des carottes au marché ?
b. Est-ce que tu as …… stylo, s'il te plaît ?
c. On cherche …… maison avec …… jardin.
d. J'ai reçu …… message de Marion.
e. Vous avez …… nouvelles de Chloé ?
f. Tu veux prendre …… café ?

8. Complétez avec un article défini.

a. On va dormir à l' hôtel de France.
b. Vous prenez …… petit-déjeuner à 7 h 30.
c. Nous allons visiter …… château de Versailles, demain.
d. On se retrouve à …… entrée du musée dans deux heures.
e. On prend …… métro pour aller à …… tour Eiffel.
f. Il faut descendre …… valises à 8 h demain.
g. Vous devez libérer …… chambre à 11 h.

9. Écoutez et marquez les liaisons. Puis lisez toutes les phrases à voix haute. PISTE 12

a. J'ai fait des‿erreurs.
b. Les enfants sont dans le jardin.
c. On va visiter des appartements.
d. Je viens avec un ami.
e. Les exercices sont difficiles.
f. Où sont les autres personnes ?
g. Elle a peur des araignées.
h. Tu connais un hôtel à Lyon ?

EXERCICES

10. Soulignez l'article qui convient.

a. Il pleut encore ! Je déteste [une / la] pluie.
b. Et vous, vous avez [des / les] enfants ? Combien ?
c. On voudrait acheter [une / la] voiture.
d. Tu connais [une / l'] adresse de Julie ?
e. On cherche [un / le] restaurant pour dîner.
f. Je ne peux pas travailler : [un / l'] ordinateur ne marche pas.

11. Associez.

a. Bonjour, je voudrais ○ → ○ des timbres, s'il vous plaît.
Je collectionne ○ → ○ les timbres français.

b. Tom et Zoé veulent acheter ○ ○ la maison.
Jules et Éva vont venir à ○ ○ une maison en Normandie.

c. Tu veux voir ○ ○ les photos du mariage ?
Est-ce que vous avez pris ○ ○ des photos en Turquie ?

d. Moi, j'adore ○ ○ des croissants de la boulangerie ?
Tu peux rapporter ○ ○ les croissants français.

12. Soulignez l'article qui convient.

Samedi, c'est [l' / un] anniversaire d'Éliana. Elle a invité [les / des] amis à [la / une] petite fête. [Les / Des] amis d'Éliana veulent offrir [le / un] cadeau mais chaque personne a [l' / une] idée différente. Audrey travaille dans [la / une] boutique de chaussures et elle voudrait offrir [les – des] chaussures. Nadja aime beaucoup [les / des] voyages et elle voudrait offrir [le / un] billet d'avion pour [le / un] week-end à Barcelone. Éliana aime [la / une] lecture alors Clément voudrait acheter [les / des] livres.

13. Complétez le dialogue avec les articles qui conviennent.
Lisez le dialogue à voix haute en faisant attention aux liaisons.

– Je viens de lire .... bon roman.
– C'est .... livre d' ....un.. écrivain connu ?
– Non, pas beaucoup : .... auteur s'appelle Michèle Audin. .... livre s'appelle *Cent vingt et un jours*. C'est .... histoire avec .... étudiants, ... professeurs et .... Allemands pendant .... guerre de 1939-1945. Il y a aussi .... homme qui fait .... recherches historiques. Dans .... livre, il y a .... lettres, ... articles, ... photographies. C'est très intéressant !

PRENEZ LA PAROLE !

14. Racontez ce que vous allez préparer pour l'anniversaire de votre ami(e).
Utilisez les mots proposés.

[fête – maison – ami – cadeau – musique – gâteau – boisson – chanter – danser]

Ex. : – Pour la fête de mon ami, je prépare...

du, de la, de l'

Il y a de la pluie qui arrive de l'ouest. Tu bois du thé ?

OBSERVEZ PISTE 13

RÉFLÉCHISSEZ

1. Associez. 1 2 4

le thé ○	○ le thé, en général
du thé ○	○ un peu de / beaucoup de thé
la pluie ○	○ la pluie, en général
de la pluie ○	○ un peu de / beaucoup de pluie

2. Cochez. 3 et 5

Quel type de mot se trouve avant *thé* et après *pluie*? ☐ un nom ☐ un adjectif

Quels sont les articles utilisés? ☐ *du / de la* ☐ *un / une*

3. Associez.

du ○	○ masculin
de la ○	○ féminin

MÉMORISEZ

Quand utiliser *du, de l'* ou *de la* ?

• **L'article partitif**

masculin		féminin	
du	*du thé* *du soleil* *du courage*	**de la**	*de la pluie* *de la tendresse* *de la chance*
de l'*	*de l'humour*	**de l'***	*de l'eau*

*** Attention !** On écrit *l'* devant un nom commençant par une voyelle *(a, e, i, o, u)* ou un *h* muet.

• **L'emploi**

- L'article partitif sert à désigner une partie d'un ensemble, une quantité qu'on ne peut pas compter, une notion non comptable.
  Tu bois du thé le matin ? / Il a de la chance.
- L'article partitif (*du, de la*) est remplacé par un article indéfini (*un, une*) quand le nom est accompagné d'un adjectif.
  Il a bu du thé. → Il a bu un excellent thé du Japon.
- On utilise souvent le partitif avec le verbe *faire*.
  Il fait du judo? Non, de l'équitation.

→ La conjugaison du verbe *faire*, page 90
→ Grammaire contrastive espagnol-français, page 211
→ Grammaire contrastive anglais-français, page 206

EXERCICES

1. Écoutez et cochez l'article utilisé dans chaque phrase. PISTE 14

	a.	b.	c.	d.	e.	f.
du	☒	☐	☐	☐	☐	☐
de la	☐	☐	☐	☐	☐	☐
de l'	☐	☐	☐	☐	☐	☐

2. Complétez les phrases avec *du, de la* ou *de l'*.

a. [le jus d'orange] Je vais prendre du jus d'orange.
b. [le café] Vous voulez .... ?
c. [la salade] J'ai préparé ....
d. [l'eau] Donne-moi .... , s'il te plaît.
e. [le poisson] Est-ce que vous mangez .... ?
f. [l'alcool] Il y a .... dans ton cocktail ?
g. [le sucre] Tu mets .... dans ton café ?

3. Complétez les phrases avec l'article partitif qui convient.

a. [le violon] Elle fait du violon.
b. [l'escalade] Il fait ....
c. [la gymnastique] Elle fait ....
d. [l'escrime] On fait ....
e. [le ski] Il fait ....
f. [la natation] Nous faisons ....

4. Soulignez la proposition qui convient (M pour masculin, F pour féminin).

a. Pour apprendre une langue, il faut [de la / de l'] patience F.
b. Si tu veux [du / de la] soleil M, il faut aller à Nice.
c. Tout le monde aime notre nouveau gâteau. Il a [du / de l'] succès M.
d. Est-ce qu'il y a [du / de la] neige F au Canada, au mois de juin ?
e. J'aime bien Arthur, parce qu'il a [de l' / de la] humour M.
f. On doit trouver [du / de l'] argent M pour acheter une maison.

5. Complétez les dialogues avec *du*, *de la* ou *de l'*.

a. – Qu'est-ce que tu as fait avec tes copains ?
– On a écouté ...de la... musique F.
b. – Qu'est-ce que vous mangez le matin ?
– .... pain M et .... confiture F.
c. – J'ai gagné 5 000 € au loto !
– C'est vrai ! Oh, tu as .... chance F !
d. – Qu'est-ce qu'on mange au déjeuner ?
– Il y a .... poulet M dans le frigo.
e. – On pourrait aller au cinéma.
– Oui, mais tu as .... argent M, toi ?
f. – Ça ne va pas ?
– Non : je crois que j'ai .... fièvre F.
g. – Vous faites du sport ?
– Je fais .... foot M avec les enfants.
h. – Vous partez faire du ski ?
– Oui, il y a .... neige F !

6. Complétez avec *le*, *l'*, *la*, ou *du*, *de l'*, *de la*.

a. Oui, je veux bien ...du... jus de fruit M. Tu me donnes ...la... bouteille F, s'il te plaît ?
b. Est-ce que tu as .... temps M de lire ce document pour demain ? Il y a 158 pages !
c. Oui, j'adore .... art M ! Vous savez, le dimanche, je fais .... peinture F.
d. Non, je n'ai pas fini. Vous savez, il faut .... temps M pour construire une maison.
e. Tu as .... chance F. Tu as une maison, ... travail M et .... argent M !
f. .... séjour M n'a pas été agréable : on a eu .... pluie F tous les jours.
g. Il veut faire .... théâtre M. Mais c'est difficile de trouver un emploi dans .... théâtre M.
h. .... riz M n'est pas une spécialité française.

7. Complétez avec *un*, *une*, ou *du*, *de l'*, *de la*.

a. Tu peux acheter ...un... croissant M à la boulangerie ?
b. Pour commencer le repas, je vous propose .... excellent champagne M !
c. Je dois faire .... sport M alors j'ai acheté .... vélo M.
d. Il y a .... vent M très fort ce matin.
e. Tu veux prendre .... verre M ? J'ai .... jus de pomme M si tu veux.
f. L'hôtel n'est pas confortable : il y a .... bruit M dans la cour, on ne peut pas dormir.

8. Écoutez et répondez oralement aux questions.
Utilisez l'article qui convient (*le*, *la*, *l'*, *un*, *une*, *du*, *de la*, *de l'*). PISTE 15

Ex. : [parfum] → – Du parfum.

a. [argent]
b. [thé]
c. [natation]
d. [fromage]
e. [café]
f. [piano]
g. [neige]
h. [amitié]

9. Cochez (plusieurs possibilités).

a. Tu veux un jus de fruit ?
- ☒ Oui, un jus d'orange.
- ☐ Oui, de l'orange.
- ☐ Non, pas le jus de fruit, le lait.
- ☒ Du jus de fruit ? D'accord !

b. Tu fais du sport ?
- ☐ Oui, le football.
- ☐ Oui, du basket-ball.
- ☐ Non, de l'escrime.
- ☐ Je fais du vélo.

c. Qu'est-ce que tu fais le week-end ?
- ☐ Du sport et je lis.
- ☐ Le sport et la lecture.
- ☐ Un livre ou un film.
- ☐ Le cinéma ou une soirée avec des amis.

d. Qu'est-ce tu as mangé au restaurant ?
- ☐ Un poulet et les pommes de terre.
- ☐ Du poisson avec de la purée.
- ☐ Une pizza au fromage.
- ☐ Le gâteau aux fraises.

10. Soulignez les noms qui conviennent.

a. Je vais manger du [pain / fromage / pomme].
b. Aujourd'hui, à Marseille, il y a du [football / vent / nuages].
c. Tu peux me donner de l' [eau / confiture / argent] ?
d. C'est un travail difficile, il faut du [énergie / temps / courage].
e. Pour apprendre une langue, il faut de la [volonté / travail / patience].
f. On a acheté de la [salade / crème / lait].
g. Il fait de l' [boxe / aviron / escrime].
h. Pour faire un gâteau, il faut du [sucre / farine / beurre].
i. Tous les jours, Mathias fait du [natation / tennis / vélo].

11. Vous êtes à l'hôtel avec trois ami(e)s et vous commandez votre petit-déjeuner. Remplissez le formulaire.

Vous voulez boire :	Vous voulez manger :
un café	du fromage

PRENEZ LA PAROLE !

12. Vous commandez une pizza ou une salade. Indiquez les ingrédients que vous souhaitez.
[champignons - chorizo - crevettes - fromage de chèvre - fromage mozzarella - fromage parmesan - jambon - œuf - oignons - olives noires - olives vertes - poivrons - pommes de terre - poulet - sauce au poivre - sauce curry - sauce marocaine - saumon - thon - tomates]
Ex. : – Je voudrais une pizza avec de la sauce tomate…

6

pas de..., pas un...

Ils n'ont pas d'argent. Ce n'est pas un chat.

OBSERVEZ

PISTE 16

1

Ils regardent la télévision. → *Ils ne regardent **pas la** télévision.*
*Ils aiment **les** villes.* → *Ils n'aiment **pas les** villes.*
*Ils ont **une** voiture.* → *Ils n'ont **pas de** voiture.*
*Ils mangent **des** hamburgers.* → *Ils ne mangent **pas de** hamburgers.*
*Ils ont **de l'**argent.* → *Ils n'ont **pas d'**argent.*

2

*C'est **un** chat.* → *Ce n'est **pas un** chat.*
*Ce sont **des** pommes.* → *Ce ne sont **pas des** pommes.*
*C'est **du** lait.* → *Ce n'est **pas du** lait.*

RÉFLÉCHISSEZ

1. Complétez les formes négatives. 1

la → *pas* ....
les → *pas* ....
une, des → *pas* ....
de l' → *pas* ....

2. Complétez les formes négatives. 2

c'est un → *ce n'est pas* ....
ce sont des → *ce ne sont pas* ....
c'est du → *ce n'est pas* ....

MÉMORISEZ

Quels articles utiliser dans une phrase négative ?

- **À la forme négative *(ne... pas)***
  Les articles indéfinis *un, une, des* et les articles partitifs *du, de l', de la* sont remplacés par *de* (ou *d'*).
  Ils ont une voiture. → Ils n'ont pas de voiture. / Ils ont des amis. → Ils n'ont pas d'amis.

- **Avec les présentatifs *c'est* et *ce sont***
  On garde les articles indéfinis *un, une, des* et les articles partitifs *du, de l', de la.*
  C'est un chat → Ce n'est pas un chat. / C'est du lait → Ce n'est pas du lait.
  Ce sont des pommes. → Ce ne sont pas des pommes.

Attention !
Quand, à la forme affirmative, on utilise le mot au pluriel, on conserve le pluriel à la forme négative :
Ils mangent des hamburgers. → Ils ne mangent pas de hamburgers.
À l'oral, en français familier, souvent on supprime le *ne* de la négation : *J'ai pas d'argent.*

Prononciation Généralement, le « e » dans *pas de* n'est pas prononcé : *Je n'ai pas d' chance.*

→ Grammaire contrastive espagnol-français, page 215 → Grammaire contrastive anglais-français, page 206

EXERCICES

1. Écoutez et cochez la forme utilisée pour chaque phrase. PISTE 17

	a.	b.	c.	d.	e.	f.	g.	h.	i.
forme affirmative	☐	☐	☐	☐	☐	☐	☐	☐	☐
forme négative	☒	☐	☐	☐	☐	☐	☐	☐	☐

2. Transformez à la forme négative.

a. J'ai une voiture. → Je n'ai pas de voiture.
b. Tu veux un yaourt ? → ……
c. Il a de l'argent. → ……
d. Elle mange des fruits. → ……
e. Coralie a un travail. → ……
f. Elle fait de la natation. → ……
g. J'ai du temps demain. → ……
h. Ils ont de la chance ! → ……
i. Il y a des questions ? → ……
j. Je veux une pomme. → ……

3. Écoutez et, oralement, répondez négativement aux questions. PISTE 18

Ex. : – Non, je n'ai pas de couteau.

4. Répondez avec une forme négative en utilisant le mot proposé.

a. – Elle aime les roses ? [tulipes]
– Oui, mais pas les tulipes.
b. – Il a de l'argent ? [amis]
– Oui, mais ……
c. – Tu as acheté les billets d'avion ? [billets de train]
– Oui, mais ……
d. – Ils vendent du fromage ? [fromage italien]
– Oui, mais ……
e. – Elle aime le café ? [thé]
– Oui, mais ……
f. – Vous avez un ordinateur ? [imprimante]
– Oui, mais ……
g. – Dans la chambre, il y a une douche ? [baignoire]
– Oui, mais ……
h. – Vous voulez visiter des maisons ? [appartements]
– Oui, mais ……
i. – Il y a une pharmacie dans ta rue ? [boulangerie]
– Oui, mais ……
j. – Ils connaissent la ville ? [région]
– Oui, mais ……

5. **Transformez ces réponses affirmatives en réponses négatives.**

a. Oui, j'aime les fraises. → Non, je n'aime pas les fraises.
b. Oui, ils ont une fille. → ....
c. Oui, ce sont les bonnes réponses. → ....
d. Oui, j'ai une carte bancaire. → ....
e. Oui, Manu a du travail. → ....
f. Oui, c'est une question facile. → ....
g. Oui, je bois du vin. → ....
h. Oui, il porte des lunettes. → ....

6. **Répondez de manière négative.**

a. – Tu bois du thé ?
– Non, je ne bois pas de thé.
b. – Tu as un ordinateur ?
– Non, je ....
c. – C'est de l'or ?
– Non, ce ....
d. – Tu aimes le lait ?
– Non, je ....
e. – Vous voulez de la sauce ?
– Non, je ....
f. – Tu lis le journal ?
– Non, je ....
g. – Vous aimez le théâtre ?
– Non, on ....
h. – Ils ont un jardin ?
– Non, ils ....

7. **Écoutez et répétez les réponses de l'exercice 6.**
Elles correspondent à l'usage oral de la langue française. PISTE 19

8. **Écoutez et, oralement, répondez aux questions par des phrases à la forme négative.** PISTE 20
Ex. : – Tu veux de la salade ? → – Non, je ne veux pas de salade.

9. **Répondez en utilisant les mots en gras.**

a. – Nous avons un **chat**, ce n'est pas un problème ?
– Ah, on ne veut pas de chat dans l'immeuble !
b. – Vous prenez les **chèques bancaires** ?
– Non, on n'accepte pas ....
c. – Tu as vu, je t'ai envoyé un **message**.
– Non, je n'ai pas reçu .... de ta part.
d. – Vous allez chez vos **amis** en Corse, cet été ?
– Non, nous n'avons pas .... en Corse.
e. – Tu cherches le **lait** ? Regarde dans le frigo !
– Il n'y a pas .... dans le frigo !
f. – Regarde, j'ai acheté des **pommes de terre** bizarres au marché.
– Ah, mais, ce ne sont pas .... !
g. – Je vous sers un petit **café** ?
– Non, merci, je n'aime pas ....

EXERCICES

10. **Observez et retrouvez les différences entre les deux images. Écrivez les phrases avec les mots proposés.**

Dans l'image B :

a. [vendre – du vin] On ne vend pas de vin.
b. [porter – un chapeau] Elle ……………………
c. [porter – une robe blanche] Elle ……………………
d. [avoir – un sac] Elle ……………………
e. [vendre – du pain] On ……………………
f. [acheter – des carottes] Elle ……………………
g. [accepter – une carte bancaire] On ……………………
h. [il y a – une bouteille d'eau] Il ……………………

11. **Écrivez un message (environ 70 mots) de séparation où vous faites la liste de ce que vous n'aimez pas chez votre petit(e) ami(e). Utilisez les éléments proposés.**

[aller au restaurant – offrir des bijoux – aimer le théâtre – envoyer des messages – aimer les chats – visiter les musées – faire du sport – chercher du travail – avoir du temps pour – porter de jolis vêtements – avoir des sentiments pour moi]

Mon / Ma chéri(e), je te quitte parce que :
– tu n'as pas d'argent quand on va au restaurant ;
– tu ne m'offres pas de bijoux en or quand c'est mon anniversaire.

PRENEZ LA PAROLE !

12. **Qu'est-ce qui existe en France et qu'on ne trouve pas dans votre pays ?**

Ex. : – Chez moi, on ne mange pas d'escargots. Il n'y a pas de grands musées comme le Louvre…

7

au, aux, du, des

On va au cinéma. On fait de la danse.

OBSERVEZ PISTE 21

RÉFLÉCHISSEZ

1. Complétez à partir des mots entre parenthèses.

Les activités (de + la) .... *matinée.*
Le programme (de + le) .... *centre.*
Je vais en parler (à + les) .... *enfants.*
On va (à + l') .... *école.*

2. Cochez.

Il y a contraction des mots (*de + le = du / à + le = au*), lorsque le nom :
- est féminin ☐ vrai ☐ faux
- est masculin ☐ vrai ☐ faux
- est pluriel ☐ vrai ☐ faux
- commence par une voyelle *(a, e, i, o, u)* ☐ vrai ☐ faux

3. Complétez.

de + le = du → *Le programme* du *centre de loisirs.*
de + les = ... → *La gentillesse* .... *moniteurs.*
à + le = ... → *On va* .... *cinéma.*
à + les = ... → *Je vais en parler* .... *enfants.*

MÉMORISEZ

Quel article contracté choisir ?

- **Les articles contractés**
L'article contracté dépend de la préposition *(à / de)*, du genre (masculin / féminin) et du nombre (singulier / pluriel) du nom.

	masculin	**féminin**
singulier	**au** (à + le*) / **du** (de + le*) *On va au cinéma.* *le programme du centre*	
pluriel	**aux** (à + les) / **des** (de + les) *Je vais en parler aux enfants.* *La gentillesse des moniteurs.*	**aux** (à + les) / **des** (de + les) *Je vais en parler aux filles.* *La variété des activités.*

* Lorsque l'article *le* devient *l'* devant une voyelle, il ne se contracte pas : *Je vais à l'hôpital.*

- **Leur formation**
Les articles définis *(le, l', les)* se contractent avec les prépositions *à* et *de* :
à + le → au *à + les → aux*
de + le → du *de + les → des*

→ Le masculin et le féminin des noms, page 14
→ L'article défini, page 22

EXERCICES

1. Écoutez et écrivez l'article. PISTE 22

a. Nous visitons ..le.. Louvre.
b. Ce livre parle .... l'origine .... l'homme.
c. Nous sommes .... banque.
d. Vous allez .... cinéma ?
e. On pratique .... danse.
f. Ils dorment .... hôtel.
g. Elle regarde .... bateaux.
h. J'écoute .... musique.

2. À l'oral, remettez les mots dans l'ordre.

Ex. : [au – joue – on – football] → – On joue au football.

a. [pratique / il / équitation / l']
b. [ils / au / vont / théâtre]
c. [je / gare / du / à la / Nord / vais]
d. [visite / elle / le / château de Pau]
e. [judo / nous / le / aimons]
f. [va / on / à / plage / la]
g. [sort / Vincent / piscine / de la]
h. [est / au / il / restaurant]

3. Soulignez l'article qui convient en vous aidant du genre des noms (M pour masculin et F pour féminin).

a. Est-ce que tu es sorti [du / de l' / des] cinéma M ?
b. Je reviens [du / de l' / de la] école F des enfants.
c. Sors [de la / des / d'] salle F de bain tout de suite !
d. Vous revenez [du / de l' / des] restaurant M ?
e. Tu es bronzé ! Tu reviens [du / de l' / de la] plage F ?
f. Je suis rentrée [de l' / des / du] lycée M depuis plus d'une heure.
g. Regarde, c'est Loïc qui sort [du /de l' / de la] hôtel M.
h. Est-ce que tu es descendu [de l' / du / des] train M ?

EXERCICES

4. Associez en vous aidant du genre des noms (plusieurs possibilités).

a. l'adresse de l'
b. le bureau de la
c. le costume du

1. hôpital M
2. directrice F
3. marié M
4. école F
5. secrétaire F
6. vendeur M

a	b	c
1		

5. Formez les groupes nominaux.

a. [femme F - propriétaire M] la femme du propriétaire
b. [téléphone M - directeur M] ....
c. [clé F - moto F] ....
d. [appartement M - père M de Mélanie] ....
e. [voiture F - voisine F] ....
f. [costume M - acteur M] ....
g. [amis M - serveur M] ....

6. Complétez avec *du, de la, de l'* ou *des*.

a. Est-ce que tu sais jouer du violon M ?
b. Je suis descendu .... avion M à 19h56.
c. Il rentre .... Japon M la semaine prochaine.
d. La porte .... toilettes F est cassée.
e. À quelle heure tu rentres .... sport M ?
f. Tu sors .... école F à quelle heure ?
g. Quand vas-tu revenir .... bibliothèque F ?

7. Soulignez l'article qui convient.

a. J'habite [à la / au / aux] bord M de la mer.
b. Marc, on se retrouve [au / a l' / à la] club M de sport.
c. Tu peux demander des informations [au / à l' / à la] office M de tourisme.
d. Mes enfants vont [à la / au / à l'] école F tous les mercredis matin.
e. Est-ce que tu peux passer [au / à l' / à la] pâtisserie F après le travail ?
f. Cette salle est réservée [à l' / au / aux] enseignants M.

8. Complétez avec *au, à la, à l'* ou *aux*.

a. Demandez des renseignements à la vendeuse F.
b. Paco est .... hôpital M depuis trois jours.
c. Nous partons en vacances .... mer F la semaine prochaine.
d. Il est où ? .... toilettes F ?
e. Es-tu allé .... concert M de Stromae ?
f. Les voleurs sont interrogés .... commissariat M de police.
g. Est-ce que vous êtes déjà allés .... château M de Versailles ?

EXERCICES

9. Écoutez les questions et répondez oralement avec les mots proposés et les articles contractés qui conviennent. PISTE 23

Ex. : [le théâtre] → – Non, il va au théâtre.

a. [la montagne]
b. [le restaurant]
c. [le supermarché]
d. [la librairie]
e. [l'université]
f. [le cinéma]
g. [la garderie]
h. [l'hôpital]

10. Complétez avec *au, à la, à l', aux, du, de l', de la, des*.

a. Est-ce que tu as téléphoné .....à la..... directrice du collège?
b. Il faut aller .... commissariat de police pour porter plainte.
c. On se retrouve à 15 h dans le hall .... gare.
d. Je viens de sortir .... hôpital.
e. Tu vas .... hôtel ou .... camping ?
f. Connais-tu le prix .... billet de train Nantes-Paris ?
g. Ces cadeaux vont faire très plaisir .... enfants.

11. Rédigez des phrases à partir de l'emploi du temps de Julie.

Samedi 20 avril	Dimanche 21 avril	Lundi 22 avril
9h musée des beaux-arts, exposition « Trésors des musées de France »	15h château d'Angers, les tapisseries de l'Apocalypse	9h université, cours de littérature
14h cinéma, film *Dans la cour*	18h bar	12h restaurant universitaire
19h crêperie avec Stéphanie et Anthony		14h bibliothèque
		17h salle de sport, cours de yoga

Samedi, à 9h, Julie va voir l'exposition « Trésors des musées de France » au musée des beaux-arts.

12. À l'oral, répondez aux questions, en vous aidant de la liste de mots.

Ex. : – Tim aime les spécialités françaises. Où est-ce qu'il peut aller?
→ Il peut aller à la crêperie. Il peut aller à la boulangerie pour acheter du pain et des croissants.

[une piscine - un musée - un cabinet médical - un cinéma - le football - une patinoire - une bibliothèque - une pharmacie - un théâtre - une crêperie - une boulangerie]

a. Lucie est malade. Où est-ce qu'elle peut aller ?
b. Brandon aime bien faire du sport. Qu'est-ce qu'il peut faire ?
c. François aime les activités culturelles. Où est-ce qu'il peut aller ?
d. Valérie aime la littérature. Où est-ce qu'elle peut aller ?

PRENEZ LA PAROLE !

13. Discutez de vos activités et de vos loisirs. Utilisez un maximum d'articles contractés.

Ex. : – En général, qu'est-ce que tu fais le week-end?
– Moi, j'aime bien aller au cinéma ou faire des promenades au bord de l'eau.

8

ce, cette, cet, ces

ce bracelet, ces bijoux

OBSERVEZ PISTE 24

RÉFLÉCHISSEZ

1. Écrivez.

une robe → cette *robe*
un adorable chemisier → .... *adorable chemisier*
des bijoux → .... *bijoux*
un bracelet → .... *bracelet*

2. Cochez masculin M ou féminin F, singulier S ou pluriel P.

cette ☐ M ☒ F ☒ S ☐ P
cet ☐ M ☐ F ☐ S ☐ P
ce ☐ M ☐ F ☐ S ☐ P
ces ☐ S ☐ P

3. Cochez.

Dans *ce bracelet*, le mot *bracelet* commence par :
☐ une voyelle *(a, e, i, o, u)* ☐ une consonne *(b, c, d...)*
Dans *cet adorable chemisier*, le mot *adorable* commence par
☐ une voyelle *(a, e, i, o, u)* ☐ une consonne *(b, c, d...)*

4. Associez.

ce ○ ○ devant un adjectif ou un nom masculin singulier qui commence par une voyelle.
cet ○ ○ devant un adjectif ou un nom masculin singulier qui commence par une consonne.

MÉMORISEZ

Quel adjectif démonstratif choisir ?

- **Les adjectifs démonstratifs**

singulier		pluriel
masculin	**féminin**	
ce bracelet *cet* adorable chemisier*	*cette robe* *cette adorable veste*	*ces bijoux* *ces adorables jupes*

* Prononciation Devant un adjectif ou un nom masculin singulier qui commence par une voyelle *(a, e, i, o, u, y)* ou un *h* muet.

- **L'emploi**
  - On utilise les adjectifs démonstratifs pour montrer un objet. *Regarde ces bijoux !*
  - Son choix dépend du genre (masculin / féminin) et du nombre (singulier / pluriel) du nom : *ce bracelet / cette robe / ces bijoux*

EXERCICES

1. Écoutez et cochez l'adjectif démonstratif utilisé dans chaque phrase. PISTE 25

	a.	b.	c.	d.	e.	f.	g.	h.
ce	☒	☐	☐	☐	☐	☐	☐	☐
cet	☐	☐	☐	☐	☐	☐	☐	☐
cette	☐	☐	☐	☐	☐	☐	☐	☐
ces	☐	☐	☐	☐	☐	☐	☐	☐

2. Associez (M pour masculin, F pour féminin).

À qui est

a. ce → 1.
b. cet
c. cette

1. parapluie M ?
2. voiture F ?
3. stylo M ?
4. album M photo ?
5. ordinateur M ?
6. montre F ?

3. Complétez avec *ce, cet, cette* ou *ces*.

a. ce chapeau M
b. .... stylo M
c. .... femmes F
d. .... homme M
e. .... enfant M
f. .... chambre F
g. .... adulte M
h. .... table F
i. .... cahiers M
j. .... hôtel M
k. .... étudiante F
l. .... poupées F

4. Soulignez la proposition qui convient.

a. [Ce / Cet / Ces] week-end M, nous allons en Alsace.
b. [Cette / Cet / Ce] hôtel M est vraiment charmant.
c. [Ces / Ce / Cet] appartements M sont à louer.
d. As-tu vu [ces / cette / ce] film M au cinéma ?
e. Je voudrais essayer [cet / cette / ces] paire F de chaussures.
f. [Ce / Ces / Cet] artiste M est célèbre.

EXERCICES

5. Complétez avec *ce* ou *cet*.

a. Est-ce que tu es déjà allé dans cet hôtel ?
b. .... ordinateur portable a l'air très performant.
c. .... travail est parfait pour moi.
d. .... immeuble paraît vraiment agréable à vivre.
e. Est-ce que tu connais .... garçon ?
f. Vous allez commencer par faire .... exercice sur les adjectifs démonstratifs.
g. .... hôpital accueille les enfants qui ont des problèmes cardiaques.

ADJECTIFS DÉMONSTRATIFS

6. À l'oral, transformez avec les mots proposés.

Ex. : Il est à toi ce **costume** ? [élégant] → – Il est à toi cet élégant costume ?

a. Est-ce que tu veux adopter ce **chien** ? [adorable]
b. C'est vrai, tu es le directeur de ce **magasin** ? [immense]
c. Il est à toi ce **pantalon** gris ? [horrible]
d. Tu as lu ce **roman** ? [incroyable]
e. Combien coûte ce **garage** ? [ancien]
f. Tu as vu ce **monument** ? [extraordinaire]
g. Qu'est-ce que tu penses de ce **comportement** ? [étrange]

7. Écrivez les noms en gras au masculin singulier.

a. **Cette artiste** est magnifique. cet artiste
b. **Cette étudiante** a obtenu de bons résultats. ....
c. **Cette interprète** parle anglais et chinois. ....
d. **Cette patiente** va sortir de l'hôpital demain. ....
e. **Cette athlète** a gagné une médaille d'or aux JO. ....
f. **Cette lycéenne** a des difficultés en mathématiques. ....

8. Retrouvez et écrivez les adjectifs démonstratifs et les noms qui peuvent leur correspondre.

A	C	E	T	T	E	B	I	N	O
C	H	A	U	S	S	U	R	E	S
E	I	V	O	I	T	U	R	E	C
C	E	S	P	A	H	O	M	M	E
M	N	E	N	T	P	O	I	R	T

a. cette .... voiture ....
b. ....
c. ....
d. ....

9. Écoutez et répondez oralement à la forme négative en utilisant les mots proposés et les adjectifs démonstratifs qui conviennent. PISTE 26

Ex. : [plat] → – Non, il n'a jamais mangé ce plat.

a. [homme]
b. [gâteau]
c. [film]
d. [langue]
e. [album]
f. [matière]
g. [monument]
h. [bijou]

EXERCICES

10. Complétez les slogans avec *ce, cette, cet* ou *ces*.

a. Avec ...cette... voiture, vous irez loin, c'est sûr !
b. Avec .... parfum, vous plairez sans fin !
c. Avec .... chaussures, vous irez à toute allure !
d. Avec .... chaussons, vous pourrez courir un marathon !
e. Avec tout .... argent, vous voyagerez dans le temps !
f. Avec .... gilet, vous serez plus gai !

11. À l'oral, dites quel cadeau vous allez acheter pour ces personnes.

Ex. : Tim adore la musique. → – Pour Tim, je vais acheter ces écouteurs.

[plante verte - boucles d'oreilles - ordinateur - bonnet - écharpe - écouteurs]

a. Ilhame vient d'obtenir son examen. Elle adore les bijoux.
b. Sofia organise une fête pour son départ au Canada.
c. Tonio et Inès viennent d'emménager dans un nouvel appartement.
d. Mon fils part faire ses études à Paris.

12. Complétez avec un adjectif démonstratif.

a. Au marché
– Elles sont bonnes ...ces... fraises ?
– Oui, excellentes.
– Et .... framboises et .... abricots ?
– Oui, aussi. Tous .... fruits viennent de France.

b. Dans un magasin de vêtements
– Je voudrais essayer .... pantalon et .... veste en taille 38.
– Désolé, je n'ai plus .... veste en 38. Par contre, j'ai .... chemisier qui irait très bien avec le pantalon.
– Ah oui, ce n'est pas mal. Et .... chaussures en 39, vous les avez ?

13. Rédigez un dialogue (environ 30 mots) entre un policier et un homme au commissariat de police. Utilisez une fois chaque adjectif démonstratif et les mots proposés.

[homme - femme - enfants - bijouterie - bijoux]

– Vous connaissez cet homme ?
– Non, je ne le connais pas.

PRENEZ LA PAROLE !

14. Vous êtes en vacances avec un(e) ami(e) en France. Vous allez dans un magasin de souvenirs pour acheter des cadeaux pour vos ami(e)s. Par deux, imaginez la conversation. Utilisez un maximum d'adjectifs démonstratifs.

Ex. : – Qu'est-ce que tu penses de ce livre pour Yuki ?

mon, ma, ton, ta, son, sa …

ma mère, mon amie

OBSERVEZ PISTE 27

*Voici **mon** incroyable famille ! **Ma** grand-mère, Yumi, est japonaise et **mon** grand-père, Patrick, est français. **Mes** grands-parents habitent au Japon et **ma** mère et **mon** père vivent au Brésil. **Mon** amie et moi, nous passons toutes **nos** vacances d'été dans **leur** appartement avec **notre** fille Carla ! Durant l'année, nous vivons dans **notre** maison en Allemagne.*

RÉFLÉCHISSEZ

1. Écrivez.

une grand-mère → ...ma... *grand-mère*
un grand-père → .... *grand-père*
des grands-parents → .... *grands-parents*

2. Cochez.

masculin M ou féminin F, singulier S ou pluriel P.

ma est ☐ M ☒ F ☒ S ☐ P
mon est ☐ M ☐ F ☐ S ☐ P
mes est ☐ S ☐ P

3. Écrivez.

Retrouvez le mot utilisé dans le texte.

une amie → .... *amie*
une incroyable famille → .... *incroyable famille*
une mère → .... *mère*

4. Cochez.

Dans *mon amie*, le mot *amie* commence par :
☐ une voyelle (*a, e, i, o, u*).
☐ une consonne (*b, c, d…*).

Dans *mon incroyable famille*, le mot *incroyable* commence par :
☐ une voyelle (*a, e, i, o, u*).
☐ une consonne (*b, c, d…*).

Dans *ma mère*, le mot *mère* commence par :
☐ une voyelle (*a, e, i, o, u*).
☐ une consonne (*b, c, d…*).

5. Associez.

mon ○ ○ + nom féminin singulier qui commence par une voyelle.
ma ○ ○ + nom féminin singulier qui commence par une consonne.

notre fille ○ ○ la fille de mes parents / ○ la fille de mon amie et moi

notre maison ○ ○ la maison de mes parents / ○ la maison de mon amie et moi

leur appartement ○ ○ l'appartement de mes parents / ○ l'appartement de mon amie et moi

MÉMORISEZ

Quel adjectif possessif choisir ?

- **L'adjectif possessif dépend du genre (masculin / féminin) et du nombre (singulier / pluriel) du nom**

	singulier		pluriel
	masculin	féminin	
à moi	*mon père*	*ma mère / mon amie**	*mes enfants*
à toi	*ton père*	*ta mère / ton amie*	*tes enfants*
à lui / à elle	*son père*	*sa mère / son amie*	*ses enfants*
à nous	*notre père*	*notre mère*	*nos enfants*
à vous	*votre père*	*votre mère*	*vos enfants*
à eux / à elles	*leur père*	*leur mère*	*leurs enfants*

* **Prononciation** Devant un nom commençant par une voyelle (*a, e, i, o, u*) ou un *h* muet, on fait la liaison.

→ Grammaire contrastive espagnol-français, page 210
→ Grammaire contrastive anglais-français, page 207

EXERCICES

1. Écoutez et cochez *masculin* ou *féminin* et *singulier* ou *pluriel* pour les noms de chaque phrase. PISTE 28

	a.	b.	c.	d.	e.	f.	g.	h.
masculin	☒	☐	☐	☐	☐	☐	☐	☐
féminin	☐	☐	☐	☐	☐	☐	☐	☐
singulier	☒	☐	☐	☐	☐	☐	☐	☐
pluriel	☐	☐	☐	☐	☐	☐	☐	☐

2. Associez (M pour masculin, F pour féminin). Plusieurs possibilités.

a. C'est mon
b. C'est ma
c. Ce sont mes

1. livre M
2. stylos M
3. cahiers M
4. trousse F
5. sac M
6. gomme F

a	b	c
1		

3. Remettez les lettres dans l'ordre pour trouver l'adjectif possessif et le nom qui l'accompagne. Puis cochez le genre et le nombre (féminin F ou masculin M / singulier S ou pluriel P).

a. [M / M / A / E / R / È] ma mère ☒ F ☐ M ☒ S ☐ P
b. [L / F / I / V / T / O / R / E / L / E] .... ☐ F ☐ M ☐ S ☐ P
c. [M / T / O / E / N / A / I] .... ☐ F ☐ M ☐ S ☐ P
d. [S / N / O / M / R / A / I] .... ☐ F ☐ M ☐ S ☐ P
e. [R / È / N / S / F / E / R / O / S] .... ☐ F ☐ M ☐ S ☐ P

4. Soulignez l'adjectif possessif qui convient.

a. Je vous présente [ma / mon] mère F et [ma / mon] père M.
b. Monsieur, montrez-moi [votre / vos] papiers M.
c. J'ai oublié [ma / mon] parapluie M dans [votre / vos] boutique F.
d. [Leur / Leurs] amis M ont acheté un vase.
e. Quelle est [ton / ta] adresse F électronique ?
f. [Son / Sa] sœur F a obtenu son baccalauréat.

5. Complétez avec *mon, ma, ton, ta, son, sa.*

a. Sofia, quelle est ta....... date F de naissance s'il te plaît ?
b. Raphaël a perdu .... téléphone M portable.
c. Juan, quel est .... numéro M de téléphone ?
d. Est-ce que quelqu'un a trouvé .... bague F ?
e. Peux-tu me rendre .... livre M ?
f. Isa m'a proposé d'aller au Portugal. Je vais accepter .... proposition F.

6. Soulignez l'adjectif possessif qui convient.

a. C'est le neveu de Sohane. C'est [son / leur] neveu.
b. Ce sont les grands-parents d'Aleksy. Ce sont [ses / leurs] grands-parents.
c. C'est la cousine de Paco. C'est [leur / sa] cousine.
d. Ce sont les filles de Pedro et Lisa. Ce sont [ses / leurs] filles.
e. C'est l'oncle de Boris et Alisa. C'est [son / leur] oncle.
f. Ce sont les fils d'Ahmed et Adiba. Ce sont [ses / leurs] fils.

7. Complétez avec l'adjectif possessif qui convient.

a. J'ai le numéro de téléphone de Lalie mais je n'ai pas son....... adresse.
b. Pourquoi tu prends le bus ? .... voiture est en panne ?
c. Lola, j'ai bien reçu .... invitation pour la fête du 20 août.
d. Léo n'est pas venu au lycée donc tu dois signaler .... absence à .... parents.
e. Monsieur, nous avons réparé .... lunettes.
f. Pierre part demain à Cannes, car .... actrice préférée va monter les marches du Palais des festivals.

8. Écrivez les groupes de mots.

a. sa maison [immense] son immense maison..............................
b. ton amie [meilleure] ....
c. mon école [merveilleuse] ....
d. ta nouvelle [incroyable] ....
e. son erreur [grosse] ....
f. ton auto [petite] ....
g. ta voisine [ancienne] ....
h. ma fille [adorable] ....

9. **Écoutez et répondez oralement en utilisant un adjectif possessif.** PISTE 29
Ex. : – Oui, c'est son livre.

10. **À l'oral, répondez en utilisant les mots proposés.**
Ex. : Quel âge a **l'ami de Christine** ? [42 ans] → Son ami a 42 ans.

a. Quelle est **l'adresse électronique de Roberto** ? [robertino@gmail.fr]
b. Comment s'appellent **les parents de Céline** ? [Béatrice et Rémi]
c. Comment s'appele **le frère de Yumi** ? [Hidefumi]
d. Quelle est la profession **du mari d'Émilie** ? [avocat]
e. Quel âge a **la sœur de Claire** ? [25 ans]

11. **Complétez le texte avec les mots proposés et les adjectifs possessifs qui conviennent.**
[vêtements - mari - petit-fils - fille - voisins - chaussons - maison - santé - chemise]
Le matin, en général, quand je quitte ....ma maison.... je dis bonjour à .... Ils me parlent du temps, de .... et de .... Samy. Mais ce matin, ils m'ont demandé si tout allait bien. Puis .... Angélique est sortie, elle m'a regardée et a commencé à rire. Elle m'a dit que .... étaient vraiment bizarres. Alors, je suis retournée chez moi, je me suis regardée dans le miroir et j'ai ri aussi ! Je portais les vêtements de Pierre, ..., c'est-à-dire .... et .... Je n'étais vraiment pas réveillée ce matin !

12. **Rédigez un texte (environ 40 mots) pour présenter votre famille.**
Utilisez les adjectifs possessifs et les mots proposés.
[père - mère - parents - sœur - frère - grand-père - grand-mère]

PRENEZ LA PAROLE !

13. **Présentez la famille de votre meilleur(e) ami(e) en utilisant un maximum d'adjectifs possessifs.**
Ex. : – Ses parents sont chinois. Son père s'appelle Xin.

10

chaque, beaucoup de, aucun…

J'ai beaucoup de travail. Tu peux attendre quelques minutes ?

OBSERVEZ PISTE 30

RÉFLÉCHISSEZ

1. Associez.

toute la ○	
chaque ○	
toutes les ○	○ + nom singulier
les autres ○	○ + nom pluriel
d'autres ○	
les mêmes ○	

2. Cochez la quantité correcte.

plusieurs courriels	☐ 0	☐ 2 et +
aucun problème	☐ 0	☐ 2 et +
quelques minutes	☐ 0	☐ 2 et +

3. Lisez et répondez par *oui* ou *non*.

un peu de temps / beaucoup de questions / beaucoup de travail

Dans ces expressions, est-il possible de compter

- *temps ?* ……………
- *questions ?* ……………
- *travail ?* ……………

MÉMORISEZ

Comment exprimer une quantité indéterminée ?

Quand on ne connaît pas la quantité précise pour une chose, une personne, etc., on utilise les déterminants suivants.

singulier	
***un peu de** temps*, ***beaucoup de** travail*, ***chaque** jour*	
masculin	**féminin**
le même** jour* ***tout le** monde* ***l'autre** soir* / ***un autre** soir* ***aucun problème*	***la même** heure* ***toute la** matinée* ***l'autre** fois* / ***une autre** fois* ***aucune*** erreur*

*** Attention !** *Aucun(e)* est toujours accompagné de *ne* : *Je ne connais aucune étudiante. / Aucune étudiante n'est sympa.*

pluriel	
***beaucoup de** courriels*, ***beaucoup de** questions* ***plusieurs** courriels*, ***plusieurs** questions* ***quelques** jours*, ***quelques** minutes* ***les autres** jours*, ***les autres** activités* / *d'autres activités** ***les mêmes** jours*, ***les mêmes** semaines*	
masculin	**féminin**
***tous les** jours*	***toutes les** semaines*

* *d'autres* est le pluriel de *un / une autre*

EXERCICES

1. Écoutez et soulignez la phrase que vous entendez. PISTE 31

a. Je connais tous les étudiants. / Je connais toutes les étudiantes.
b. Nous avons le même ami. / Nous avons les mêmes amis.
c. Elle a d'autres activités. / Elle a les autres activités.
d. Il n'y a aucun problème ! / Il y a plusieurs problèmes !
e. Je travaille chaque matin. / Je travaille tous les matins.
f. On ira l'autre fois. / On ira une autre fois.
g. J'ai un peu de travail. / J'ai beaucoup de travail.
h. Vous avez plusieurs choix. / Vous avez quelques choix.

2. Reconstituez les mots et cochez les expressions de quantité qui peuvent être suivies d'un pluriel.

a. [euelqqus] quelques ☒
b. [lpusrieus] .... ☐
c. [nu epu ed] .... ☐
d. [el mmêe] .... ☐
e. [nu ature] .... ☐
f. [quhace] .... ☐
g. [l'uaret] .... ☐
h. [ttuo el] .... ☐
i. [pabueocu ed] .... ☐
j. [ettou al] .... ☐

3. Complétez avec *tout le, toute la, tous les, toutes les*, en faisant attention au genre (M pour masculin et F pour féminin).

a. Nous travaillons ...tous les... lundis M.
b. .... monde M est arrivé.
c. Qu'est-ce que tu fais .... journée F ?
d. J'aime .... types M de films.
e. .... idées F sont bonnes.
f. Ils vont au cinéma .... week-ends M.
g. Est-ce que .... travail M est terminé ?
h. Les enfants ont mangé .... bonbons M.

4. Soulignez la proposition qui convient.

a. – Tu sors [chaque / tous les] soir ?
– Oui, et je me repose [chaque / tous les] matins.
b. – Vous connaissez [chaque / tous les] monuments de la ville ?
– Non, je n'ai pas visité [chaque / toute la] ville.
c. – Les enfants se brossent les dents [chaque / tous les] matin ?
– Oui, et ils prennent une douche [chaque / tous les] soirs.
d. – Sara a voyagé dans [chaque / tous les] continent ?
– Oui, et je crois qu'elle a goûté à [chaque / toutes les] cuisines du monde.
e. – [Tous les / Chaque] aliments que vous vendez sont naturels ?
– Oui, bien sûr. [Chaque / Tous les] fruit vient de l'agriculture biologique.

5. Rédigez des phrases avec les mots proposés et *le même, la même* ou *les mêmes*.

Luis	Maria	
[Madrid]	[Barcelone]	[habiter dans une ville]
[traducteur]	[traductrice]	[avoir une profession]
[le football, le tennis]	[la musique, la danse]	[avoir une passion]
[Le Monde]	[Le Courrier International]	[lire un journal]
[les films d'action]	[les films romantiques]	[regarder un film]
[la tarte aux fraises]	[la tarte aux fraises]	[aimer un dessert]
[Ne me quitte pas]	[L'hymne à l'amour]	[écouter une chanson]

Luis et Maria n'habitent pas dans la même ville.

6. À l'oral, faites des phrases avec *le même, la même, les mêmes*.

Ex. : Un gilet en taille 40. → Vous avez le même gilet en taille 40 ?

a. Des chaussures en 38.
b. Un manteau en taille 40.
c. Des chaussettes en taille 39.
d. Une veste en taille 38.
e. Une robe en taille 40.
f. Des bottes en 41.

7. Transformez les phrases en mettant au pluriel les mots en gras.

a. Tu as **une autre proposition** ? → Tu as d'autres propositions ?
b. Mathias a **un autre choix**. → ....
c. Tu vois **une autre possibilité** ? → ....
d. Vous avez vu **l'autre film** de Klapisch ? → ....
e. Ils veulent avoir **un autre enfant**. → ....
f. Vous connaissez **l'autre solution** ? → ....

EXERCICES

8. Répondez en utilisant *ne … aucun(e)* ou *aucun(e) … ne*.

a. – Est-ce que les enfants veulent sortir ?
– Non, aucun enfant ne veut sortir.

b. – Les enfants aiment tous les parfums de glace ?
– Non, les enfants n'aiment aucun parfum de glace.

c. – Patrick mange beaucoup de gâteaux ?
– Non, ……………………………………

d. – Les chiens sont autorisés ?
– Non, ……………………………………

e. – Est-ce que les Dupont ont beaucoup d'activités sportives ?
– Non, ……………………………………

f. – Elles aiment tous les types de musique ?
– Non, ……………………………………

g. – Est-ce que toutes les étudiantes vont au cinéma ce soir ?
– Non, ……………………………………

9. Écoutez et répondez oralement en utilisant *ne…aucun* ou *ne…aucune* et les mots proposés. PISTE 32

Ex. : [ami] → – Non, ils n'ont aucun ami.

a. [photo] b. [livre] c. [travail] d. [vêtement] e. [musique] f. [gâteau]

10. Soulignez la proposition qui convient.

a. Vous avez [aucune / plusieurs] sorties de prévues pendant le week-end ?

b. Vous allez [plusieurs / un peu de] fois au cinéma pendant la semaine ?

c. Nassim passe toujours [beaucoup de / quelques] temps avec ses amis le samedi.

d. Tu fais [quelques / beaucoup de] natation le dimanche matin ?

e. Vivement les vacances, je vais pouvoir faire [un peu de / quelques] jardinage !

f. J'ai envie de lire [quelques / un peu de] romans policiers cet été.

g. Nathalie et Éric ont visité [un peu de / quelques] musées pendant les vacances.

11. Rédigez une recette du bonheur (environ 30 mots) avec les noms proposés et *quelques, plusieurs, beaucoup, un peu*.

[un ami - l'argent - un voyage - le sport - la musique - une chanson - un film - le soleil - un sourire - une glace - un livre - une tasse de café]

Pour ma recette du bonheur, je dois mélanger un peu…

PRENEZ LA PAROLE !

12. Racontez votre semaine idéale. Utilisez un maximum de mots qui expriment une quantité.

Ex. : – Pour moi, une semaine idéale, c'est faire un peu de sport tous les jours…

11

heureux, française, sportifs, nouvelles …

Elle est jeune. Ce sont des personnes géniales.

OBSERVEZ PISTE 33

RÉFLÉCHISSEZ

1. Complétez avec les mots du dialogue.

masculin		féminin	masculin		féminin
français	→	....	....	→	gentille
jeune	→	....	....	→	exceptionnelle
fier	→	....	sportif	→	....
....	→	heureuse	mignon	→	....
étranger	→	....	....	→	italienne

2. Cochez.

Que se passe-t-il quand on passe du masculin au féminin ?

☐ + (j'ajoute) ☐ – (j'enlève) ☐ ≠ (je transforme) ☐ = (je ne change rien)

3. Écrivez en vous aidant du dialogue.

singulier		pluriel
sportif	→	....
français	→	....
nouveau	→	....
géniale	→	....

4. Cochez.

Que se passe-t-il quand on passe du singulier au pluriel ?

☐ + (j'ajoute) ☐ – (j'enlève) ☐ ≠ (je transforme) ☐ = (je ne change rien)

MÉMORISEZ

L'accord des adjectifs qualificatifs

L'adjectif s'accorde en genre (masculin / féminin) et en nombre (singulier / pluriel) avec le nom auquel il se rapporte.

- **Le masculin et le féminin des adjectifs**

l'adjectif masculin	l'adjectif féminin
se termine par *-e* *jeune*	**on ne change rien** *jeune*
se termine par une consonne *allemand*	**on ajoute un *-e*** *allemande*
se termine par *-i(en)* *italien, coréen*	**on ajoute *-ne*** *italienne, coréenne*
se termine par *-el* *exceptionnel*	**on ajoute *-le*** *exceptionnelle*
se termine par *-on* *mignon*	**on ajoute *-ne*** *mignonne*
se termine par *-(i)er* *fier, étranger*	**on transforme en *-(i)ère*** *fière, étrangère*
se termine par *-eux* *heureux*	**on transforme en *-euse*** *heureuse*
se termine par *-if* *sportif*	**on transforme en *-ive*** *sportive*

Attention ! Quelques exceptions, par exemple :

nouveau → *nouvelle* *beau* → *belle* *gentil* → *gentille*
gros → *grosse* *fou* → *folle* *vieux* → *vieille*
blanc → *blanche*

- **Le singulier et le pluriel des adjectifs**

l'adjectif singulier	l'adjectif pluriel
règle générale	
se termine par une consonne ou une voyelle *jeune, allemand*	**on ajoute *-s*** *jeunes, allemands*
cas particuliers	
se termine par *-eau* *nouveau*	**on ajoute *-x*** *nouveaux*
se termine par *-al* *génial*	**on transforme en *-aux*** *géniaux*
se termine par *-s* ou *-x* *français, vieux*	**on ne change rien** *français, vieux*

→ Grammaire contrastive anglais-français, page 208

EXERCICES

1. Écoutez et cochez *masculin* ou *féminin* pour les adjectifs de chaque phrase. PISTE 34

	a.	b.	c.	d.	e.	f.	g.	h.
masculin	☒	☐	☐	☐	☐	☐	☐	☐
féminin	☐	☐	☐	☐	☐	☐	☐	☐

EXERCICES

2. Soulignez l'adjectif qui convient.

a. Mon métier est [passionnant / passionnante].
b. J'ai rencontré une femme [charmant / charmante].
c. Cette pièce de théâtre était vraiment [intéressant / intéressante].
d. J'ai bien aimé l'acteur [américain / américaine].
e. C'est son [meilleur / meilleure] rôle au cinéma.
f. Cette rue est très [passant / passante].

3. Entourez dans la grille le féminin des adjectifs suivants.
[gentil - anglais - italien - fier - noir - amoureux - mignon - petit - drôle - heureux - actuel - cher - étranger - sportif - grand]

E	N	E	S	I	A	L	G	N	A
D	A	O	A	L	C	O	L	O	U
N	M	U	I	U	T	U	E	U	U
A	O	E	U	R	U	D	T	O	M
R	U	U	A	O	E	R	I	I	S
G	R	N	O	F	L	Ô	T	T	P
G	E	N	T	I	L	L	E	A	O
U	U	D	U	È	E	E	P	L	R
O	S	U	O	R	O	U	O	I	T
H	E	U	R	E	U	S	E	E	I
C	H	È	R	E	O	E	U	N	V
U	O	M	I	G	N	O	N	N	E
É	T	R	A	N	G	È	R	E	O

Associez toutes les lettres qui restent (sauf les O et les U) pour créer un mot.

....

4. À l'oral, transformez les adjectifs au féminin singulier.
Ex. : un garçon rêveur → – une fille rêveuse.

a. un quartier calme → une rue...
b. un homme gentil → une femme...
c. un étudiant sérieux → une étudiante...
d. un garçon exceptionnel → une femme...
e. un garçon vif → une fille...
f. un homme breton → une femme...

5. Complétez avec l'adjectif proposé.

a. [fou] C'est une femme complètement folle .
b. [nouveau] Tu as lu le .... roman de Le Clézio ?
c. [gros] Il y a une .... araignée dans le salon.
d. [beau] Tu as une très .... chemise.
e. [nouveau] Il y a une .... secrétaire dans mon entreprise.
f. [vieux] Où as-tu trouvé cette .... carte postale ?

6. Écrivez les adjectifs au pluriel.

a. un étudiant intelligent → des étudiants intelligents
b. un écolier sérieux → des écoliers ....
c. une langue internationale → des langues ....
d. une revue régionale → des revues ....
e. une danseuse célèbre → des danseuses ....

ADJECTIF QUALIFICATIF

EXERCICES

7. Rédigez les phrases au féminin pluriel.

a. Mon petit frère est capricieux, irresponsable mais il est aussi adorable.
Mes petites sœurs sont capricieuses, irresponsables mais elles sont aussi adorables.
b. Mon collègue est travailleur, optimiste, organisé et patient.
c. Mon meilleur ami est grand et sportif. Il est drôle, cultivé mais il n'est pas toujours courageux.
d. Je déteste mon voisin. Il est compliqué, menteur et désagréable.
e. J'aime bien cet étudiant. Il est sérieux, dynamique et agréable en cours. Par contre, il est un peu timide.

8. Répondez aux questions en utilisant l'adjectif proposé.

a. – Tes filles sont grandes ? [petit] – Non, elles sont petites.
b. – Paco et Pedro sont calmes ? [nerveux] – Non, ...
c. – Kate et Lisa sont tristes ? [drôle] – Non, ...
d. – Tes chiens sont méchants ? [gentil] – Non, ...
e. – Vos voisines sont calmes ? [bruyant] – Non, ...
f. – Marta et Ana sont mexicaines ? [cubain] – Non, ...

9. À l'oral, décrivez physiquement ces deux personnes en utilisant les mots proposés.

Ex. : – Elles ont les yeux bleus...
[des cheveux - des yeux - un nez]
[beau - mignon - sportif - brun - blond - raide - bouclé - bleu - petit - long]

Audrey

Mélissa

10. Rédigez un message (environ 50 mots) destiné à un site de rencontre. Vous vous présentez et vous vous décrivez, puis vous décrivez le type de personne que vous recherchez.

[5 adjectifs au masculin singulier - 5 adjectifs au féminin singulier - 5 adjectifs au pluriel]
Je m'appelle Linda. Je suis un peu timide.

PRENEZ LA PAROLE !

11. Vous êtes un étudiant étranger et vous allez séjourner en France. Vous téléphonez à votre famille d'accueil. Jouez la situation. Vous devez utiliser des adjectifs.

a. Vous posez des questions sur la ville, la maison et votre chambre.
b. La famille propose de venir vous chercher à l'aéroport. Vous acceptez sa proposition et vous vous décrivez physiquement pour qu'elle puisse vous reconnaître à l'aéroport.

Ex. : – Comment est ma chambre ?
– Elle est grande. Il y a un petit bureau.

12

un bon gâteau, un jour spécial

Elle porte une belle robe longue.

OBSERVEZ PISTE 35

*Dung fête ses **trente** ans. C'est une **jolie** femme **vietnamienne** qui a les yeux **noirs** et les cheveux **courts**. Pour ce jour **spécial**, elle porte une **belle** robe **longue**, de **nouveaux** bijoux et un foulard **rouge**. Elle va partager avec sa famille un **bon** gâteau au chocolat **blanc**.*

PLACE DE L'ADJECTIF

RÉFLÉCHISSEZ

1. Soulignez les adjectifs placés avant le nom.

trente – jolie – vietnamienne – noirs – courts – spécial – belle – longue – nouveaux – rouge – bon – blanc

2. Cochez.

Les adjectifs de couleur (*noirs*...) se trouvent	☐ avant le nom.	☐ après le nom.
Les adjectifs de nationalité (*vietnamienne*...) se trouvent	☐ avant le nom.	☐ après le nom.
Les adjectifs numéraux (*trente*...) se trouvent	☐ avant le nom.	☐ après le nom.
Les adjectifs courts (*jolie, bon*...) se trouvent	☐ avant le nom.	☐ après le nom.

MÉMORISEZ

La place des adjectifs qualificatifs

- **En général**
  Les adjectifs se placent après le nom : *une robe longue*
- **Les adjectifs fréquents et courts**
  Ils se placent avant le nom : *petit, grand, gros, beau, joli, bon, mauvais, vieux, autre, nouveau...*
  une jolie femme / un bon gâteau
  Attention ! Les adjectifs *beau, vieux, nouveau* se transforment devant un nom masculin singulier qui commence par une voyelle (*a, e, i, o, u*) ou un *h* muet : *un bel arbre ≠ trois beaux arbres / un vieil homme ≠ deux vieux hommes / un nouvel étudiant ≠ six nouveaux étudiants*
- **Les adjectifs qui indiquent un classement**
  Ils se trouvent avant le nom : *le premier étage, le dernier exercice...*
  Attention ! On dit *la semaine dernière, le mois dernier.*
  Remarque Quand l'adjectif est placé avant le nom, *des* devient *de* : *des bijoux → de nouveaux bijoux*

→ Grammaire contrastive espagnol-français, page 212 → Grammaire contrastive anglais-français, page 208

EXERCICES

1. Écoutez et cochez la place de l'adjectif dans chaque phrase. PISTE 36

	a.	b.	c.	d.	e.	f.	g.	h.
avant le nom	☐	☐	☐	☐	☐	☐	☐	☐
après le nom	☒	☐	☐	☐	☐	☐	☐	☐

2. Soulignez les adjectifs, classez-les dans le tableau et cochez les cases.

Dans mon monde parfait, on trouve :

a. de petites boutiques ouvertes jusqu'à minuit.

b. des animations culturelles : danseurs argentins, chanteurs cubains, musiciens turcs…

c. de belles maisons avec des volets verts, des portes bleues…

d. des habitants avec des vêtements colorés : des vestes rouges, des manteaux violets…

e. des jeunes de dix ans ou de quinze ans qui font des activités avec des personnes âgées.

les adjectifs en général	les adjectifs de couleur	les adjectifs de nationalité	les adjectifs numéraux	les adjectifs courts et fréquents
………	………	………	………	petites
☐ avant le nom ☐ après le nom	☐ avant le nom ☐ après le nom	☐ avant le nom ☐ après le nom	☐ avant le nom ☐ après le nom	☒ avant le nom ☐ après le nom

3. Remettez les mots dans l'ordre.

a. [romantique / une / ville] une ville romantique

b. [jolie / une / plage] ………

c. [grande / une / ville] ………

d. [industriels / des / quartiers] ………

e. [charmants / des / acteurs] ………

4. Transformez les phrases avec l'adjectif proposé. Faites les accords nécessaires.

a. Il m'a offert des **livres**. [intéressant] → Il m'a offert des livres intéressants.

b. J'aime travailler avec des **collègues**. [sérieux]
→ ………

c. Est-ce que tu as une **proposition** ? [autre]
→ ………

d. Il t'a offert une **bague**. [joli]
→ ………

e. Tu peux me raconter des **histoires** ? [amusant]
→ ………

f. J'ai passé des **moments** avec toi. [bon]
→ ………

EXERCICES

5. Écoutez et cochez l'adjectif utilisé dans chaque phrase. PISTE 37

	a.	b.	c.	d.	e.	f.	g.	h.
nouvel	☐	☐	☐	☐	☐	☐	☐	☐
nouvelle	☐	☐	☐	☐	☐	☐	☐	☐
bel	☒	☐	☐	☐	☐	☐	☐	☐
belle	☐	☐	☐	☐	☐	☐	☐	☐
vieil	☐	☐	☐	☐	☐	☐	☐	☐
vieille	☐	☐	☐	☐	☐	☐	☐	☐

6. Soulignez l'adjectif qui convient.

a. Ils viennent d'acheter un [nouveau / <u>nouvel</u>] appartement.
b. Le [vieux / vieil] homme est parti en maison de retraite.
c. J'ai rencontré un [beau / bel] étudiant à l'université.
d. J'ai jeté à la poubelle ton [vieux / vieil] pull.
e. Je vous présente votre [nouveau / nouvel] collègue.
f. À qui est ce [vieux / vieil] livre ?

7. Écrivez les phrases avec l'adjectif proposé à l'endroit qui convient.

a. C'est ton [premier] jour [premier] ici. C'est ton premier jour ici.
b. Je vais au [cinquième] étage [cinquième]. Et vous ?
c. La [dernière] semaine [dernière], j'ai travaillé 50 heures.
d. Le [prochain] mois [prochain], je rentre dans mon pays.
e. J'espère que c'est la [dernière] fois [dernière] que je passe mon permis de conduire.
f. Je vais prendre le [prochain] vol [prochain] pour Budapest.

8. Remettez les mots dans l'ordre.

a. [Il / portable / un / a / ordinateur / nouvel]
Il a un nouvel ordinateur portable.
b. [Ce / de / jeunes / sont / indiens / touristes]
....
c. [avec / des / Je / turcs / travaille / collègues]
....
d. [exercices / autres / Tu / faire / peux / les / deux]
....
e. [vu / beau / J' / ai / un / film / espagnol]
....
f. [jolies / Ce / de / sont / chansons / françaises]
....
g. [mis / Elle / a / son / chemisier / beau / blanc]
....
h. [mexicain / Il / a / plat / bon / préparé / un]
....

EXERCICES

9. Complétez les réponses avec le mot en gras et l'adjectif proposé.

a. – Il y a un **problème** ? [gros]
– Oui, il y a un gros problème.

b. – Vous avez des **photos** de vos enfants ? [récent]
– Bien sûr, j'ai ....

c. – Vous connaissez un **restaurant** près d'ici ? [bon]
– Oui, je connais ....

d. – Hum… Tu as fait un gâteau au **chocolat** ? [blanc]
– Oui, j'ai fait ....

e. – Il y a un **hôtel** dans ce quartier ? [beau]
– Oui, il y a ....

f. – Tu as pris le **métro** pour venir ici ? [dernier]
– Oui, c'était ....

10. Récrivez le texte avec les adjectifs proposés.

Ce matin, dans ma cuisine [belle], Meubléa, la cuisine [moderne] des couples [heureux], je prépare le petit-déjeuner pour mes enfants [deux]. Je leur donne des céréales, Vitablé, des céréales [délicieuses] pour des enfants [dynamiques], et un verre [grand] de chocolat [chaud], avec du lait Candide, le lait [frais] de votre région. Ma femme vient se préparer un café, Café Ruiz, le café [mexicain] pour une journée [bonne].

Ce matin, dans ma belle cuisine…

11. À l'oral, décrivez votre acteur préféré ou votre actrice préférée.

Ex. : – Elle a les cheveux longs. Elle a un petit nez…

12. Rédigez un texte (environ 40 mots) pour décrire votre appartement. Utilisez 10 adjectifs parmi ceux proposés.

[premier - carré - joli - violet - agréable - petit - confortable - deuxième - grand - lumineux - pratique - vert - magnifique - vieux - charmant - vide - moderne - ancien - gros - trois - dernier]

Mon appartement est moderne. Il est au dernier étage d'un immeuble…

PRENEZ LA PAROLE !

13. Décrivez votre ville (les quartiers, les monuments, les lieux culturels, etc.). Utilisez un maximum d'adjectifs.

Ex. : – Ma ville est séparée en deux. Il y a un quartier moderne et la vieille ville…

13

je, tu, il, elle, on, nous, vous, ils, elles

Ils étudient. Elle danse.

OBSERVEZ PISTE 38

RÉFLÉCHISSEZ

Écrivez les pronoms sujets.

....

....

....

....

....

....

.... ou ....

PRONOMS SUJETS

MÉMORISEZ

Comment choisir les pronoms sujets ?

Un pronom sujet représente un être vivant, une chose ou une idée. Le verbe s'accorde avec le pronom sujet.

• **Les différents pronoms sujets**

		les pronoms sujets
singulier	1re personne	**je / j'*** *Je regarde la télévision.*
	2e personne	**tu** *Qu'est-ce que tu fais ?*
	3e personne	**il / elle / on** *Il chante. / Elle danse. / On va à l'école.*
pluriel	1re personne	**nous** *Nous allons à l'école.*
	2e personne	**vous** *Vous allez où ?*
	3e personne	**ils / elles** *Ils étudient. / Elles lisent un livre.*

* *je* devient *j'* devant un verbe qui commence par une voyelle (a, e, i, o, u) ou un *h* muet.

• **Le pronom sujet *on* peut remplacer *nous, quelqu'un, les gens***

Nous allons à l'école. → *On va à l'école.*

Quelqu'un a sonné à la porte. → *On a sonné à la porte.*

Les gens parlent français en Suisse. → *On parle français en Suisse.*

EXERCICES

1. Écoutez et cochez le pronom utilisé dans chaque phrase. PISTE 39

	a.	b.	c.	d.	e.	f.	g.	h.	i.
je	☐	☐	☐	☐	☐	☐	☐	☐	☐
tu	☐	☐	☐	☐	☐	☐	☐	☐	☐
il	☐	☐	☐	☐	☐	☐	☐	☐	☐
elle	☒	☐	☐	☐	☐	☐	☐	☐	☐
on	☐	☐	☐	☐	☐	☐	☐	☐	☐
nous	☐	☐	☐	☐	☐	☐	☐	☐	☐
vous	☐	☐	☐	☐	☐	☐	☐	☐	☐
ils	☐	☐	☐	☐	☐	☐	☐	☐	☐
elles	☐	☐	☐	☐	☐	☐	☐	☐	☐

2. Complétez avec *je* ou *j'*.

a. ...Je... suis heureuse.
b. .... apprends l'histoire de l'art.
c. .... étudie dans la même école que toi.
d. .... ai 24 ans.
e. .... vais en Italie pendant les vacances.
f. .... veux acheter une nouvelle maison.
g. .... adore ton jardin.
h. .... fais du hockey sur glace.

EXERCICES

3. Associez les deux parties de phrases.

a. Tu
b. Elle
c. Vous
d. J'
e. Elles
f. Nous

1. sont irlandaises.
2. ai faim.
3. sommes contents d'être en France.
4. as quel âge ?
5. aimez l'informatique ?
6. est malade aujourd'hui.

a	b	c	d	e	f
4					

4. Complétez le courriel avec les pronoms sujets qui conviennent.

Salut Maëva,
Comment vas-tu ? Moi, ... vais très bien.
.... passe mes vacances à Paris avec mon copain. Hier, ... a visité le musée du Louvre et la tour Eiffel. Et ce matin, ... a fait une balade au bord de la Seine. Les Parisiens sont plutôt gentils avec nous. .... nous aident à nous repérer dans la ville. .... rentrons demain soir.
À bientôt.
Gros bisous.
Jillian

5. Associez les phrases qui ont le même sens.

a. Elle parle anglais.
b. Ils parlent anglais.
c. Il parle anglais.
d. Elles parlent anglais.
e. Nous parlons anglais.
f. Vous parlez anglais.

1. Arthur parle anglais.
2. Léa parle anglais.
3. Philippe et Manon parlent anglais.
4. On parle anglais.
5. Bruno et toi parlez anglais.
6. Florence et Anne parlent anglais.

a	b	c	d	e	f
2					

6. Récrivez les phrases avec un pronom sujet (plusieurs possibilités).

a. Carla aime aller au cinéma. Elle aime aller au cinéma.
b. Paul et moi faisons des courses. ....
c. Natalia et toi partez en vacances ? ....
d. Lucie et Amélie étudient à l'université. ....
e. Adrien et Margot vont à un concert de jazz. ....
f. Tes frères et toi venez dîner à la maison ? ....

7. Associez les phrases aux différents sens du pronom *on*.

a. En France, on mange beaucoup de pain.
b. On se retrouve devant le théâtre.
c. On a sonné à la porte.
d. Qu'est-ce qu'on fait ce soir ?
e. On parle français au Québec.
f. On demande Mme Legrand à la réception.

1. nous
2. quelqu'un
3. les gens

a	b	c	d	e	f
3					

PRONOMS SUJETS

EXERCICES

8. Transformez les phrases en utilisant le pronom *on*.

a. **Nous écoutons** de la musique.
→ On écoute de la musique. ……………………………………

b. En Espagne, **les habitants dansent** bien le flamenco.
→ ……………………………………

c. **Quelqu'un t'a téléphoné.**
→ ……………………………………

d. **Quelqu'un a volé** mon téléphone.
→ ……………………………………

e. **Nous regardons** un reportage à la télévision.
→ ……………………………………

f. **Quelqu'un a laissé** un message sur le répondeur.
→ ……………………………………

9. À l'oral, décrivez les habitudes de votre pays. Utilisez le pronom sujet *on*.
Ex. : – Dans mon pays, on mange des escargots.

10. Rédigez des phrases pour dire ce que chaque personne peut faire dans chaque lieu. Vous devez utiliser tous les pronoms *je, tu, il, elle, on, nous, vous, ils, elles*.

a. À la gare

[attendre - regarder - téléphoner - parler - manger - lire - écouter - acheter - monter]

b. Au marché

[discuter - acheter- vendre - marcher - payer - parler - goûter - manger - choisir]

c. Au restaurant

[commander - manger - boire - discuter - payer - servir - téléphoner - cuisiner - lire le menu]

d. À l'école

[écouter - lire - écrire - parler - jouer - enseigner - faire des exercices - dessiner - discuter]

a. À la gare, j'attends le train, tu regardes l'heure, il téléphone…

PRENEZ LA PAROLE !

11. Formez un cercle. Un objet permet de passer la parole. Une personne dit une phrase en utilisant un pronom sujet. Elle lance l'objet à une autre personne qui dit une autre phrase en utilisant un autre pronom sujet, etc. La personne qui ne rattrape pas l'objet ou qui ne fait pas de nouvelle phrase a perdu.

Ex. : – Je parle.
– Tu écoutes.
– Il regarde Anna.

14

moi, toi, lui, elle, nous, vous, eux, elles

On reste chez nous.

OBSERVEZ — PISTE 40

PRONOMS TONIQUES

RÉFLÉCHISSEZ

Cochez.

On utilise un pronom tonique *(moi, toi...)* :

- après une préposition *(chez, avec...)*	☐ vrai	☐ faux
- pour remplacer le sujet *(je, tu...)*	☐ vrai	☐ faux
- avec la mise en relief *(c'est ... qui)*	☐ vrai	☐ faux
- avant *aussi*	☐ vrai	☐ faux
- avant un nom *(soir, cinéma...)*	☐ vrai	☐ faux
- pour renforcer le sujet *(je, tu...)*	☐ vrai	☐ faux

MÉMORISEZ

À quoi servent les pronoms toniques et lequel choisir ?

• **Les pronoms toniques**

pronoms sujets	pronoms toniques
je	*moi*
tu	*toi*
il / elle	*lui / elle*
nous / on*	*nous*
vous	*vous*
ils / elles	*eux / elles*

* *on* dans le sens de *nous*.

• **L'emploi des pronoms toniques**

pour renforcer le pronom sujet *(je, tu, il...)* *Moi, je vais au cinéma.*
dans la mise en relief *(c'est...qui)* *C'est **moi** qui te téléphone. / Ce sont **eux** qui ont gagné.*
en cas de coordination *(et)* *Théo et **toi**, vous faites quoi ce soir ?*
avant *aussi, non plus* *Moi aussi. / Elle non plus.*
après une préposition *(chez, pour, avec, à ...)* *Je vais dîner chez **lui**.*

→ Grammaire contrastive espagnol-français, page 212

EXERCICES

1. Écoutez et cochez le pronom utilisé dans chaque phrase. PISTE 41

	a.	b.	c.	d.	e.	f.	g.	h.
pronom sujet	☐	☐	☐	☐	☐	☐	☐	☐
pronom tonique	☒	☐	☐	☐	☐	☐	☐	☐

2. Associez le pronom tonique avec la suite de la phrase (plusieurs possibilités).

a. Moi,
b. Toi,
c. Lui,
d. Elle,
e. Nous,
f. Vous,
g. Eux,
h. Elles,

1. elle est vendeuse.
2. je suis italienne.
3. nous travaillons ensemble.
4. ils ont vingt ans.
5. elles sont actrices.
6. vous êtes avocat ?
7. tu es étudiant ?
8. il parle arabe.
9. on est coréens.

a	b	c	d	e	f	g	h
2							

3. Complétez avec un pronom tonique.

a. Toi, tu vas bien ?
b. ...., ils ont 36 ans.
c. ...., on va au cinéma à 22 h.
d. ...., je fais du sport tard le soir.
e. ...., vous avez quel âge ?
f. ...., elles travaillent tous les jours.
g. ...., je vais bien.
h. ...., il fait quoi dans la vie ?

4. Transformez le mot proposé par un pronom tonique.

a. Je m'appelle Mathilde, et [tu] toi ?
b. On habite à Pondichéry, et [vous] .... ?
c. Elle est française, et [son mari] .... ?
d. Lavania a 10 ans, et [vos filles] .... ?
e. J'arrive à midi, et [tes amis] .... ?
f. Je suis fatigué, et [tu] .... ?
g. Il parle malayalam, et [elle] .... ?
h. Ils sont russes, et [vous] .... ?

5. À l'oral, répondez avec *aussi* ou *non plus*.

Ex. : – Je fais du sport tous les jours. Et toi ? → – Moi aussi.

a. – Mon père n'est pas en colère. Et ton père ?
b. – Ma fille part demain à Bora-Bora. Et tes filles ?
c. – Dimitri prend des cours de théâtre. Et Adriana ?
d. – Mes parents vont me rendre visite bientôt. Et tes parents ?
e. – Je ne vais pas travailler demain. Et toi ?
f. – Jacob n'a pas terminé l'exercice. Et Chloé ?

6. Transformez les sujets en pronoms toniques.

a. mon voisin → lui
b. une amie et sa grand-mère → ....
c. un ami et sa sœur → ....
d. mes deux sœurs et mon frère → ....
e. mon amie → ....
f. moi et deux autres personnes → ....

EXERCICES

7. Complétez avec un pronom tonique.

a. C'est Julian qui a pris la photo ? Oui, c'est lui.
b. C'est toi sur le journal ? Oui, c'est ....
c. Ce sont Denis et Frédéric à la télévision ? Oui, ce sont ....
d. C'est ta mère au téléphone ? Oui, c'est ....
e. C'est Kaitlyn qui a sonné à la porte ? Oui, c'est ....
f. Ce sont tes amies qui t'ont rendu visite le week-end dernier ? Oui, ce sont ....
g. C'est vous le nouveau professeur de mathématiques ? Oui, c'est ....
h. C'est ta sœur qui garde ta fille pendant les vacances scolaires ? Oui, c'est ....

8. À l'oral, répondez aux questions en utilisant des pronoms toniques.

9. Transformez les phrases avec un pronom tonique.

a. Tu habites chez Arthur ? → Tu habites chez lui ?
b. Ce cadeau est pour Samantha et Malik.
→ ....
c. Je vais avec Yousef et Mark au cirque.
→ ....
d. Veux-tu aller chez Laura et Inès ?
→ ....
e. Cette voiture est pour Aaron.
→ ....
f. On se retrouve chez Paulo ?
→ ....
g. Je voudrais un rendez-vous avec M. Martin.
→ ....

10. Écoutez et, à l'oral, répondez affirmativement aux questions. PISTE 42

Ex. : – Oui, il va chez lui.

PRONOMS TONIQUES

EXERCICES

11. À l'oral, transformez avec un pronom tonique.

Ex. : – Tu sais, Coraline va à Nice pendant les vacances.
– Ah non, je ne savais pas. Tu voudrais aller avec **Coraline** ? → Tu voudrais aller avec elle ?

a. – Je voudrais un rendez-vous avec le docteur Renoir demain à 19 h.
– Euh, ce n'est pas possible avec **le docteur Renoir**.

b. – Est-ce qu'Alexa et William partent pendant les vacances ?
– Non, ils restent chez **Alexa et William**.

c. – Tu sais, Barbara et Anita vont être embauchées au service de la communication.
– C'est une bonne nouvelle pour **Barbara et Anita**.

d. – Est-ce que Laurence vient chez Francesca ?
– Non, je ne pense pas. Laurence est fâchée avec **Francesca**.

e. – Tu restes dormir chez Christophe et Magalie ?
– Je ne sais pas. Ils ne m'ont pas invité à rester dormir chez **Christophe et Magalie**.

12. Complétez avec un pronom tonique.

a. – Tu veux venir manger à la maison ce soir ?
– Oui, bien sûr. Je viens chez ...toi... à quelle heure ?

b. – Tu fais quoi au mois d'août ?
– Je vais à Lima avec Patricia. Tu veux venir avec .... ?

c. – Je voudrais parler au directeur.
– Désolé monsieur, il n'est pas là. Il est rentré chez ....

d. – Tu peux me rendre mon DVD du film *Le prénom* ?
– Oui, je te le rends demain. Je l'ai oublié chez .... , dans mon salon.

e. – Est-ce que vous emmenez les enfants à la fête de Christa ?
– Oui, on y va avec .... normalement.

13. Rédigez un dialogue (environ 12 répliques).

Vous partez en vacances et vous demandez à votre ami(e) s'il (ou si elle) peut venir chez vous arroser les plantes, donner à manger aux animaux, sortir le chien, récupérer le courrier et surveiller la maison. Vous lui demandez aussi de vous accompagner à la gare et de venir vous chercher.

– Zhao et moi, on part en vacances à Saint-Malo vendredi prochain.
– Nous, on part au mois d'août. Tu veux que je vous accompagne à la gare ?
– Oui, ce serait bien. Tu peux venir chez nous vendredi à 8 h ?
– Ah vendredi, moi, je travaille mais Tian est disponible.

PRENEZ LA PAROLE !

14. Par deux, imaginez un dialogue entre deux ami(e)s qui parlent de leur week-end. Utilisez un maximum de pronoms toniques.

Ex. : – Tu vas chez Zeina samedi ?
– Oui, je vais chez elle. Et toi ?

15

qui, que, où

C'est le restaurant qui est à gauche.

OBSERVEZ PISTE 43

PRONOMS RELATIFS

RÉFLÉCHISSEZ

1. Écrivez.

1

Quel mot se trouve avant le pronom *qui*? ....

Quel verbe se trouve après le pronom *qui*? ....

Quel est le sujet du verbe? ....

2

Quel mot se trouve avant le pronom *que*? ....

Quel verbe se trouve après le pronom *que*? ....

Quel est le sujet du verbe? ....

Quel est le complément du verbe? ....

3

Quel mot se trouve avant le pronom *où*? ....

Quel verbe se trouve après le pronom *où*? ....

Quel est le sujet du verbe? ....

Quel est le complément du verbe? ....

2. Écrivez.

Remplacez le pronom par le nom.

1 *qui est à gauche* → .... est à gauche.

2 *que j'adore* → j'adore ....

3 *où vous allez* → vous allez ....

MÉMORISEZ

Comment utiliser *qui, que, où*?

- **Les pronoms relatifs**
  Ils remplacent un nom et relient deux phrases.
  On a mangé dans un restaurant. J'adore le restaurant.
  → *On a mangé dans un restaurant que j'adore.*

- **Le choix du pronom relatif**
  Il dépend de sa fonction dans la phrase.
  - ***qui*** = sujet
  Oui, c'est le restaurant qui est à gauche, là-bas.
  - ***que*** = complément d'objet direct
  On a mangé dans un restaurant que j'adore.
  Attention ! *que* devient *qu'* quand il est suivi d'un mot qui commence par une voyelle (*a, e, i, o, u*) :
  Le Tire-Bouchon est un restaurant qu'elle adore.
  - ***où*** = complément du lieu
  Tu connais le nom du restaurant où vous allez ?

EXERCICES

1. Écoutez et cochez le pronom relatif utilisé dans chaque phrase. PISTE 44

	a.	b.	c.	d.	e.	f.	g.	h.	i.
qui	☒	☐	☐	☐	☐	☐	☐	☐	☐
que	☐	☐	☐	☐	☐	☐	☐	☐	☐
où	☐	☐	☐	☐	☐	☐	☐	☐	☐

2. Complétez avec *qui* ou *que*.

a. Je vais inviter une amie qui vient de Strasbourg et .... tu ne connais pas.
b. J'ai un problème avec l'ordinateur .... j'ai acheté hier et .... est dans mon bureau.
c. Comment s'appelle l'homme .... t'a téléphoné hier et .... tu as rencontré ?
d. On a rencontré des personnes .... ont été très gentilles et .... on n'oubliera jamais.
e. Ahmed est un ami .... Amélie connaît bien et .... connaît bien Amélie.
f. Carcassonne est une ville .... nous plaît beaucoup et .... nous adorons.
g. Il y a une exposition .... me semble très intéressante et .... je voudrais voir.
h. Vous avez trouvé le livre .... vous voulez lire et .... vous intéresse ?
i. L'Andalousie est une région .... se trouve dans le Sud de l'Espagne et .... je trouve intéressante.

3. Soulignez le pronom qui convient.

a. Si on a un peu de temps, c'est un musée [que / <u>où</u>] j'aimerais bien aller.
b. Regarde, là-bas, c'est le château [que / où] nous allons visiter.
c. Le Panama est un pays [que / où] Vincent aime beaucoup.
d. Tu dois absolument aller dans le restaurant [que / où] nous avons mangé, Léa et moi.
e. Elle travaille dans une entreprise [que / où] les salaires sont assez bons.
f. Tu peux me donner le nom de l'hôtel [que / où] tu seras, à Istanbul ?

EXERCICES

4. Associez les deux parties des phrases (plusieurs possibilités).

a. Il ne connaît pas l'entreprise
b. On a acheté un appartement
c. Il va dans une bonne école

1. qu'on va louer à un étudiant.
2. où tu travailles.
3. où notre fille va emménager en avril.
4. qui produit ces vêtements.
5. qui a quatre chambres.
6. où il a beaucoup d'amis.

a	b	c
2		

5. Complétez avec *qui, que, où*.

a. Le Sénégal est un pays ...où... la langue officielle est le français.
b. La Namibie est un pays .... est situé au Sud de l'Afrique.
c. L'Égypte est le pays .... tout le monde connaît pour ses pyramides.
d. L'Algérie est un pays .... il y a beaucoup de pétrole.
e. Le Nigéria est le pays africain .... a le plus grand nombre d'habitants.
f. La Côte d'Ivoire est un pays .... produit beaucoup de cacao.

PRONOMS RELATIFS

6. Écrivez une seule phrase en utilisant *qui, que, où*.

a. Je vais chez un ami. J'ai connu cet ami à l'école, il y a 20 ans.
Je vais chez un ami que j'ai connu à l'école, il y a 20 ans.
b. Nous accueillons Tomoko. Tomoko sera notre nouvelle dessinatrice.
....
c. Est-ce que tu as lu le livre ? Je t'ai offert le livre à Noël.
....
d. L'hôtel a une chambre. Napoléon a dormi dans cette chambre en 1815.
....
e. Vous avez aimé le musée. On a visité ce musée.
....
f. Il y a deux cinémas. On peut voir *Shokusai* dans ces deux cinémas.
....
g. Julie est une jeune collègue. Je trouve cette jeune collègue merveilleuse.
....
h. Son frère travaille dans une ville. Cette ville se trouve près de Montréal.
....
i. Comment s'appelle l'université ? Vous faites vos études dans cette université.
....

7. Écoutez les phrases et, oralement, complétez les questions avec *qui, que* ou *où*. PISTE 45

Ex. : – Comment s'appelle le restaurant... ? → – Comment s'appelle le restaurant où tu es allé ?

a. – Comment va ton ami... ?
b. – Vous voulez voir les photos du voyage... ?
c. – Tu aimerais aller voir la région... ?
d. – Comment s'appelle l'hôtel... ?
e. – Est-ce que tu veux visiter un musée... ?
f. – Est-ce que vous avez vu la personne... ?
g. – Voulez-vous visiter une entreprise... ?
h. – Est-ce que tu as aimé le livre... ?

EXERCICES

8. Associez les deux parties des phrases qui conviennent.

a. La femme ○ — ○ que j'ai mangé était excellent.
Le gâteau ○ — ○ qui est dans la boulangerie est une de mes étudiantes.

b. L'hôtel ○ — ○ où elle fait du sport est près de la piscine.
La salle ○ — ○ que nous avons vu est très luxueux.

c. La réponse ○ — ○ qu'elle donne ne me plaît pas.
La question ○ — ○ qui est posée est très intéressante.

9. Complétez les devinettes et trouvez les réponses avec les lettres proposées.

a. C'est quelque chose qui commence par la lettre E, qui se termine par la lettre E et qui contient une seule lettre. [V/L/P/E/O/E/N/P/E] → enveloppe

b. C'est quelque chose .... on trouve toujours entre ciel et terre. [E/T] → ....

c. C'est un livre .... vous connaissez, un livre .... demain vient avant hier, jeudi est avant lundi, 8 avant 7. [I/C/D/T/I/N/N/O/I/E/R/A] → ....

d. C'est un mot français .... a six lettres : cinq voyelles et une consonne. Quand on le prononce, on n'entend aucune des lettres .... le composent. [S/O/I/U/E/A] → ....

e. C'est quelque chose .... t'appartient et .... est personnel, mais toutes les personnes .... tu connais l'utilisent. [M/O/P/R/N/É] → ....

10. Décrivez l'entreprise Brioches Galichet à partir des éléments proposés. Utilisez *qui, que* et *où*.

[La situation géographique]
[La production]
[Les employés]
[Les salaires]
[Les entreprises partenaires]
[Les clients]
[L'argent]
[Le temps de travail]
[Les vacances]
[Le restaurant de l'entreprise]

Brioches Galichet est une entreprise qui est située dans le Nord de la France.

PRENEZ LA PAROLE !

11. Répondez aux questions. Utilisez les pronoms *qui, que, où*.

Comment est le pays de vos rêves : le climat, les villes, les maisons, les habitants… ?
Comment est la maison de vos rêves : son style, ses pièces, son jardin, ses meubles… ?
Comment est l'entreprise de vos rêves et le travail que vous faites : le type d'entreprise, les employés, le type de travail… ?

Ex. : – J'aimerais vivre dans un pays où il y a beaucoup de soleil.

16

celui, celle, ceux, celles, celui-ci, celle-là...

Celles de ma région sont plus rouges. Ce sont ceux que je préfère.

OBSERVEZ

PISTE 46

RÉFLÉCHISSEZ

1. Cochez. 1

Quel mot remplace *celles-là* ?

☐ les pommes ☐ des pommes ☐ mes pommes ☐ ces pommes

2. Associez. 1 2 3

celles de ma région ○
celle qui me fait toujours un petit cadeau ○
celles que je préfère ○

○ *celui* / *celle* + *de* + nom
○ *celui* / *celle* + *qui* ou *que* + verbe

3. Cochez. 3

Dans *Quelles tomates on prend, celles-ci ou celles-là ?* on emploie *celles-ci* et *celles-là* pour :

☐ distinguer un élément qui est près et un autre qui est plus loin.
☐ proposer un choix entre deux éléments.
☐ distinguer le prix des éléments.

4. Cochez les cases qui conviennent.

celui	☐ masculin	☐ féminin	☐ singulier	☐ pluriel
celle	☐ masculin	☐ féminin	☐ singulier	☐ pluriel
ceux	☐ masculin	☐ féminin	☐ singulier	☐ pluriel
celles	☐ masculin	☐ féminin	☐ singulier	☐ pluriel

PRONOMS DÉMONSTRATIFS

MÉMORISEZ

Quand utiliser les pronoms démonstratifs ?

- **Les différents pronoms démonstratifs**

Le choix des pronoms démonstratifs dépend du genre et du nombre du mot qu'ils remplacent.

singulier		pluriel	
masculin	**féminin**	**masculin**	**féminin**
celui	*celle*	*ceux*	*celles*

- **L'emploi**

Les pronoms peuvent être suivis par :

- un complément avec une préposition (*de, à, pour, en, avec…*)

Celles de ma région sont plus rouges. / Je voudrais celui à 5 € le kilo.

- une phrase avec *qui, que, où*

Celle qui me fait toujours un petit cadeau. / Ce sont ceux que je préfère.

- *-là* pour désigner une personne ou une chose parmi d'autres

Celui-là n'est pas très sympa.

- *-ci* quand on propose ou que l'on fait un choix entre plusieurs éléments

Quelles tomates on prend, celles-ci ou celles-là ? / Quel gâteau tu préfères, celui-ci ou celui-là ?

→ Les pronoms relatifs, page 66

EXERCICES

1. Écoutez et cochez le pronom démonstratif utilisé dans chaque phrase. PISTE 47

	a.	b.	c.	d.	e.	f.	g.	h.
celui	☐	☐	☐	☐	☐	☐	☐	☐
celle	☒	☐	☐	☐	☐	☐	☐	☐
celles	☐	☐	☐	☐	☐	☐	☐	☐
ceux	☐	☐	☐	☐	☐	☐	☐	☐

2. Transformez avec les pronoms démonstratifs *celui-là, celle-là, ceux-là, celles-là.*

a. – Quelles pommes est-ce qu'on achète ?
– Ces pommes. → Celles-là.

b. – Vous préférez quelle couleur ?
– Cette couleur. → ……

c. – Il faut faire quels exercices ?
– Tous ces exercices. → ……

d. – Quelles fleurs tu préfères ?
– Ces fleurs. → ……

e. – Je mets quelles assiettes sur la table ?
– Ces assiettes. → ……

f. – Tu as mis le livre dans quelle valise ?
– Dans cette valise. → ……

g. – Vous voulez quels champignons ?
– Ces champignons. → ……

h. – Tu as lu l'article dans quel journal ?
– Dans ce journal. → ……

3. À l'oral, posez des questions avec les pronoms *celui-ci, celui-là, celle-ci, celle-là…*

Ex. : [une veste] → – Quelle veste tu préfères, celle-ci ou celle-là ?

a. [un pantalon]
b. [une chemise]
c. [des chaussures F]
d. [un chapeau]
e. [des gants M]
f. [une jupe]
g. [une cravate]
h. [des chaussettes F]
i. [un manteau]

EXERCICES

4. Complétez avec les pronoms démonstratifs *celui-là, celle-là, ceux-là, celles-là.*

a. – J'hésite entre ces deux voitures.
– Je vous conseille celle-là.

b. – Je vous mets quel gâteau ?
– Je ne sais pas. Il y a du chocolat dans .... ?

c. – Ces chaussures vous vont très bien.
– Oui, mais, je peux essayer .... s'il vous plaît ?

d. – Les abricots, là, ils sont à combien ?
– .... sont à 5 € le kilo.

e. – Je peux utiliser ces timbres pour envoyer une lettre au Japon ?
– Non, ... sont pour la France uniquement.

f. – Très bien. Je vous envoie la réponse à cette adresse ?
– Non, utilisez .... s'il vous plaît.

PRONOMS DÉMONSTRATIFS

5. Transformez en remplaçant les noms en gras par les pronoms *celui, celle, ceux, celles.*

a. – À qui sont ces clés ?
– Ce sont **les clés** de Chloé. → Ce sont celles de Chloé.

b. – Vous allez voir quel film ce soir ?
– On va voir **le film** de Jean-Pierre Jeunet. → ....

c. – Oh, tu as changé de voiture ?
– Non, c'est **la voiture** de ma sœur. → ....

d. – On prend des kiwis ?
– Oui, on prend **les kiwis** de Provence. → ....

e. – Tous les trains sont en retard ?
– Non, **le train** de Marseille est à l'heure. → ....

f. – C'est le journal d'aujourd'hui ?
– Non, c'est **le journal** d'hier. → ....

g. – Alors, que pensez-vous de ma proposition ?
– Je préfère **la proposition** d'Amélie. → ....

h. – Elles vous vont très bien.
– Oui, mais **les lunettes** à 150 € sont jolies. → ....

6. Remettez les mots dans l'ordre.

a. [celles / sont / très vieilles / de mes parents] Celles de mes parents sont très vieilles.

b. [celle / voir / voudrais / avec / je / les manches longues]
....

c. [celui / gagne / a / le numéro 37 / qui / un téléphone portable]
....

d. [celle / est / va visiter / près de / qui / on / l'église]
....

e. [ceux / sont venus / remercie / qui / je]
....

7. Associez les deux parties de phrases.

a. Celle en
b. Celle qui
c. Celles à
d. Celles de
e. Celui où
f. Celui que
g. Ceux en
h. Ceux qui

1. 59 € sont trop chères pour moi.
2. Clément sont vraiment bonnes.
3. est verte est de meilleure qualité.
4. j'ai trouvé ne me plaît pas.
5. métal semblent plus solides.
6. on est allés était très confortable.
7. ont un billet rouge montent dans le car n°1.
8. or est bien plus jolie.

a	8
b	
c	
d	
e	
f	
g	
h	

8. Écoutez et, oralement, transformez les réponses. PISTE 48

Ex. : [Nous sommes allés **dans cet hôtel** l'année dernière.]
→ – C'est celui où nous sommes allés l'année dernière.

a. [Julie m'a offert **ce miroir** pour mon anniversaire.]
b. [Je veux donner **ces vêtements** à ma sœur.]
c. [**Le train** part à 17 h.]
d. [Léonard de Vinci a habité **dans ce château**.]
e. [On va transformer **cette chambre** en bureau.]
f. [Mon frère a eu **ce prof de maths** l'année dernière.]
g. [Je préfère **les poires Conférences**.]
h. [Mme **Retailleau** porte un tailleur rouge.]

9. Regardez la photo et rédigez dix phrases pour présenter les personnes et le lieu où la photo a été prise. Utilisez les mots proposés et les pronoms *celui, celui de, celui que*...

J'aime beaucoup cette photo. On y voit mes meilleurs amis. Ce sont ceux que je vois le plus souvent...

PRENEZ LA PAROLE !

10. Indiquez aux étudiants de votre groupe ce qu'ils doivent faire. Utilisez les pronoms *celui, celle,* etc.

Ex. : – Ceux qui portent des lunettes doivent se lever. / Celle qui a des chaussures jaunes doit chanter une chanson.

17

me, te, le, la, les, nous, vous, se, en

Je la vois. Elle en fait souvent.

OBSERVEZ PISTE 49

RÉFLÉCHISSEZ

1. Écrivez.

Complétez avec les noms.

la remplace la femme.
les remplace ....
le remplace ....
l' remplace ....
m' remplace ....
en remplace .... + ...

Complétez avec les pronoms interrogatifs.

Je vois qui ?
Elle aide ....?
Elle lit ....?
Ils aiment ....?
Elle prépare ....?
Elle invite ....?

2. Écrivez.

la et *le* deviennent .... quand le verbe qui suit commence par une voyelle (*a, e, i, o, u*).

Dans *elle en fait très souvent* et *elle en prépare*, *en* remplace ....

3. Cochez.

On écrit *le, la, les, en...* ☐ avant le verbe ☐ après le verbe.

PRONOMS COD

MÉMORISEZ

Comment utiliser les pronoms compléments d'objet direct (COD) ?

- **Le pronom COD remplace une personne, une chose ou une idée**
  Il répond à la question *quoi ?* ou *qui ?* On l'utilise pour éviter de répéter le nom. On l'écrit avant le verbe.

- **Les pronoms COD**

au singulier	
me / m'* *Elle m'invite.* (moi)	**me / m'*** *Elle m'invite.* (moi)
te / t'* *Il te voit.* (toi)	**te / t'*** *Il t'attend.* (toi)
masculin	**féminin**
le / l'* *Elle le lit.* (le journal)	**la / l'*** *Je la vois.* (la voisine)

au pluriel
nous – se / s'*   *Elle nous voit.* (nous)   *Nous nous voyons. = On se voit.* **
vous   *Nous vous regardons.* (vous)
les   *Elle les aide.* (les enfants)

* Devant une voyelle (*a, e, i, o, u*) ou un *h* muet.
** En français familier, *on* est utilisé à la place de *nous*.

- **Le pronom COD *en***
  en remplace un nom précédé de certains articles ou expressions :
  - un article indéfini (*un, une, des*) : *Elle en fait très souvent.* (des gâteaux)
  - un article partitif (*du, de l', de la*) : *Elle en prépare.* (de la confiture)
  - une expression de quantité (*pas de, beaucoup de, un verre de, deux, trois…*) :
  Ils en mangent beaucoup. (beaucoup de gâteaux)

EXERCICES

1. Écoutez et écrivez le pronom COD. PISTE 50

a. Tu la vois ?
b. Elle .... invite souvent.
c. Ils .... mangent beaucoup.
d. Elle .... salue.
e. Ils .... aiment beaucoup.
f. Marie .... aide pour les devoirs.
g. Elle.............. fait tous les jours.
h. Il .... lit chaque matin.
i. Je .... regarde.
j. On .... voit souvent.

2. Soulignez la proposition qui convient.

a. Qu'est-ce que tu dis ? Je ne [te / t'] comprends pas.
b. Je suis en retard. Paul [me / m'] attend à la gare.
c. Voilà le journal. Vous [le / l'] voulez ?
d. Je ne parle pas très fort. Vous [me / m'] entendez ?
e. Tu fais quoi ? Je [te / t'] appelle depuis une heure !
f. Notre chien ? Nous [le / l'] aimons beaucoup !
g. J'ai perdu mon portefeuille. Tu [le / l'] vois ?
h. Qu'est-ce que vous faites ? On [se / s'] prépare pour sortir.
i. Louis, tu dois [me / m'] regarder quand je te parle.

EXERCICES

3. Remplacez les mots en gras par *le, la, l'* ou *les*.

a. Il regarde la **télévision** tous les soirs. → Il la regarde tous les soirs.

b. Élena achète **le journal** à la librairie.

c. Nous prenons **le bus** tous les matins.

d. J'admire **les belles plantes de votre jardin**.

e. Antoine chante toujours **cette chanson**.

f. Elle regarde souvent **la photo de ses enfants**.

PRONOMS COD

4. Écrivez une devinette à partir de la réponse et des mots proposés. Utilisez *le, la, l'* ou *les*.

a. [porter – mieux voir] [réponse : les lunettes] On les porte pour mieux voir.

b. [utiliser – boire] [réponse : le verre]

c. [offrir – s'excuser] [réponse : les fleurs]

d. [ouvrir – chercher un mot] [réponse : le dictionnaire]

e. [utiliser – ouvrir une porte] [réponse : la clé]

f. [prendre – aller à l'étranger] [réponse : l'avion]

5. Associez les questions et les réponses.

a. Orlando et Sofia sont amis ? → 2
b. Orlando et Sofia aiment leurs neveux ?
c. Vous vous appelez souvent ?
d. Vous l'appelez souvent ?
e. Tu retrouves Maëlys où ?
f. Vous avez rendez-vous où ?

1. Oui, ils les aiment beaucoup.
2. Oui, ils s'aiment beaucoup.
3. Oui, je l'appelle tous les jours.
4. Oui, on s'appelle tous les jours.
5. On se retrouve au cinéma.
6. Je la retrouve au cinéma.

6. Remettez les mots dans l'ordre.

a. [appelle / demain / t' / je] Je t'appelle demain.

b. [la / elle / regarde / beaucoup]

c. [tout à l'heure / on / appelle / s']

d. [l' / vous / tous les jours / achetez]

e. [elles / envoient / cet après-midi / l']

f. [souvent / voit / on / les]

EXERCICES

7. Complétez avec le pronom COD qui convient.

a. – Mme Léonard, je voudrais vous inviter samedi midi. Vous êtes libre ?
– Bien entendu, je .... remercie de votre invitation.

b. – Lise, tu peux .... attendre ? Nous arrivons.
– D'accord, je .... attends.

c. – Laure, tu .... écoutes ?
– Oui, maman, je .... écoute.

d. – Tu peux .... aider ? Ils ne comprennent pas l'exercice.
– Bien sûr, je vais .... aider.

e. – Je vais prendre un café chez Sophie. Tu .... connais ?
– Oui, on .... voit souvent chez le coiffeur.

8. À l'oral, remplacez les mots en gras par *en*.

Ex. : – Vous avez **des pêches** ? → – Vous en avez ?

a. – Je voudrais **de la glace**.
b. – Elle a **des frères** ?
c. – Vous buvez **du café** ?
d. – Tu as **de l'argent** ?
e. – Je voudrais **des timbres**.
f. – Ils veulent **du fromage**.

9. Répondez aux questions en utilisant *en*.

a. Tu as des enfants ? [un] → Oui, j'en ai un.
b. Tu as du travail ? [beaucoup] → Oui, ...
c. Est-ce qu'ils ont des chiens ? [deux] → Oui ....
d. Elles boivent du jus d'orange ? [un verre] → Oui, ...
e. Il faut de la farine pour ce gâteau ? [500 grammes] → Oui, ...

10. Écoutez et, à l'oral, répondez affirmativement en utilisant *en*. PISTE 51

Ex. : – Oui, il en a beaucoup.

11. Rédigez votre recette de gâteau aux pommes (environ 70 mots).
Utilisez les mots proposés et les pronoms COD.

[200 grammes de farine - 100 grammes de sucre - 3 œufs - 5 pommes - 2 cuillères de lait]
[beurrer - mélanger - mettre au four - couper - manger froid - verser]

Pour faire un gâteau aux pommes, vous prenez un plat carré et vous le beurrez.
Dans un saladier, vous mettez 200 grammes de farine et vous...

PRENEZ LA PAROLE !

12. Imaginez un dialogue entre le vendeur et vous.
Utilisez les pronoms COD et les mots proposés.

[poireaux, carottes, tomates, champignons, fraises, pommes, choux]
[beaucoup de, un kilo de, une barquette de, dix, 500 grammes]

Ex. : – Vous avez de belles tomates, j'en voudrais un kilo s'il vous plaît.

me, te, lui, nous, vous, leur, se, y

Tu m'as téléphoné. Tu y as réfléchi ?

OBSERVEZ PISTE 52

RÉFLÉCHISSEZ

1. Associez.

*Tu **m'**as téléphoné.* ○	○ à toi
*Je voulais **te** parler.* ○	○ à moi
*Tu **lui** achètes.* ○	○ à nous
*Tu **y** as réfléchi.* ○	○ à une idée de cadeau
*Il **nous** a parlé.* ○	○ à lui
*Je **leur** téléphone.* ○	○ à eux

2. Cochez.

m', te, lui… remplacent ☐ une chose/une idée ☐ une personne.
y remplace ☐ une chose/une idée ☐ une personne.
y, m', te, se, lui, nous, leur se placent ☐ avant le verbe ☐ après le verbe.

3. Cochez.

On se reparle après veut dire :
☐ il nous reparle après ☐ nous nous reparlons après.

PRONOMS COI

MÉMORISEZ

Comment utiliser les pronoms compléments d'objet indirect (COI) ?

• **L'emploi**

Le pronom COI remplace une personne, une chose ou une idée. On l'écrit avant le verbe.
Il répond à la question *à qui ?* ou *à quoi ?* On l'utilise quand le verbe se construit avec *à* pour éviter de répéter la personne, la chose ou l'idée.

• **Les différents pronoms COI**

pour les personnes	
singulier	**pluriel**
me / m' * *Tu m'as téléphoné.* (à moi)	**nous – se / s'*** *Il nous a parlé.* (à nous) *Nous nous parlons.* (à nous) = *On se parle.* **
te / t' * *Je te parle.* (à toi)	**vous** *Il vous demande.* (à vous)
lui *Tu lui parles.* (à Maria)	**leur** *Je leur téléphone.* (à Maxime et Léïla)
pour les choses et les idées	
y *Tu y as réfléchi.* (à une idée de cadeau)	

* devant une voyelle (*a, e, i, o, u*) ou un *h* muet.
** En français familier, *on* est utilisé à la place de *nous*.

EXERCICES

1. Écoutez et écrivez le pronom COI. PISTE 53

a. Je lui téléphone.
b. Tu .... écris un message.
c. Ils .... ont répondu hier.
d. On .... téléphone souvent.
e. Je .... donne mon adresse.
f. Il .... a parlé de sa fête.
g. On .... écrit tous les jours.
h. Elle .... apporte un thé.

2. Complétez les dialogues avec *me, m', te, t', nous* ou *vous*.

a. – Tu nous parles ?
– Non, je ne vous parle pas.
b. – Margaux est en retard, elle vient de .... téléphoner.
– Et elle .... a dit qu'elle avait beaucoup de retard ?
c. – Je .... ai prêté un livre la semaine dernière.
– Oui, et tu .... as dit que je devais le rendre à la bibliothèque.
d. – Tu peux .... envoyer un courriel ? Mon téléphone est en panne.
– Bien sûr ! Je .... envoie un courriel avec l'invitation.
e. – Oh, tu .... as fait peur ! Comment es-tu entré ?
– Comme tu ne .... répondais pas, je suis passé par le jardin.
f. – Les enfants, vous vous souvenez de Frau Rosenberg ? Elle .... enseignait l'allemand.
– Ah oui, c'est vrai, elle .... parlait toujours en allemand mais on ne comprenait rien !

3. Soulignez la bonne réponse.

a. – Tu vois encore ton ami d'enfance ?
– Oui, je [le / lui] vois encore.

b. – Loïc regarde très souvent la télévision ?
– Oui, il [la / lui] regarde tous les soirs.

c. – Antoine est malade. Tu peux téléphoner au médecin ?
– D'accord, je vais [le / lui] téléphoner.

d. – Vous écoutez beaucoup la radio ?
– Oui, nous [l'/ lui] écoutons tous les matins entre 7 h 30 et 10 h 00.

e. – Tu as parlé à Amel ?
– Oui, et je [l'/ lui] ai dit de travailler plus.

4. À l'oral, transformez les phrases en utilisant *lui* ou *leur*.

Ex. : – Nous parlons **à nos collègues**. → – Nous leur parlons.

a. – Je dis bonjour **au facteur** tous les matins.
b. – Pour Noël, j'offre le dernier album de Philippe Katerine **à mes parents**.
c. – Martin ressemble beaucoup **à son père**.
d. – Je donne des conseils **à mes étudiants** parce qu'ils vont à l'université.
e. – Jonathan demande **à ses parents** s'il peut aller à la fête.

5. Complétez avec *les* ou *leur*.

a. – Tes parents cultivaient des fruits et des légumes ?
– Oui, et ils les vendaient au marché le dimanche matin.

b. – Pascal, tes parents au téléphone !
– Je ne peux pas .... parler maintenant. Je .... rappelle plus tard.

c. – Les enfants sont très énervés. Je vais .... raconter des histoires pour les calmer.
– Oh, merci, tu .... racontes très bien.

d. – Noé et Jessie sont un peu malades. Je vais .... donner un médicament.
– Oui, et après, je .... emmènerai chez le médecin.

e. – Je ne suis pas sûre des résultats. Pouvez-vous .... regarder s'il vous plaît ?
– Ils sont très bons, je vais .... envoyer tout de suite au patient.

f. – Tu regardes les photos de notre mariage ? Tu .... aimes ?
– Oui, je .... trouve très sympas.

6. Associez les questions et les réponses.

a. Tu écris souvent à tes amis ? ○	○ 1. Oui, on s'écrit souvent.
b. Vous vous écrivez souvent ? ○	○ 2. Oui, je leur écris souvent.
c. Tu parles souvent avec Aïda ? ○	○ 3. Oui, on se parle plus tard.
d. Je t'appelle ce soir ? ○	○ 4. Oui, je lui téléphone chaque jour.
e. Tu parles aux professeurs ? ○	○ 5. Oui, elles leur téléphonent.
f. Aïda et Agnès téléphonent à leurs parents ? ○	○ 6. Oui, je leur parle.

EXERCICES

7. Complétez le courriel avec *nous, vous, le, la, les, lui, leur* et *se*.

```
Chers amis,
Ça fait longtemps qu'on ne vous a pas donné de nouvelles. Vous allez bien?
Pour nous, tout va bien. Timothée et Jules vont maintenant à l'école et nous
avons un nouvel « enfant » depuis deux mois: Papouille, notre chien!
Les enfants ........ ont trouvé dans la rue, ils ........ ont ramené à la maison et
nous ........ avons adopté. Il ........ apporte beaucoup de bonheur mais il fait aussi
des bêtises. Par exemple, dimanche dernier, il a volé le sandwich de Jules, il
........ a mangé et nous ........ avons interdit de rentrer dans la maison jusqu'au
soir!
Et comment vont Anatole et Martin? Ils sont toujours aussi heureux d'aller à
l'école? Vous ........ ferez un gros bisou de notre part. Et cette chère Patricia,
vous ........ voyez toujours? Vous pourrez aussi ........ embrasser pour moi?
On ........ téléphone très vite pour se voir, d'accord? En attendant, grosses bises
à vous tous! Sophie
```

8. Transformez les phrases en utilisant *y*.

a. Tu penses beaucoup au travail? → Tu y penses beaucoup?
b. Tu t'habitues bien à ta maison? → ....
c. Elle réfléchit encore à la réponse. → ....
d. Nous répondons à votre courriel. → ....
e. Elles jouaient au foot tous les jours. → ....
f. Tu penses à rendre le livre? → ....

9. Écoutez et cochez si le pronom attendu dans la réponse est *y*. PISTE 54

a.	b.	c.	d.	e.	f.	g.	h.
☒	☐	☐	☐	☐	☐	☐	☐

10. Rédigez 3 recettes pour faire plaisir (environ 50 mots) avec les mots proposés et les pronoms qui conviennent.

[offrir des fleurs - offrir des jouets - acheter des cadeaux - poser des questions - envoyer des SMS - donner de l'argent - téléphoner régulièrement - acheter des bonbons - payer le restaurant - cuisiner un bon repas - lire des livres - faire des compliments - proposer des sorties]

a. Pour me faire plaisir
b. Pour faire plaisir à une femme
c. Pour faire plaisir à des enfants

a. Pour me faire plaisir, il faut me cuisiner un bon repas...

PRENEZ LA PAROLE !

11. Vous téléphonez à votre ami pour savoir ce que lui et ses enfants aimeraient recevoir comme cadeau de Noël. Il vous demande aussi ce qui vous ferait plaisir. Utilisez un maximum de pronoms COI.

Ex. : – Tu peux leur acheter des jouets.

19

moi, toi, elle, lui, nous, vous, elles, eux, y, en

J'en reviens. Tu te souviens de lui ?

OBSERVEZ PISTE 55

RÉFLÉCHISSEZ

1. Écrivez.

Quels mots les pronoms remplacent-ils? Dites si c'est une personne (P) ou si c'est une chose ou une idée (C, I)?

*Tu te souviens **de lui** ?* → de Théo .... (P)
*Je pense **à lui**.* → .... (......)
*Je vais **y** réfléchir.* → .... (......)
*Je ne **lui** ai pas parlé.* → .... (......)
*Tu **en** penses quoi ?* → .... (......)
*On **en** reparle.* → .... (......)

2. Cochez et retrouvez dans le dialogue l'expression avec le pronom.

Dans *Je reviens de la Baule*, le verbe *revenir* se construit avec ☐ *à* ☐ *de*.
J'...

Dans *Tu étais à la Baule*, le verbe *aller* se construit avec ☐ *à* ☐ *de*.
J'...

VERBES ET PRONOMS

MÉMORISEZ

Quel pronom complément choisir ?

le verbe se construit avec *de*	le verbe se construit avec *à*
+ une personne	
on remplace le nom par *de + pronom tonique* *Tu te souviens* ***de lui*** (de Théo).	**on remplace le nom par un pronom COI** *Je ne* ***lui*** *ai pas parlé* (à Théo).*
+ une chose / une idée / un animal	
on remplace le nom (ou l'infinitif) par *en* *On* ***en*** *reparle* (de cette idée).	**on remplace le nom (ou l'infinitif) par *y*** *J'****y*** *réfléchis* (à l'idée d'aller à la Baule). *On* ***y*** *pense* (aux animaux de compagnie).
+ un lieu	
on remplace le nom par *en* *J'****en*** *reviens* (de La Baule).	**on remplace le nom par *y*** *Tu n'****y*** *vas pas* (à La Baule).

*** Attention !** Avec *penser* et les verbes pronominaux, on remplace le nom par *à* + pronom tonique :
Je pense à lui (à Théo).
Je m'intéresse à eux (aux peintres français).

→ Les pronoms toniques, page 62
→ Les pronoms COI, page 78

EXERCICES

1. Écoutez et complétez les phrases. PISTE 56

a. Je pense à toi.
b. Vous .... réfléchissez.
c. Il .... revient.
d. Tu .... parles.
e. On parle ....
f. Aziz s'.................. intéresse.
g. Je m'intéresse ....
h. Nous .... retournons.
i. Ils s'.................. souviennent.

2. Cochez la proposition qui convient.

a. Mon frère a peur des serpents.
☐ Mon frère a peur d'eux.
☒ Mon frère en a peur.
b. Tu te souviens de ta première voiture ?
☐ Tu te souviens d'elle ?
☐ Tu t'en souviens ?
c. Marie parle souvent de son père.
☐ Marie parle souvent de lui.
☐ Marie en parle souvent.
d. Vous rêvez de prendre des vacances.
☐ Vous rêvez d'elles.
☐ Vous en rêvez.
e. Nous sommes fiers de nos enfants.
☐ Nous sommes fiers d'eux.
☐ Nous en sommes fiers.
f. Qu'est-ce que vous pensez de cette idée ?
☐ Qu'est-ce que vous pensez d'elle ?
☐ Qu'est-ce que vous en pensez ?

3. À l'oral, répondez affirmativement avec *en* ou *de + pronom tonique*.

Ex. : – Tu rêves de tes prochaines vacances au soleil ? → – Oui, j'en rêve !

a. – M. Legrand, vous vous occupez de vos petits-enfants ?
b. – Mme Brault, vous avez besoin de vitamines ?
c. – Tu as très peur des souris ?
d. – Jonathan se souvient de ses amies turques ?
e. – Tu profites bien de ton week-end ?
f. – Les enfants ont envie de se promener ?

EXERCICES

4. Soulignez la proposition qui convient.

a. – Tu as répondu à ta sœur ?
– Mais oui, bien sûr, je [lui / leur / y] ai écrit hier.

b. – Nous avons parlé à vos parents car nous sommes inquiets pour vous !
– Ah bon ? Mais vous [lui / leur / y] avez parlé de quoi ?

c. – Antoine, tu as reçu mon invitation ?
– Oui, je vais [lui / leur / y] répondre ce soir.

d. – Les enfants ont bien dormi ?
– Oui et nous [lui / leur / y] avons raconté une histoire hier soir.

e. – Tu as reçu ma proposition ?
– Oui, mais je n'ai pas encore eu le temps de [lui / leur / y] penser.

f. – Vous avez parlé aux journalistes ?
– Non, nous n'avions rien à [lui / leur / y] dire.

g. – Tu as donné le cadeau d'anniversaire à Hugo ?
– Non, je vais [lui / leur / y] offrir son cadeau demain.

h. – Léo va accepter le poste ?
– Je ne sais pas, il [lui / leur / y] réfléchit encore.

VERBES ET PRONOMS

5. Associez les questions et les réponses.

a. Tu penses à tes parents ?
b. Tu penses à ton voyage ?
c. Tu t'intéresses à cet acteur ?
d. Tu t'intéresses à l'actualité ?
e. Tu t'habitues à ta nouvelle vie ?
f. Tu t'habitues à ta famille d'accueil ?
g. Tu t'opposes souvent à tes parents ?
h. Tu t'opposes à ce projet ?

1. Oui, je pense à eux tous les jours !
2. Oui, j'y pense beaucoup !
3. Oui, je m'y intéresse vraiment !
4. Oui, je m'intéresse à lui !
5. Oui, je m'y habitue bien !
6. Oui, je m'habitue bien à elle !
7. Oui, je m'y oppose complètement !
8. Oui, je m'oppose à eux régulièrement !

a	b	c	d	e	f	g	h
1							

6. Complétez avec *y* et *en*.

a. – Salut, tu reviens de Paris ?
– Salut, non, j'y vais : j'ai un rendez-vous pour un travail.

b. – Vous allez à la soirée de Maud ?
– Non, on n'........ va pas : on va au théâtre.

c. – Tu vas à la salle de sport ?
– Non, j'........ reviens, je suis fatiguée !

d. – Julie a de la chance : elle part à Paris deux jours.
– Elle .... reste seulement deux jours ? C'est trop court !

e. – Tu es passé chez Étienne ?
– Oui, j'........ viens.

EXERCICES

7. **Écoutez les phrases et, à l'oral, répondez affirmativement avec *y* ou *en*.** PISTE 57

Ex. : [revenir] → – Oui, j'en reviens.

a. [aller] **b.** [monter] **c.** [aller] **d.** [revenir] **e.** [retourner] **f.** [aller]

8. **Complétez les devinettes avec *y* ou *en*, puis trouvez la réponse.**

[le médecin - des fleurs - la pharmacie - le parfum - la bibliothèque]

a. On en sort avec des médicaments. → la pharmacie.

b. On .... trouve beaucoup de livres qu'on peut emprunter. → ....

c. On .... va quand on est malade. → ....

d. On .... achète chez le fleuriste. → ....

e. On .... met pour sentir bon ! → ....

9. **À l'oral, faites des phrases avec des pronoms compléments.**

Ex. : [Roméo – penser à Juliette] → – Il pense à elle.

a. [Roméo et Juliette - rêver de leur mariage]

b. [La famille Capulet - revenir de son voyage à Vérone]

c. [Juliette - penser à son départ avec Roméo]

d. [Le père de Juliette - s'intéresser à l'avenir des jeunes gens]

e. [Le monde entier - se souvenir de cette histoire tragique]

10. **Complétez le courriel avec des pronoms compléments.**

Salut Marco,
Tu vas bien? Nous, ici, c'est la belle vie! On est à La Baule avec les enfants. On ....y.... va tous les étés depuis trois ans. Je me souviens que toi aussi, tu adorais cette ville, tu .... retournes de temps en temps?
Les plages sont toujours aussi belles, on s'........ promène tous les jours et on .... profite pour se reposer. Les enfants adorent les glaces, ils .... mangent beaucoup, trop! Ils pêchent, vont à la plage, jouent dans le sable. Ça les change de l'école et ils s'........ habituent très bien! Et notre petite Célia, ça y est, elle sait nager, nous sommes très fiers d'........ .
Tiens, on a aussi revu Nora, on .... a parlé de .... : elle était très contente d'apprendre que tu allais te marier. Elle .... a dit qu'elle pensait souvent à nos soirées entre amis. Elle aimerait tous nous inviter pour un repas.
Alors, prends quelques jours de congés et viens. Réponds-........, dès que tu as notre message. En attendant, on pense très fort à .... et on t'embrasse!
Bises, Mona et toute la petite famille.

PRENEZ LA PAROLE !

11. **Vous commentez à vos amis des photos de vacances à la mer avec vos deux sœurs quand vous aviez 7 ans. Utilisez le maximum de pronoms compléments.**

Ex. : – Ah, ces vacances, je m'en souviens bien...

20

me, le, elle, lui, vous, y, en...

Je ne le vois pas. Tu l'as mis sur la table.

OBSERVEZ PISTE 58

PLACE DU PRONOM

RÉFLÉCHISSEZ

1. Cochez.

Dans *je ne **le** vois pas, tu **l'**as mis, j'**y** serai, tu **le** donneras, tu **les** salueras,* le pronom se trouve ☐ avant le verbe conjugué ☐ après le verbe conjugué.

Dans *je viens de **le** trouver, je ne vais pas **les** voir, on va **leur** donner,* le pronom se trouve ☐ juste avant l'infinitif ☐ juste après l'infinitif.

2. Écrivez.

Retrouvez dans le dialogue la forme négative (-) ou affirmative (+) des phrases.

Attends-moi. (-) ....

Ne le prends pas. (+) ....

N'y va pas. (+) ....

MÉMORISEZ

Où placer les pronoms compléments dans la phrase ?

- **Avant le verbe**
  - Avant un verbe conjugué au présent, à l'imparfait, au futur simple et au passé composé :
  Je ne le vois pas. / Tu l'as mis sur la table. / Je me maquille. / J'y suis.
  - Avant un verbe à l'infinitif, au futur proche et au passé récent :
  On va leur donner. / Je viens de le trouver.
  - Avant un verbe conjugué à l'impératif négatif :
  Ne m'attends pas.

- **Après le verbe**
  Après un verbe conjugué à l'impératif affirmatif : *Prends-le.*

Attention !
Il y a un trait d'union (-) entre le verbe et le pronom : *Prends-le.*
Devant *y* et *en*, les verbes terminés par une voyelle (*a, e, i, o, u*) s'écrivent avec un -s : *Vas-y.*
Les pronoms *me* et *te* deviennent *moi* et *toi* : *Tu m'écoutes.* → *Écoute-moi.*

→ L'impératif, page 134

EXERCICES

1. Écoutez et cochez la place du pronom complément de chaque phrase. PISTE 59

	a.	b.	c.	d.	e.	f.	g.	h.	i.
avant le verbe conjugué	☒	☐	☐	☐	☐	☐	☐	☐	☐
après le verbe conjugué	☐	☐	☐	☐	☐	☐	☐	☐	☐
avant le verbe à l'infinitif	☐	☐	☐	☐	☐	☐	☐	☐	☐

2. Remplacez les mots en gras par un pronom complément.

a. Tu vois **la jeune femme** ?
Tu la vois ?

b. Ils n'achètent pas **le journal**.
....

c. Tu es monté **à la tour Eiffel** ?
....

d. Je voudrais **un gâteau**.
....

e. Nous prendrons **le dernier train**.
....

f. Tu n'étais pas **au cinéma** hier ?
....

g. Vous avez regardé **le film** à la télé ?
....

h. Tu manges beaucoup de **bonbons** ?
....

3. Répondez aux questions en utilisant un pronom complément.

a. – Tu as vu le dernier film de Polanski ? – Non, je ne l'ai pas vu.
b. – Vous visiterez les châteaux de la Loire ? – Oui, nous ....
c. – Tu as pris du pain pour le petit-déjeuner ? – Non, je ....
d. – Vous faisiez du vélo à 5 ans ? – Oui, on ....
e. – Elles sont descendues à la cave ? – Oui, elles ....
f. – Tu veux de la tarte ? – Non, je ....
g. – Vous viendrez à notre fête d'anniversaire ? – Oui, nous ....
h. – Avec Léo, vous vous voyez souvent ? – Oui, on ....

EXERCICES

4. Écoutez et répondez oralement en utilisant un pronom complément et les mots proposés. PISTE 60

Ex. : [Non - nous - ne pas regarder] → – Non, nous ne la regardons pas.

a. [non - nous - ne pas avoir]
b. [oui - elle - parler]
c. [non - nous - ne pas aller]
d. [non - je - regarder]
e. [oui - ils - aller]
f. [non - elles - ne pas boire]
g. [oui - on - avoir]
h. [oui - je - prendre]
i. [non - on - ne pas lire]

5. À l'oral, répondez en remplaçant l'expression en gras par un pronom complément.

Ex. : – Tu viens de regarder un spectacle de rue ? [Oui] → – Oui, je viens d'en regarder un.

a. – Tu vas prendre **une barquette de frites** ? [Oui]
b. – Tu vas passer **la soirée** avec des amis ? [Non]
c. – Tu viens de voir **une animation de rue** ? [Oui]
d. – Tu vas prendre **le bus** ? [Non]
e. – Tu viens de voir **un concert** ? [Oui]
f. – Tu viens d'arriver **au festival** ? [Non]
g. – Tu vas acheter **le CD des artistes** ? [Non]

PLACE DU PRONOM

6. Remettez les mots dans l'ordre.

a. – Vous voulez du beurre ?
– Oui merci, [prendre / vais / je / en] Je vais en prendre.
b. – Tu vas à la piscine ?
– Non, [ne / je / vais / y / aller / pas] ……
c. – Vous prendrez aussi des abricots ?
– Non merci, [nous / en / venons / d' / acheter] ……
d. – Tu penses que tu vas voir Anthony pendant le week-end ?
– Oui, [nous / nous / voir / allons] ……
e. – Elle va l'acheter ou pas, ce chapeau ?
– Oui, [elle / va / prendre / le] ……
f. – Vous voulez boire du jus d'orange frais ?
– Non merci, [nous / boire / venons / d' / en] ……
g. – Vous avez l'air très heureux.
– Oui, [on / se / vient / de / marier] ……

7. Écrivez les phrases à l'impératif affirmatif avec des pronoms compléments.

a. J'attends ton appel. [tu - téléphoner]
Téléphone-moi !
b. Ce thé est excellent. [vous - goûter]
……
c. Elle est très en colère. [vous - parler]
……
d. J'attends ta réponse. [tu - écrire]
……
e. Cette maison est à louer. [nous - visiter]
……
f. Cet artiste est super. [tu - écouter]
……

EXERCICES

8. Répondez aux questions à l'impératif affirmatif avec *y* ou *en*.
Puis, à l'oral, répétez les réponses en faisant attention aux liaisons.

a. – Je peux acheter des fraises au marché ? – Oui, achètes-en !
b. – Est-ce que je peux aller aux toilettes ? – Oui, ...
c. – Je peux garder de l'argent pour des bonbons ? – Oui, ...
d. – Je peux rester à la maison ? – Oui, ...
e. – Mamie, j'ai faim, je peux prendre des gâteaux ? – Oui, ...
f. – Papa, je peux manger du fromage ? – Oui, ...

9. Écrivez la suite avec des phrases à l'impératif négatif.

a. Ce livre est vraiment nul. [tu - lire] Ne le lis pas !
b. Cet appartement est trop cher. [vous - acheter] ......
c. Le spectacle n'a pas l'air drôle. [nous - aller] ......
d. Ce café est mauvais. [vous - boire] ......
e. Il y a trop de monde dans le métro. [tu - prendre] ......
f. Ces gâteaux ne sont plus bons. [tu - manger] ......

10. À l'oral, transformez chaque règle en utilisant l'impératif et un pronom.

Ex. : respecter **les lieux publics** → – Respectez-les !

Vous devez :
a. saluer **les voisins**
b. traverser **la rue** prudemment
c. faire attention **aux vélos**
d. prendre **les transports en commun**

Vous ne devez pas :
e. jeter **les papiers** dans la rue
f. faire **du bruit**
g. boire **de l'alcool**
h. insulter **les autres personnes**

11. Rédigez les règles de bonne conduite à l'impératif (affirmatif ou négatif) et avec les mots proposés.

[inviter au restaurant - faire un cadeau - aller à la gare pour accueillir - offrir un café - parler trop vite - expliquer les différences culturelles - proposer une visite de l'entreprise - aider avec les valises - accueillir froidement - emmener dans des musées]

a. Avec des clients. Invitez-les au restaurant...
b. Avec une personne étrangère qui vient d'arriver en France.

PRENEZ LA PAROLE !

12. Deux ami(e)s parlent du voyage que va faire l'un(e) d'eux / d'elles en Argentine. Imaginez et jouez cette conversation en utilisant le maximum de pronoms.

Ex. : – Je vais voyager en Argentine.
– Génial ! Et tu vas y rester combien de temps ?

je suis, tu as, il va, elle fait…

Je suis journaliste. Ils ont des enfants.

OBSERVEZ PISTE 61

RÉFLÉCHISSEZ

Écrivez l'infinitif de chaque verbe : *être, avoir, faire* ou *aller*.

Je **suis** journaliste.	→ être	Il **a** 40 ans.	→ …………
Ils **ont** deux enfants.	→ …………	Elles **font** de la danse.	→ …………
Elle **fait** de la gymnastique.	→ …………	Tu **vas** à la plage ?	→ …………

MÉMORISEZ

Les verbes *être, avoir, faire* et *aller* au présent de l'indicatif

- **La conjugaison des verbes**

être	avoir	faire	aller
je suis tu es il / elle / on est nous sommes vous êtes ils / elles sont	j'ai tu as il / elle / on a nous avons vous avez ils / elles ont	je fais tu fais il / elle / on fait nous faisons vous faites ils / elles font	je vais tu vas il / elle / on va nous allons vous allez ils / elles vont

Prononciation Pensez à bien faire les liaisons : *nous allons.*

→ Grammaire contrastive anglais-français, page 209

EXERCICES

1. Écoutez et indiquez les liaisons. Puis répétez toutes les phrases. PISTE 62

a. Elles‿ont une belle maison.
b. Nous allons au cinéma.
c. On est à la poste.
d. Vous êtes américain ?
e. Vous allez où ?
f. Ils ont très faim.
g. Vous avez froid ?
h. Nous avons quatre enfants.

2. Complétez le tableau avec la forme verbale qui convient.

	on	je	elles	vous	tu	nous
aller	va	....	....	allez	....	....
faire	....	fais	....	....	....	faisons
avoir	....	....	ont	....	as	....
être	est	....	....	êtes	....	....

3. Associez les sujets aux phrases.

a. Tu
b. Je
c. On
d. Léa et Paul
e. Nous
f. Vous

1. êtes marié ?
2. vas au festival de jazz ?
3. suis américaine.
4. allons au théâtre.
5. fait du sport ?
6. ont un magnifique appartement.

a	b	c	d	e	f
2					

4. Soulignez la forme verbale qui convient.

a. Tu [as / a] quel âge ?
b. Vous [es / êtes] de quelle nationalité ?
c. Les enfants [avons / ont] faim.
d. Lucas et moi [allons / va] à la préfecture.
e. Il [fais / fait] très froid ce matin.
f. Est-ce que Selma [es / est] étudiante ?
g. Ce soir, on [va / allons] au cinéma.
h. Est-ce qu'il [fais / fait] beau ?

5. Écoutez et cochez les formes verbales de chaque phrase. PISTE 63

	a.	b.	c.	d.	e.	f.	g.	h.
ils sont	☒	☐	☐	☐	☐	☐	☐	☐
ils ont	☐	☐	☐	☐	☐	☐	☐	☐
elles sont	☐	☐	☐	☐	☐	☐	☐	☐
elles ont	☐	☐	☐	☐	☐	☐	☐	☐

6. Soulignez la forme verbale qui convient.

a. – Tu [fais / fait / faites] du sport ?
– Oui, je [fais / fait / font] du volley-ball et je [vais / vas / va] à la piscine.

b. – Quel âge vous [ont / avons / avez] ?
– On [ai / a / as] 6 ans tous les deux. On [est / es / sommes] jumeaux.

c. – Tu [as / a / ai] faim ?
– Oui, un peu, mais j'[ai / a / avons] surtout soif.

d. – Qu'est-ce qu'elle [fais / faisons / fait] ? Il est déjà 17 h.
– Je crois qu'elle [fais / fait / faites] des courses.

e. – Vous [sommes / êtes / sont] fatigués ?
– Oui, on [suis / est / es] très fatigués et on [a / as / ont] envie de dormir.

f. – Qu'est-ce qu'on [fait / font / faisons] ce soir ?
– On [va / allons / vais] au théâtre si tu veux.

g. – Nous [faisons / faites / fait] des promenades presque tous les jours.
– Ah oui, vous [vont / allez / allons] où ?

7. Complétez la grille en conjuguant au présent.

a. [avoir - vous]
b. [faire - il]
c. [aller - nous]
d. [faire - vous]
e. [avoir - tu]
f. [avoir - ils]
g. [aller - je]

1. [être - tu]
2. [aller - tu]
3. [être - il]
4. [aller - je]
5. [avoir - nous]
6. [aller - il]
7. [être - nous]

Remettez dans l'ordre les lettres des cases jaunes pour écrire un verbe conjugué au présent : nous ....

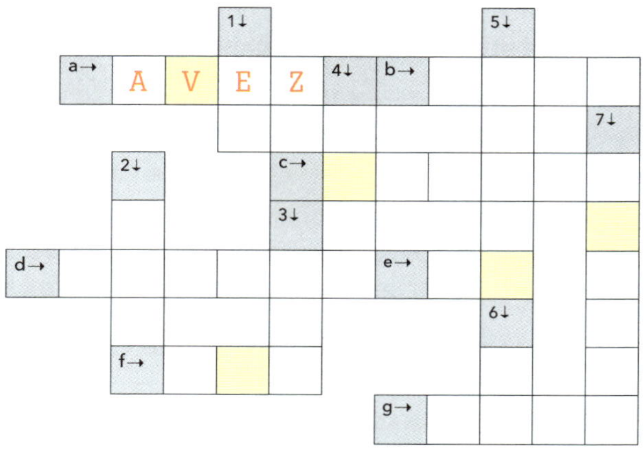

8. Conjuguez les verbes au présent.

a. Qu'est-ce– que vous [faire] faites quand vous êtes en vacances ?
b. Mes amis [aller] .... en Espagne la semaine prochaine.
c. Est-ce que Sofia [être] .... heureuse de vivre en France ?
d. Les enfants, vous [avoir] .... soif ?
e. Nous [faire] .... du sport tous les dimanches.
f. Nous [aller] .... les aider.
g. Vous n' [aller] .... jamais au cinéma pendant les vacances ?
h. Quel âge [avoir] ....-vous ?
i. Elles [faire] .... de l'équitation tous les mercredis à 15 heures.
j. Mes parents et moi [aller] .... souvent au bord de la mer le week-end.
k. Paco et Pedro [avoir] .... 8 ans.
l. À quelle heure est-ce que tu [aller] .... à l'université ?

EXERCICES

9. **Complétez la carte postale avec les verbes proposés.**

Coucou Clara,

Nous [être] sommes à Cannes depuis une semaine.
Ici, il [faire] .... très beau. Il [faire] .... 30°C.
Le matin, nous [faire] .... une promenade sur la Croisette, c'[être] .... l'avenue au bord de la mer.
L'après-midi, nous [aller] .... à la plage. Nous [faire] .... aussi un peu de sport : du vélo et du surf. Ce soir, on [aller] .... au cirque.
Timéo [être] .... très content parce qu'il sait nager maintenant !
Bref, on passe vraiment de bonnes vacances au soleil !

On t'embrasse.
Marie, Fred et Timéo

Claire Moreau
10, rue du Mail
29 200 Brest

10. **Rédigez des phrases pour présenter les personnes.**
Utilisez les verbes et les mots proposés.

a. [français - célibataire - vingt-cinq ans - aller au travail - faire du football et de la course à pied - directeur d'entreprise - grand - yeux bleus - brun]

Il est français. Il est célibataire...

b. [retraités - mariés - petite - grand - yeux verts - faire de la danse - bal]

11. **À l'oral, présentez votre meilleur(e) ami(e). Vous devez utiliser deux fois les verbes *être, avoir* et *faire*.**

Ex. : – Elle est finlandaise. Elle a 19 ans.

PRENEZ LA PAROLE !

12. **Vous venez d'emménager. Vous vous présentez à votre nouveau voisin. Par deux, imaginez la conversation.**

Ex. : – Bonjour monsieur, je suis votre nouvelle voisine.
– Bonjour mademoiselle. Bienvenue dans l'immeuble.
– Merci. Je m'appelle Ana Rodriguez et vous ?

vous cherchez, ils se disputent …

Léa aime bien les histoires. Vous préférez ce livre ?

OBSERVEZ

PISTE 64

RÉFLÉCHISSEZ

1. Écrivez.

Retrouvez les terminaisons du dialogue :

chercher → *vous cherch*.............. / *nous cherch*..............
aimer → *Léa aim*.............. / *ils aim*..............
se disputer → *ils se disput*..............
préférer → *je préfèr*.............. / *vous préfér*..............
penser → *tu pens*..............

2. Retrouvez les terminaisons des verbes en *-er* au présent.

je → e..............
tu → ....
il / elle / on → ....
nous → ....
vous → ....
ils / elles → ....

3. Retrouvez la forme négative du dialogue.

Tom aime ça. → *Tom* ....

MÉMORISEZ

Les verbes en -er au présent de l'indicatif

• **La conjugaison**

chercher	aimer	se disputer	s'habiller
je cherche *tu cherches* *il / elle / on cherche* *nous cherchons* *vous cherchez* *ils / elles cherchent*	*j'aime* *tu aimes* *il / elle / on aime* *nous aimons* *vous aimez* *ils / elles aiment*	*je me dispute* *tu te disputes* *il / elle / on se dispute* *nous nous disputons* *vous vous disputez* *ils / elles se disputent*	*je m'habille* *tu t'habilles* *il / elle / on s'habille* *nous nous habillons* *vous vous habillez* *ils / elles s'habillent*

• **La forme négative**

Léa aime... → Tom n'aime pas...
Ils se disputent. → Ils ne se disputent pas.

• **Quelques verbes particuliers**

acheter	préférer	jeter	s'appeler
j'achète *tu achètes* *il / elle / on achète* *nous achetons* *vous achetez* *ils / elles achètent*	*je préfère* *tu préfères* *il / elle / on préfère* *nous préférons* *vous préférez* *ils / elles préfèrent*	*je jette* *tu jettes* *il / elle / on jette* *nous jetons* *vous jetez* *ils / elles jettent*	*je m'appelle* *tu t'appelles* *il / elle / on s'appelle* *nous nous appelons* *vous vous appelez* *ils / elles s'appellent*

se promener	emmener	manger	commencer
je me promène *tu te promènes* *il / elle / on se promène* *nous nous promenons* *vous vous promenez* *ils / elles se promènent*	*j'emmène* *tu emmènes* *il / elle / on emmène* *nous emmenons* *vous emmenez* *ils / elles emmènent*	*je mange* *tu manges* *il / elle / on mange* *nous mangeons* *vous mangez* *ils / elles mangent*	*je commence* *tu commences* *il / elle / on commence* *nous commençons* *vous commencez* *ils / elles commencent*

→ Tableau des conjugaisons, page 271
→ Grammaire contrastive anglais-français, page 209

EXERCICES

1. Écoutez et soulignez les verbes utilisés dans chaque phrase. PISTE 65

a. [étudies / étudie / étudient]
b. [te lèves / se lève / me lève]
c. [travaille / travaillent / travailles]
d. [cherchez / cherchons / cherchent]
e. [se marie / se marient / te maries]
f. [téléphones / téléphone / téléphonent]
g. [vous amusez / s'amusent / nous amusons]
h. [regardez / regardent / regardons]

2. Complétez la terminaison des verbes au présent.

a. Tu étudi*es* le français ?
b. Vous mang........ au restaurant.
c. Elle donn........ un cours de musique.
d. Xiao et Yuan aim........ le chocolat.
e. Tu préfèr........ le thé ou le café ?
f. Je regard........ la télévision.
g. Nous cherch........ nos clés.
h. Mon mari détest........ regarder le football .

EXERCICES

3. Transformez les phrases.

a. Je déjeune à la cantine. → Les enfants déjeunent à la cantine.
b. Tu écoutes quel chanteur ? → Vous ....
c. Elle parle trois langues. → Tu ....
d. Je porte une robe. → Camille ....
e. M. Moreau arrive à 16 h. → M. et Mme Ramy ....
f. Il travaille dans un cinéma. → Nous ....
g. J'habite à Londres. → Mes frères ....
h. Nous regardons un film. → Abdel ....

4. Répondez négativement aux questions.

a. – Nous achetons souvent le journal, et toi ?
– Non, je n'achète pas souvent le journal.
b. – Nous préférons rentrer, et toi ?
– Non, je ....
c. – Elle achète une baguette tous les jours, et toi ?
– Non, je ....
d. – Vous commencez l'exercice ?
– Non, nous ....
e. – Nous emmenons les enfants au cirque, et toi ?
– Non, je ....
f. – Est-ce que vous voyagez souvent ?
– Non, nous ....
g. – Est-ce que tu jettes ce sac dans la poubelle noire ?
– Non, je ....

5. Soulignez la forme verbale qui convient.

a. Mon chéri, tu [te lèves / se lève / me lève] à quelle heure demain matin ?
b. Regarde Luna, elle [s'habillent / s'habille / vous habillez] toute seule maintenant.
c. Les jeunes filles [se maquille / te maquilles / se maquillent] de plus en plus jeunes.
d. Attends 3 minutes, je [me brosse / se brosse / te brosses] les dents et j'arrive.
e. Nous [me retrouve / vous retrouvez / nous retrouvons] à Bordeaux.
f. Vous [me promène / se promènent / vous promenez] souvent ici.

6. Conjuguez les verbes proposés au présent.

a. Marc [se réveiller] se réveille tard le dimanche.
b. Nous [se retrouver] .... tous les samedis matin au marché.
c. Je [se lever] .... tous les jours à 6 h.
d. Matthieu [se promener] .... au parc Saint-Nicolas.
e. Vladimir et Larissa [se marier] .... samedi prochain à Laval.
f. Comment tu [s'appeler] .... ?
g. On [s'excuser] .... de ne pas venir à ta soirée.

PRÉSENT (2)

EXERCICES

7. Remettez les lettres dans l'ordre pour trouver les sujets et les verbes au présent.

P J A R E E L	→	JE PARLE
I S L L E È V E	→	_ _ / _ _ / _ _ _ _
U I A M E T S	→	_ _ / _ _ _ _ _
L I D N Î S E T N	→	_ _ _ / _ _ _ _ _ _
P E L M J A E L ' P E	→	_ _ / _ _ / _ _ _ _ _ _ _

Avec les lettres des cases jaunes, écrivez un sujet et un verbe au présent : ....

8. Conjuguez les verbes proposés au présent.

Le matin, nous [se lever] nous levons à 7 h. Mon mari, Tonio, [préparer] .... le petit déjeuner et [réveiller] .... les enfants. Après avoir mangé, je [se brosser] .... les dents et je [se laver] .... Puis, je [s'habiller] .... et je [s'occuper] .... de Flavio. On [se dépêcher] .... tous, car je dois déposer Raquel à 8 h 30 à l'école primaire et Tonio [emmener] .... Flavio à la crèche. Ensuite, je [commence] .... ma journée de travail. À midi, je [déjeuner] .... au restaurant avec mes collègues et vers 13 h 30, on [retourner] .... au bureau. À 17 h 30, je [passer] .... chercher les enfants. Après, j'[emmener] .... Raquel à son cours de danse. Vers 19 h, on [rentrer] .... à la maison.

9. Rédigez un texte (environ 50 mots) pour raconter votre journée.

Le matin, je...

10. À l'oral, décrivez ce que font les personnes. Utilisez les verbes proposés au présent.

[parler - jouer - lancer le ballon - surveiller - crier - pleurer - tomber - chanter - s'embrasser - dessiner - grimper - se cacher - manger]

Ex. : – Les enfants jouent.

PRENEZ LA PAROLE !

11. Discutez d'une journée de vacances. Conjuguez les verbes proposés au présent.

[se lever - se laver - préparer - déjeuner - dîner - se promener - regarder - écouter - visiter - rester - se reposer - s'amuser]

Ex. : – Qu'est-ce que tu fais en général pendant les vacances ?
– Pendant les vacances, je reste souvent à la maison.

23

vous voulez, il doit, je sais, on peut...

Il veut aller au bord de la mer. Il doit travailler.

OBSERVEZ PISTE 66

RÉFLÉCHISSEZ

Associez les phrases et les infinitifs.

Vous voulez aller au cinéma ? ○	
On ne peut pas. ○	○ devoir
Zack doit travailler. ○	○ vouloir
Est-ce que vous pouvez ? ○	○ pouvoir
Je ne sais pas. ○	○ savoir
Zack veut aller au bord de la mer. ○	

MÉMORISEZ

Les verbes *pouvoir, vouloir, devoir* et *savoir* au présent de l'indicatif

- **La conjugaison des verbes**

pouvoir	vouloir	devoir	savoir
je peux	*je veux*	*je dois*	*je sais*
tu peux	*tu veux*	*tu dois*	*tu sais*
il / elle / on peut	*il / elle / on veut*	*il / elle / on doit*	*il / elle / on sait*
nous pouvons	*nous voulons*	*nous devons*	*nous savons*
vous pouvez	*vous voulez*	*vous devez*	*vous savez*
ils / elles peuvent	*ils / elles veulent*	*ils / elles doivent*	*ils / elles savent*

- **La forme négative**

On ne peut pas. / Je ne sais pas.

→ Grammaire contrastive anglais-français, page 209

EXERCICES

1. Écoutez et cochez l'infinitif des verbes conjugués dans chaque phrase. PISTE 67

	a.	b.	c.	d.	e.	f.	g.	h.
pouvoir	☒	☐	☐	☐	☐	☐	☐	☐
vouloir	☐	☐	☐	☐	☐	☐	☐	☐
devoir	☐	☐	☐	☐	☐	☐	☐	☐
savoir	☐	☐	☐	☐	☐	☐	☐	☐

2. Complétez le tableau avec la forme verbale qui convient.

	elle	tu	nous	ils	je	vous
vouloir	....	veux	....	....	....	voulez
savoir	sait	....	....	savent	....	....
pouvoir	....	peux	....	....	....	pouvez
devoir	....	....	devons	....	dois	....

3. Associez les sujets aux phrases.

a. Tu
b. Il
c. Elles
d. Nous
e. Vous

1. pouvez aller chercher le pain ?
2. peux venir à la maison ?
3. ne peut pas venir nous voir.
4. pouvons sortir jusqu'à minuit.
5. peuvent venir à partir de 11 h.

a	b	c	d	e
2				

4. Remettez les lettres dans l'ordre pour trouver le verbe *savoir* conjugué au présent et son sujet.

a. [S / A / T / S / U / I] tu sais
b. [S / A / I / J / E / S] ....
c. [A / S / U / V / O / S / Z / E / V] ....
d. [T / O / S / N / A / I] ....
e. [V / S / E / N / L / A / T / L / E / S / E] ....
f. [S / N / S / O / U / A / N / V / O / S] ....

5. Soulignez la forme verbale qui convient.

a. Qu'est-ce que tu [veux / veut / veulent] faire ce soir ?
b. Est-ce que vous [voulons / voulez / veulent] dîner à la maison ?
c. Je [veux / veut / veulent] acheter un nouveau téléphone portable.
d. Nous [voulez / voulons / veulent] partir en vacances fin juin.
e. Ils ne [veux / veut / veulent] pas faire leurs devoirs.
f. Est-ce que Léo [veut / veux / voulons] bien rester un peu plus tard ?
g. On [veux / veut / voulez] aller à la fête de la musique.
h. Est-ce qu'elle [veut / veulent / voulez] une part de tarte ?
i. Ils [veulent / voulez / veut] nous accompagner à la gare.
j. Est-ce que vous [voulons / veux / voulez] sortir ?
k. Je ne [veux / veut / voulez] pas travailler dans cette entreprise.

EXERCICES

6. Retrouvez et entourez dans la grille le verbe *devoir* conjugué au présent à toutes les personnes (*je, tu, il / elle / on, nous, vous, ils / elles*).

D	E	D	O	I	X	N	T	S	D
E	D	O	D	E	V	O	N	S	O
V	E	I	O	L	D	E	V	D	I
E	V	D	I	U	E	D	N	E	V
Z	E	A	T	N	V	I	D	V	E
O	D	E	V	E	I	O	O	E	N
I	D	E	U	V	E	Z	I	S	T
D	O	I	S	E	S	N	S	I	E

7. Soulignez la forme verbale qui convient.

a. Est-ce que tu [peux / peut / peuvent] me prêter ce livre ?
b. Je [peux / peut / pouvons] t'aider si tu [veux / veut / voulons] ?
c. Excusez-moi monsieur, vous [pouvez / peuvent / pouvons] répéter votre question ?
d. Dépêche-toi, le bus passe dans 10 minutes, on [doit / dois / doivent] partir maintenant.
e. Vous [voulons / veulent / voulez] du jus d'orange ou du jus d'ananas ?
f. Tu [peux / peut / pouvez] leur indiquer le chemin ?
g. Ils ne [sait / sais / savent] pas comment venir jusque chez nous.

8. Conjuguez les verbes au présent.

a. Monsieur, vous [devoir] devez vous présenter au bureau 415 vendredi 10 février à 8 h. Si vous ne [pouvoir] .... pas venir, téléphonez-nous avant le 8 février.
b. Je [devoir] .... réviser si je [vouloir] .... réussir mon examen.
c. On [savoir] .... que tu [vouloir] .... partir vivre aux États-Unis mais avant tu [devoir] .... faire des progrès en anglais.
d. Si vous [vouloir] ...., on [pouvoir] .... vous proposer du travail. Vous [devoir] .... être disponible tous les jours de 14 h à 16 h.
e. Nous ne [pouvoir] .... pas venir chez vous car Pierre [devoir] .... travailler.
f. Nous ne [savoir] .... pas faire des crêpes. Est-ce que tu [pouvoir] .... nous aider ?

9. Répondez aux questions (plusieurs possibilités).

a. – Est-ce que Marie peut conduire une moto ? → – Non, Marie ne peut pas conduire une moto.
b. – Margot et toi, vous voulez faire du ski ?
– Oui, ...
c. – Tu dois aller chercher les enfants à la garderie ?
– Oui, ...
d. – Est-ce que tu veux aller au théâtre samedi ?
– Oui, ...
e. – Est-ce que vous savez marcher sur les mains ?
– Non, ...
f. – Est-ce que tu peux jongler avec 4 balles ?
– Oui, ...

EXERCICES

10. Écoutez les phrases et cochez les verbes que vous entendez. PISTE 68

a.	c.	e.	g.
☐ il veut	☐ elle sait	☐ il doit	☐ il peut
☒ ils veulent	☐ elles savent	☐ ils doivent	☐ ils peuvent
b.	**d.**	**f.**	**h.**
☐ elle veut	☐ il doit	☐ elle peut	☐ il sait
☐ elles veulent	☐ ils doivent	☐ elles peuvent	☐ ils savent

11. À l'oral, imaginez les paroles du maître nageur de la piscine. Utilisez les mots proposés.

Ex. : – Vous ne devez pas courir autour de la piscine.

[courir - sauter - marcher - nager - crier]

12. Rédigez votre réponse (environ 40 mots) au courriel de Mélina. Utilisez au minimum une fois les verbes *pouvoir, vouloir, devoir* et *savoir* au présent.

Salut Adeline et Nico,

J'organise une fête surprise pour les 30 ans de Ludovic. Est-ce que vous êtes disponibles samedi 15 octobre? La fête aura lieu à la salle des fêtes de la Romagne à partir de 20h. Vous pouvez venir avec les enfants.

Bises.

Mélina

....

....

....

....

....

....

....

PRENEZ LA PAROLE !

13. Vous voulez sortir ce soir. Vous téléphonez à un ami pour lui proposer une sortie. Au début, votre ami refuse puis il accepte et vous fixez un rendez-vous.

Ex. : – Salut Richard, est-ce que tu veux sortir ce soir?

– Euh, ce soir, je ne sais pas.

24

je pars, tu viens, on offre...

Je pars en Italie. Tu viens avec nous ?

OBSERVEZ PISTE 69

RÉFLÉCHISSEZ

Écrivez.

Retrouvez la conjugaison des verbes du dialogue.

partir → *je* ....
venir → *tu* ....
finir → *tu* ....
offrir → *on* ....
sortir → *je* ....

MÉMORISEZ

Les verbes en *-ir* au présent de l'indicatif

- **La conjugaison**

finir (choisir, réussir, obéir, réfléchir, remplir, vieillir, grossir, maigrir…)	**partir** (dormir, sortir, servir, sentir…)	**venir** (devenir, se souvenir, revenir, tenir, appartenir…)	**offrir*** (ouvrir, découvrir…)
je finis *tu finis* *il / elle / on finit* *nous finissons* *vous finissez* *ils / elles finissent*	*je pars* *tu pars* *il / elle / on part* *nous partons* *vous partez* *ils / elles partent*	*je viens* *tu viens* *il / elle/ on vient* *nous venons* *vous venez* *ils / elles viennent*	*j'offre* *tu offres* *il / elle / on offre* *nous offrons* *vous offrez* *ils / elles offrent*

* La formation est la même que pour les verbes en *-er*.

Prononciation Pensez bien à faire les liaisons : *nous offrons, vous ouvrez.*

- **La forme négative**

Je ne finis pas tard.

→ Grammaire contrastive anglais-français, page 209

EXERCICES

1. Écoutez et cochez l'infinitif des verbes conjugués dans chaque phrase. PISTE 70

	a.	b.	c.	d.	e.	f.	g.	h.	i.
venir	☐	☐	☐	☐	☐	☐	☐	☐	☐
finir	☒	☐	☐	☐	☐	☐	☐	☐	☐
partir	☐	☐	☐	☐	☐	☐	☐	☐	☐
offrir	☐	☐	☐	☐	☐	☐	☐	☐	☐
ouvrir	☐	☐	☐	☐	☐	☐	☐	☐	☐
réussir	☐	☐	☐	☐	☐	☐	☐	☐	☐
dormir	☐	☐	☐	☐	☐	☐	☐	☐	☐
réfléchir	☐	☐	☐	☐	☐	☐	☐	☐	☐
découvrir	☐	☐	☐	☐	☐	☐	☐	☐	☐

2. Associez.

a. Tu
b. Je
c. Vous
d. Nous
e. Ma sœur
f. Les étudiants

1. choisissent leurs options.
2. n'obéissons pas à nos parents.
3. ne réussis pas bien mes études.
4. finis tes devoirs.
5. réfléchissez à votre avenir.
6. remplit son verre de jus d'orange.

a	b	c	d	e	f
4					

3. Soulignez la forme verbale qui convient.

a. Je ne mange pas de gâteau parce que je [<u>grossis</u> / grossit / grossissent] facilement !
b. Vous [réfléchissons / réfléchissez / réfléchissent] à ma proposition ?
c. Greta [remplis / remplit / remplissez] son chèque.
d. Nous [réunissons / réunissez / réunissent] nos amis pour notre mariage.
e. Tu [réussis / réussit / réussissez] à faire tes exercices ?
f. Clara n' [obéis / obéit / obéissent] jamais à ses parents.
g. C'est incroyable, Saïd et Monia ne [vieillit / vieillissez / vieillissent] pas.
h. Vous [finis / finissez / finissent] votre livre et après, au lit !

4. Écrivez la terminaison des verbes.

a. Les enfants ne dorm*ent* pas très bien.
b. Tu par.......... souvent en voyage ?
c. Vous sort.......... tous les soirs ?
d. Ce parfum sen.......... très bon.
e. Notre voisin par.......... demain en vacances.
f. Nous serv.......... des moules-frites toute l'année.
g. Alessandro et Iris part.......... au Brésil.
h. Je ne sor.......... jamais pendant la semaine.

EXERCICES

5. Conjuguez les verbes au présent.

a. – Maël, réveille-toi !
– Non, je [dormir] dors !

b. – Hum, j'adore le parfum de ces roses !
– Oui, elles [sentir] .... bon.

c. – Qu'est-ce que vous faites ce soir ?
– On [sortir] .... prendre un verre.

d. – Tu peux me passer l'eau, s'il te plaît ?
– Attends, je te [servir] ....

e. – Nous ne serons pas là en juillet.
– Vous [partir] .... en vacances ?

f. – Nos parents sont toujours très dynamiques.
– Tu as raison, ils ne [vieillir] .... pas.

g. – Tom, tu peux choisir le bonbon que tu préfères.
– C'est toujours Tom qui [choisir] .... en premier !

6. Rédigez une liste (environ 30 mots) de ce que vous faites pour être en forme. Utilisez les verbes proposés au présent.

[sortir avec mes amis - dormir à 23h - choisir des aliments biologiques - partir souvent en vacances - finir le travail tôt]

Pour être en forme, je sors avec mes amis...

7. Complétez le courriel avec les verbes au présent.

Salut Nolan,
Ça va? Moi, super bien. Je [revenir] reviens du Japon où j'ai passé deux semaines extraordinaires. Tu te [souvenir] .... de Satomi, mon amie japonaise? Eh bien, elle et son mari [venir] .... d'avoir un fils, un petit Kyohei. Ils [tenir] .... un restaurant dans le centre de Kyoto et leur cuisine est excellente. Et toi, dis-moi, qu'est-ce que tu [devenir] ....? Tu sais que j'ai toujours un livre qui t'[appartenir] ....? Dis-moi où je peux te l'envoyer. Et tu me [prévenir] .... aussi si tu fais un beau voyage, d'accord?
Tchao, Brian

8. Entourez dans la grille le verbe *offrir* conjugué au présent (5 solutions).

O	O	F	R	O	O	N	S	O	O
F	F	F	O	F	F	R	E	N	T
F	R	O	F	F	R	E	Z	F	R
R	O	F	F	R	E	S	N	R	E
E	N	O	F	F	R	O	N	S	Z

EXERCICES

9. Écoutez et soulignez la phrase que vous entendez. Puis lisez toutes les phrases à voix haute. PISTE 71

a. [Elle finit tard. / Elles finissent tard.]
b. [Il sort tous les soirs. / Ils sortent tous les soirs.]
c. [Elle offre des cadeaux. / Elles offrent des cadeaux.]
d. [Il vient à la maison. / Ils viennent à la maison.]
e. [Il ouvre la fenêtre. / Ils ouvrent la fenêtre.]
f. [Il réfléchit beaucoup. / Ils réfléchissent beaucoup.]
g. [Elle sert de l'eau à table. / Elles servent de l'eau à table.]

10. Écrivez les réponses avec les mots proposés. Utilisez le présent à la forme affirmative.

a. – Où est-ce que vous allez pendant vos vacances ? [nous - partir au bord de la mer]
– En août, nous partons au bord de la mer.
b. – Tu vas à l'hôtel ? [je - dormir dans un camping]
– Non, ……
c. – Est-ce que vous allez chez le marchand de glaces ? [il - ouvrir à 14 h]
– Oui, ……
d. – Est-ce qu'il y a beaucoup d'excursions sur d'autres îles ? [elles - finir à 16 h]
– Non, et en plus, ……
e. – Tu es bronzé ! Tu étais en vacances ? [je - revenir de Bretagne]
– Oui, ……
f. – Les restaurants proposent des spécialités ? [ils - servir des plats typiques]
– Oui, ……

11. À l'oral, répondez aux questions avec un verbe proposé à conjuguer au présent.

Ex. : – Qu'est-ce qu'on fait avec une clé ? → – On ouvre une porte.

[partir en voyage - offrir des fleurs - se souvenir - ouvrir une porte - dormir - grossir]

a. – Qu'est-ce qu'un homme fait le jour de la Saint-Valentin ?
b. – Qu'est-ce qui se passe quand une personne mange trop de gâteaux ?
c. – Qu'est-ce que les enfants font à 23 h ?
d. – Si les personnes n'oublient pas, qu'est-ce qu'elles font ?
e. – Qu'est-ce qu'on fait pendant les vacances ?

PRENEZ LA PAROLE !

12. Avec un(e) ami(e), vous êtes dans une agence de voyages. Le vendeur vous propose plusieurs formules de vacances. Imaginez un dialogue en utilisant le maximum de verbes en *-ir*.

Ex. : – Vous partez quand en vacances ?
– Nous partons du 13 au 20 juillet.

j'attends, tu bois, il écrit...

J'attends mon train. Tu bois un café ?

OBSERVEZ PISTE 72

RÉFLÉCHISSEZ

Écrivez.

Retrouvez la conjugaison des verbes du dialogue.

attendre	→ j'attends	boire	→ tu ....
croire	→ je	connaître	→ tu ....
écrire	→ il	lire	→ tu ....
dire	→ il	devoir	→ je ....
prendre	→ je		

Retrouvez les infinitifs des verbes.

j'apprends → apprendre
je vois → ....
il décrit → ....
il interdit → ....
tu reconnais → ....
je reçois → ....
j'entends → ....

PRÉSENT (5)

MÉMORISEZ

Des verbes finissant par *-re* et *-oir* au présent de l'indicatif

- **La conjugaison des verbes *lire* et *écrire***

lire (interdire, dire*)	**écrire** (décrire, vivre, suivre…)
je lis	j'écris
tu lis	tu écris
il / elle / on lit	il / elle / on écrit
nous lisons	nous écrivons
vous lisez	vous écrivez
ils / elles lisent	ils / elles écrivent

* Pour le verbe *dire* → *vous dites.*

Prononciation Pensez bien à faire les liaisons : *nous écrivons…*

- **La conjugaison des verbes en *-dre***

prendre (comprendre, apprendre…)	**attendre** (vendre, entendre, perdre répondre, descendre…)
je prends	j'attends
tu prends	tu attends
il / elle / on prend	il / elle / on attend
nous prenons	nous attendons
vous prenez	vous attendez
ils / elles prennent	ils / elles attendent

Prononciation Pensez bien à faire les liaisons : *elles attendent…*

- **La conjugaison des verbes en *-tre***

mettre (promettre, permettre…)	**connaître** (reconnaître…)
je mets	je connais
tu mets	tu connais
il / elle / on met	il / elle / on connaît*
nous mettons	nous connaissons
vous mettez	vous connaissez
ils / elles mettent	ils /elles connaissent

- **La conjugaison des verbes en *-oir***

devoir (recevoir**, décevoir**, apercevoir**…)	**voir** (croire, prévoir)
je dois	je vois
tu dois	tu vois
il / elle / on doit	il / elle / on voit
nous devons	nous voyons
vous devez	vous voyez
ils / elles doivent	ils / elles voient

* Le *î* se maintient à la 3e personne du singulier.

** On écrit -ç devant *o* : *je reçois, tu reçois, il reçoit, ils reçoivent.*

Remarque Le verbe *falloir* se conjugue seulement avec *il* : *il faut.*

Attention ! Le verbe *boire* se conjugue ainsi : *je bois, tu bois, il boit, nous* ***bu****vons, vous* ***bu****vez, ils boivent.*

→ Grammaire contrastive anglais-français, page 209

EXERCICES

1. Écoutez et pour chaque infinitif notez le numéro de la phrase où il est conjugué. PISTE 73

a. ☐ lire
b. ☐ attendre
c. ☐ recevoir
d. 1 dire
e. ☐ prendre
f. ☐ croire
g. ☐ mettre
h. ☐ boire
i. ☐ répondre
j. ☐ voir
k. ☐ vivre
l. ☐ connaître

2. Conjuguez les verbes au présent.

a. Tu [lire] lis un bon roman ?
b. Les enfants [écrire] .... à leurs amis.
c. Nous [vivre] .... à Grenoble.
d. J' [écrire] .... un courriel.
e. Les étudiants ne [lire] .... pas le journal.
f. Vous [dire] .... la vérité ?
g. On [suivre] .... des cours de français.

EXERCICES

3. Soulignez les formes verbales qui conviennent.

a. Il [attends / attend / attendent] le bus ?
b. Nous [descendons / descendez / descendent] tout de suite !
c. Max et Rachida [vend / vendez / vendent] leur maison.
d. Vous n' [apprenons / apprenez / apprennent] pas vos leçons ?
e. Vous m' [entendons / entendez / entendent] ?
f. Elle [réponds / répond / répondent] à la question.
g. Je ne [comprends / comprend / comprennent] pas les exercices !
h. Tu [perds / perd / perdent] ton temps !

4. Conjuguez les verbes au présent.

a. J' [attendre] attends le train pour Paris.
b. Nous [vivre] .... dans le Sud de la France.
c. Oui, je te [dire] .... la vérité.
d. Les enfants [prendre] .... du pain et de la confiture.
e. Vous aimez cette musique ? On n' [entendre] .... rien !
f. Où sont mes clés ? Je les [perdre] .... toujours !

5. Complétez le tableau avec les verbes au présent.

	nous	je	elles	vous	tu	on
boire	....	bois	....	....	....	....
mettre	....	....	....	mettez	....	....
croire	....	....	croient	....	....	....
voir	....	....	....	....	vois	....
recevoir	recevons	....	....	....	....	....
connaître	....	....	....	....	....	connaît

6. Répondez à la forme négative avec les mots proposés.

a. – Tu prends un thé ? [boire - de thé]
– Non, je ne bois pas de thé.
b. – Luce a des problèmes à l'école ? [comprendre - les mathématiques]
– Oui, elle ....
c. – Est-ce que vous aimez lire ? [lire - souvent]
– Pas vraiment, nous ....
d. – Vous avez déjà goûté au camembert ? [connaître - le fromage français]
– Non, on ....
e. – Madinina et Carla portent des lunettes ? [voir - bien]
– Oui, parce qu'elles ....
f. – On peut vous contacter pendant les vacances ? [répondre - aux courriels]
– Non, je ....
g. – Vous allez en bus au lycée ? [prendre - le bus]
– Non, en général, nous ....

EXERCICES

7. Remettez les lettres dans le bon ordre pour trouver le verbe au présent.

a. [O / I / B / S] Tu bois ....
b. [R / C / E / O / N / A / N / I / S] Je ....
c. [É / D / R / I / V / Z / E / C] Vous ....
d. [P / R / N / C / M / O / E / N / N / T / E] Ils ....
e. [E / T / N / N / E / S / D / N / O] Nous ....
f. [I / L / S / Z / E] Vous ....
g. [R / Ç / I / T / O / E] On ....
h. [V / V / E / T / I / N] Elles ....

8. Rédigez un texte (environ 60 mots) pour décrire ce que fait cette famille. Conjuguez les verbes proposés au présent.

[écrire un mot - descendre l'escalier - lire le journal - boire un café - mettre sa serviette - attendre ses tartines - répondre à des SMS]

Le matin, les parents boivent un café…

9. Écoutez et, oralement, répondez affirmativement. PISTE 74

Ex. : – Oui, nous écrivons un courriel.

10. À l'oral, répondez aux questions avec les verbes proposés à conjuguer au présent.

Ex. : – Qu'est-ce qu'on fait l'hiver ? → – On boit un chocolat chaud.

[prendre le taxi - écrire des courriels - boire un chocolat chaud - attendre le train - lire des bandes-dessinées - répondre au téléphone - recevoir des messages]

a. – Qu'est-ce que tu fais à la bibliothèque ?
b. – Qu'est-ce qu'une secrétaire fait au bureau ?
c. – Qu'est-ce qu'on fait à la gare ?

PRENEZ LA PAROLE !

11. Expliquez ce que votre famille et vous faites le matin en général. Utilisez le maximum de verbes au présent.

Ex. : – Le matin, en général, je prends mon petit-déjeuner…

26

vous allez faire, je viens de rentrer...

On va rester chez nous. Elle vient de passer ses examens.

OBSERVEZ — PISTE 75

RÉFLÉCHISSEZ

Écrivez et cochez.

Dans *vous allez faire / on va rester / on va se reposer / on ne va pas sortir,*
on conjugue le verbe .... au présent et on ajoute l'infinitif du verbe qui exprime l'action.
L'action se passe ☐ dans le passé ☐ dans le présent ☐ dans le futur.

Dans *Louane vient d'avoir ses examens / je viens de rentrer,*
on conjugue le verbe .... au présent et on ajoute .... avant l'infinitif du verbe qui exprime l'action.
L'action se passe ☐ dans le passé ☐ dans le présent ☐ dans le futur.

MÉMORISEZ

Comment utiliser et former le passé récent et le futur proche ?

le passé récent	le futur proche
utilisation	
pour parler d'une action qui s'est terminée il y a très peu de temps	pour parler d'une action qui va se passer dans un avenir proche du présent*
formation	
***venir* au présent de l'indicatif + *de* + verbe à l'infinitif** *Je viens de rentrer.* *Elle vient de passer ses examens.*	***aller* au présent de l'indicatif + verbe à l'infinitif** *On va aller en Bretagne.* *On va se reposer. On ne va pas sortir.*

* Le futur proche s'utilise beaucoup à l'oral.

Prononciation Pour le passé récent, à l'oral, on supprime souvent le *-e* de *de*: *Je viens de partir.* → *Je viens d'partir.*

→ La conjugaison de *venir* au présent page 102
→ La conjugaison de *aller* au présent page 90
→ Grammaire contrastive espagnol-français, page 213
→ Grammaire contrastive anglais-français, page 208

EXERCICES

1. **Écoutez et cochez le temps utilisé pour chaque phrase.** PISTE 76

	a.	b.	c.	d.	e.	f.	g.	h.
passé récent	☒	☐	☐	☐	☐	☐	☐	☐
futur proche	☐	☐	☐	☐	☐	☐	☐	☐

2. **Conjuguez les verbes au futur proche.**

a. À plus tard, je [chercher] vais chercher le pain !
b. Dépêchez-vous, le train [partir] .... !
c. Qu'est-ce que tu [faire] .... pendant les vacances ?
d. Nous [regarder] .... le match de foot ce soir.
e. Je suis sûre que vous [passer] .... une bonne soirée.
f. Les voisins [vendre] .... leur maison ?
g. Notre fille [avoir] .... un bébé.
h. Quel dommage, il [pleuvoir] .... tout le week-end !

3. **À l'oral, faites des phrases en associant les éléments proposés.**

Ex. : – Elle va se préparer pour son rendez-vous.

a. Elle	1. vont	A. nous dépêcher pour arriver à l'heure.
b. Les étudiants	2. allez	B. t'ennuyer si tu ne travailles pas.
c. Vous	3. vas	C. me marier l'année prochaine.
d. Je	4. allons	D. se préparer pour son rendez-vous.
e. Nous	5. vais	E. bien vous amuser à la fête de Nolan.
f. Tu	6. va	F. se reposer après leurs examens.

4. **Écrivez les phrases en remettant les mots dans l'ordre.**

a. [ne / Je / vais / à la piscine / aller / ce soir / pas]
Je ne vais pas aller à la piscine ce soir.

b. [ne / vont / Elles / pas / reposer / se / pendant le week-end]
....

c. [n' / pas / allez / Vous / un verre / en ville / prendre]
....

d. [travailler / pas / Nous / n' / cet été / allons]
....

e. [Les enfants / vont / pas / tard / ne / coucher / se]
....

f. [pas / ne / se / toute seule / Mme Lepic / va / promener]
....

g. [à l'intérieur / pas / fumer / Tu / ne / vas]
....

h. [Il / neiger / va / pas / ne / dans les Alpes]
....

EXERCICES

5. **À l'oral, répondez aux questions en utilisant le futur proche.**

Ex. : – Est-ce qu'on peut prendre un café à 10 h, lundi matin ?
– Lundi à 10 h ? Oh, non, je vais aller chez le médecin à 10 h 15.

lundi	mardi	mercredi	jeudi	vendredi
10 h 15 rendez-vous chez le médecin	12 h déjeuner avec maman	9 h marché 15 h 00 salle de sport	20 h 10 cinéma avec Julian	21 h 35 train pour Paris

a. Et tu es libre mardi midi ?
b. Mercredi matin, tu veux venir au marché avec moi ?
c. Je vais à la salle de sport à 15 h mercredi. Et toi ?
d. Qu'est-ce que tu fais jeudi soir ?
e. Je vais à Paris samedi, tu viens avec moi ?

6. **Rédigez (en 60 mots environ) les projets d'Aïcha et Noah. Utilisez le futur proche et les mots proposés.**

[acheter une voiture, se marier, acheter une grande maison, chercher un nouveau travail, faire un beau voyage, économiser de l'argent, jouer au loto, faire plus de sport]

AÏCHA L'année prochaine, je vais acheter une voiture ....

....

....

....

....

....

AÏCHA ET NOAH Nous ....

....

....

....

....

7. **Complétez avec le passé récent.**

a. – Léo et Anna n'ont plus d'argent ?
– Non, ils [faire] viennent de faire le tour du monde !

b. – Alors, ça y est, tu es grand-mère ?
– Oui, Léanne [avoir] .... une petite fille.

c. – Nous vous attendons pour le dîner ?
– Non, nous [partir] .... !

d. – Papa est là ? Je peux lui parler ?
– Non, il [sortir] ....

e. – Tu as vu Soan ?
– Oui, je [prendre] .... un verre avec lui.

f. – Zohra va bien ? Elle ne répond pas quand je lui téléphone.
– Oui, elle [quitter] .... l'hôpital.

FUTUR PROCHE / PASSÉ RÉCENT

EXERCICES

8. **Écoutez et répétez les réponses de l'exercice 7** PISTE 77
(elles correspondent à l'usage oral de la langue française).

9. **Écoutez et, oralement, répondez aux questions avec les mots proposés.** PISTE 78
Utilisez le passé récent.

Ex. : [non, désolé - elle - partir] → – Non, désolé, elle vient de partir.

a. [non - je - prendre mon goûter]
b. [non - elle - retourner au lit]
c. [oui - il - trouver une maison]
d. [non, merci - je - boire un café]
e. [oui - elle - marcher dans le parc]
f. [non - je - perdre aux échecs]

10. **Rédigez des phrases en utilisant le passé récent et le futur proche.**

a. [Ma femme - trouver un poste aussi - travailler à l'hôpital de Marseille]
Ma femme vient de trouver un poste aussi, elle va travailler à l'hôpital de Marseille.
b. [Je - passer une année fatigante - se reposer un peu]
c. [Nous - apprendre une bonne nouvelle - avoir notre quatrième enfant]
d. [Mes parents - prendre leur retraite - venir avec nous dans le Sud]
e. [Notre fils aîné Thibaud - avoir son bac - étudier à l'université de la Méditerranée]
f. [Nous - vendre notre appartement - chercher une maison dans le quartier du Mistral]
g. [Je - rencontrer le directeur de l'entreprise Richardson - avoir un poste intéressant]
h. [Notre fille Sara - avoir son brevet - aller au lycée Saint-Charles]

11. **À l'oral, faites des phrases au futur proche ou au passé récent en associant les éléments proposés.**

Ex. : – Mon frère vient d'acheter une nouvelle voiture !

a. Mon frère
b. Notre petit Kilian
c. Notre ami grec Nicos
d. Son équipe
e. Ma fille de 18 ans
f. Abdou et Elsa
g. La police

1. arrêter le voleur
2. avoir son permis de conduire
3. commencer à marcher
4. se marier
5. acheter une nouvelle voiture
6. aller à Athènes
7. gagner le match

PRENEZ LA PAROLE !

12. **Vous annoncez trois nouvelles à vos amis et vous leur expliquez les conséquences de ces bonnes nouvelles. Utilisez le passé récent et le futur proche.**

Ex. : – Je viens d'avoir mon permis de conduire. Donc je vais pouvoir chercher un travail dans une autre ville.

27

elle a dit, nous avons été...

J'ai eu un rendez-vous.

OBSERVEZ PISTE 79

*Hier, j'**ai eu** un rendez-vous pour un travail. **J'ai rencontré** la directrice et le responsable du personnel. Ils **ont posé** des questions sur ma formation et mes emplois précédents. J'**ai répondu** à leurs questions et j'**ai présenté** mon parcours professionnel. Je **n'ai pas pensé** à demander le montant du salaire. À la fin, la directrice **a dit** : « Nous **avons été** heureux de vous rencontrer. Merci. » Je pense que j'**ai réussi** mon entretien.*

PASSÉ COMPOSÉ AVEC *AVOIR*

RÉFLÉCHISSEZ

1. Cochez.

Dans le texte, les actions sont situées ☐ dans le passé ☐ dans le présent ☐ dans le futur.

Ces actions ☐ continuent dans le passé ☐ sont terminées dans le passé ☐ continuent dans le présent.

2. Complétez.

Dans ***ai** eu*, ***a** été*, ***avons** été* et ***ont** posé*, il y a à chaque fois .... éléments.
L'élément en gras est le verbe ....

3. Écrivez.

Retrouvez les formes conjuguées des infinitifs :

rencontrer → *j'*..............................
poser → *ils* ....
présenter → *j'*..............................
réussir → *j'*..............................
avoir → *j'*..............................
être → *nous* ....
répondre → *j'*..............................
dire → *la directrice* ....

Retrouvez l'ordre des mots à la forme négative :
je / ai / pensé / n' / pas → ....

MÉMORISEZ

Le passé composé de l'indicatif avec l'auxiliaire *avoir*

- **L'emploi**
Le passé composé présente des actions passées, ponctuelles et d'une durée délimitée dans le passé.
J'ai rencontré la directrice et le responsable du personnel.

- **La conjugaison**
Le passé composé se construit avec deux éléments :
auxiliaire *avoir* conjugué au présent + participe passé du verbe

parler	
j'ai parlé	*nous avons parlé*
tu as parlé	*vous avez parlé*
il / elle / on a parlé	*ils / elles ont parlé*

- **Le participe passé**
Les verbes en *-er*, ont un participe passé en *-é* : *rencontrer* → *rencontré*.
Les verbes en *-ir* comme *réussir* (*finir, applaudir, choisir, grandir, grossir, maigrir, réfléchir, remplir, vieillir, vomir…*), ont un participe passé en *-i* : *finir* → *fini*.

- **Quelques participes passés irréguliers**

avoir → *eu**
être → *été*
faire → *fait*
prendre → *pris*
ouvrir → *ouvert*
offrir → *offert*
voir → *vu*
savoir → *su*
vouloir → *voulu*
devoir → *dû*
tenir → *tenu*
recevoir → *reçu*
reconnaître → *reconnu*

* Prononciation *eu* se prononce « u »

- **La forme négative**
À la forme négative, on place *ne* avant l'auxiliaire *avoir* et *pas* après.
J'ai compris. → *Je n'ai pas compris.*

→ Tableau des conjugaisons, page 271
→ Le passé composé avec *être*, page 118
→ Grammaire contrastive espagnol-français, page 213

EXERCICES

1. Écoutez et cochez les phrases au passé composé. PISTE 80

a. ☐ b. ☒ c. ☐ d. ☐ e. ☐ f. ☐ g. ☐ h. ☐ i. ☐ j. ☐

2. Complétez les tableaux.

infinitif	participe passé
rencontrer	rencontré
réussir	…………
avoir	…………
être	…………
faire	…………
devoir	…………
…………	voulu
…………	su

infinitif	participe passé
…………	vu
…………	perdu
répondre	…………
vendre	…………
dire	…………
…………	écrit
…………	compris
…………	ouvert

EXERCICES

3. Complétez les phrases avec l'auxiliaire *avoir*.

a. Hugo et Valéria ont apporté un gâteau.
b. Nous .... offert un cadeau à Sandra.
c. Vous .... compris ?
d. On .... fini vers 18 h.
e. Elles .... pris le train pour venir.
f. Elle .... réussi son examen.
g. Tu .... eu très mal au ventre ?
h. J'............ fait une salade de tomates.

4. Complétez la grille avec les participes passés des verbes proposés.

a. faire
b. choisir
c. refuser
d. voir
e. réfléchir
f. devoir
g. obtenir
h. recevoir
i. découvrir

1. fermer
2. vouloir
3. connaître
4. finir
5. dire
6. offrir
7. tenir
8. vendre
9. perdre

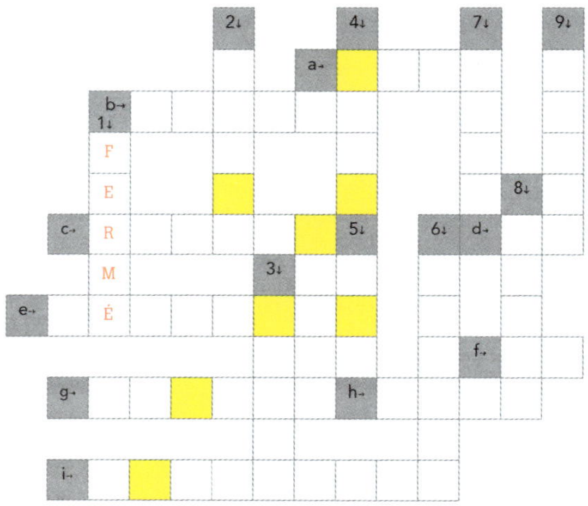

Associez les lettres des cases jaunes pour former un autre participe passé :

....

5. Conjuguez les verbes au passé composé.

a. On [trouver] a trouvé un téléphone dans la rue.
b. Je [être] .... très heureuse de vous voir aujourd'hui.
c. On [avoir] .... du beau temps toute la semaine.
d. Vous [faire] .... bon voyage ?
e. Tu [voir] .... quel film ?
f. Je [rencontrer] .... Hiromi en 2010, à Québec.
g. Ils [vendre] .... leur appartement l'année dernière.
h. Vous [réfléchir] .... à notre proposition ?
i. Tu [apprendre] .... ta leçon ?

6. Transformez les phrases à la forme négative.

a. Il a compris. → Il n'a pas compris.
b. On a gagné ! → ....
c. Tu as fini ? → ....
d. Elle a dit bonjour. → ....
e. Vous avez lu sa lettre ? → ....
f. Ils ont voulu venir. → ....
g. J'ai vu Lola ce matin ! → ....
h. Il a fait la vaisselle. → ....
i. Il a accepté ma proposition. → ....

PASSÉ COMPOSÉ AVEC *AVOIR*

EXERCICES

7. Conjuguez les verbes au passé composé.

– Marion, c'est moi, Thomas !
– Oh, excuse-moi. Oh là là, [tu - changer] ....tu as changé....
– Bah, oui, [je - vieillir] .... et [je - grossir] .... un peu aussi. Toi, [tu - ne pas changer] ....
– Qu'est-ce que [tu - faire] .... depuis dix ans ?
– Oh, plein de choses. [Je - travailler] .... dans six ou sept pays différents, [je - avoir] .... des enfants, [je - acheter] .... une maison. Mais, il y a deux ans, [je - avoir] .... de gros problèmes, [je - perdre] .... mon travail. [Cela - être] .... très difficile, surtout quand [ma femme - me - quitter] .... Et toi ?
– Bah, moi, pareil. Bon, tu m'excuses, mais là je suis pressée. On s'appelle ? En tout cas, [cela - me - faire] .... plaisir de te voir.

8. Écoutez et, oralement, répondez au passé composé avec les mots proposés. PISTE 81

Ex. : [rencontrer Julie Queffelec – en 2012] → – Oui, j'ai rencontré Julie Queffelec en 2012.

a. [téléphoner à M. Dubois - lundi]
b. [visiter Paris - l'année dernière]
c. [dîner au restaurant - samedi soir]
d. [recevoir un message de Jane - hier soir]
e. [voir le film à la télé - le mois dernier]
f. [envoyer un message à Clara - ce matin]

9. Rédigez un courriel (environ 60 mots) pour raconter votre entretien d'embauche. Écrivez au passé composé.

Cher Clément,
Tout va bien. Ce matin, j'ai eu mon entretien d'embauche…

PRENEZ LA PAROLE !

10. Qu'avez-vous fait hier ? Regardez l'agenda et racontez votre journée.

14 avril – Saint Maxime	Semaine 16
9h	tél. Driss Moualek - 2637
9h30	revoir contrat Centraccor
10h15	rendez-vous Mme Gourdon directrice de Centraccor
11h15	réunion service commercial
12h	réserver restaurant Le Relais
13h30	présentation voyage au Togo
15h30	rencontre Julie Dupuis + visite entreprise
17h	faire lettre J. D.
18h	cadeau M. Fernandez
20h	dîner M. Fernandez restaurant Le Relais

Ex. : – Hier, à 9h, j'ai téléphoné à Driss...

tu es allé, vous vous êtes perdus…

Ils sont sortis de l'hôtel.

OBSERVEZ PISTE 82

*Hier, Yasmine **s'est réveillée** à 7 h 30 et elle **s'est levée** rapidement. Son mari, Julien, et ses enfants **se sont levés** 15 minutes plus tard. Ils **sont sortis** de l'hôtel vers 9 h pour visiter Paris. Ils **sont montés** en haut de la tour Eiffel : Julien **est monté** par l'escalier, sa femme et ses enfants avec l'ascenseur. Puis, ils **sont allés** au musée. Ils **sont rentrés** à l'hôtel vers 18 h mais ils **ne sont pas sortis** le soir et ils **ne se sont pas couchés** tard.*

RÉFLÉCHISSEZ

1. Cochez.

Dans le texte, les actions sont situées ☐ dans le passé ☐ dans le présent ☐ dans le futur.
Ces actions ☐ continuent dans le passé ☐ sont terminées dans le passé ☐ continuent dans le présent.

2. Complétez.

Dans ***sont** sortis*, ***est** monté*, il y a à chaque fois .... éléments.
L'élément en gras est le verbe ....

3. Associez.

Observez la terminaison des verbes. Quelle est la relation entre la terminaison du verbe et le sujet ?

ils sont rentrés ○ ○ le sujet est féminin, on ajoute un *e*.
Yasmine s'est réveillée ○ ○ le sujet est pluriel, on ajoute un *s*.

4. Répondez.

Entourez la différence entre ces deux phrases :
Yasmine s'est réveillée. / Yasmine est réveillée.

5. Écrivez.

Retrouvez les formes conjuguées des infinitifs.

sortir → *ils* ....
monter → *ils* ....
aller → *ils* ....
rentrer → *ils* ....
se réveiller → *Yasmine* ....
se lever → *elle* ....

Remettez les mots dans l'ordre.

sont / ne / Ils / le soir / sortis / pas → ....
pas / Ils / couchés / sont / ne / tard / se → ....

MÉMORISEZ

Le passé composé de l'indicatif avec l'auxiliaire *être*

- **L'emploi**

  • Le passé composé présente des actions passées, ponctuelles et d'une durée délimitée dans le passé.
  Ils sont sortis de l'hôtel vers 9 h.

  • On utilise l'auxiliaire *être* au passé composé avec :
  - les verbes *aller, venir, retourner, arriver, partir, passer, rester, entrer, sortir, descendre, monter, tomber, naître, mourir, décéder, apparaître...* et leurs dérivés *(devenir, revenir…).*
  - les verbes précédés de *se* (verbes pronominaux) : *se réveiller, se lever, s'amuser, s'assoir, se coucher, s'ennuyer, s'habiller, se maquiller, se perdre, se rencontrer, se fâcher...*
  Yasmine s'est réveillée à 7 h 30.

- **La conjugaison**
  Le passé composé se construit avec deux éléments :
  auxiliaire *être* conjugué au présent + participe passé du verbe

aller	se lever
je suis allé(e)	*je me suis levé(e)*
tu es allé(e)	*tu t'es levé(e)*
*il / elle / on est allé(e)(s)**	*il / elle / on s'est levé(e)(s)**
nous sommes allés / ées	*nous nous sommes levés / ées*
*vous êtes allé(e)(s)**	*vous vous êtes levé(e)(s)**
ils / elles sont allés / ées	*ils / elles se sont levés / ées*

* **Exemples** *Elle est allée. / On est allé(e)s. / Madame, vous êtes allée au cinéma ? / Lili, Ana, vous êtes allées au cinéma ?*

- **Le participe passé**

  • Avec l'auxiliaire *être*, le verbe s'accorde en genre et en nombre avec son sujet :
  Il est parti. / Ils sont partis. / Elle est partie. / Elles sont parties.

  • Les verbes en *-er* ont un participe passé en *-é* : *aller → allé.*

- **Quelques participes passés irréguliers**

venir	→ *venu(e)*	*mourir*	→ *mort(e)*
partir	→ *parti(e)*	*apparaître*	→ *apparu(e)*
descendre	→ *descendu(e)*	*s'assoir*	→ *suis assis(e)*
naître	→ *né(e)*	*se perdre*	→ *suis perdu(e)*

- **La forme négative**
  À la forme négative, on place *ne* avant l'auxiliaire *être* et *pas* après.
  Ils sont sortis le soir. → Ils ne sont pas sortis le soir.
  Ils se sont couchés tard. → Ils ne se sont pas couchés tard.

→ Tableau des conjugaisons, page 271
→ Le passé composé avec *avoir*, page 114
→ Grammaire contrastive espagnol-français, page 213

EXERCICES

1. Écoutez et cochez l'auxiliaire utilisé dans chaque phrase. PISTE 83

	a.	b.	c.	d.	e.	f.	g.	h.	i.	j.
avoir	☒	☐	☐	☐	☐	☐	☐	☐	☐	☐
être	☐	☐	☐	☐	☐	☐	☐	☐	☐	☐

2. Complétez le tableau.

infinitif	participe passé
arriver	arrivé
aller	....
sortir	....
venir	....

infinitif	participe passé
....	descendu
....	apparu
....	né
....	mort

3. Classez les verbes selon leur construction au passé composé avec *avoir* ou *être*.

[adorer - comprendre - se lever - rester - savoir - commencer - tomber - vouloir - sortir - aimer - aller - arriver - dire - essayer - s'habiller - repartir - pouvoir - retourner - se réveiller - revenir]

a. avec *avoir* : adorer, ...

b. avec *être* : se lever, ...

4. Complétez les phrases avec l'auxiliaire *être*.

a. Il est monté sur le toit.

b. Vous vous .... assis sur la table ?

c. Arthur .... tombé dans l'escalier.

d. Je .... sortie vers 8 h.

e. Le médecin .... arrivé rapidement.

f. Ils .... rentrés chez eux.

5. Soulignez la proposition qui convient.

a. Elle est [arrivé / arrivée / arrivés / arrivées] lundi matin.

b. M. et Mme Hoï se sont [marié / mariée / mariés / mariées] en 1977.

c. Un bel oiseau s'est [posé / posée / posés / posées] dans le jardin.

d. Ma sœur est [retourné / retournée / retournés / retournées] au Japon l'année dernière.

e. Elle n'a pas [fini / finie / finis / finies] ses exercices.

f. Tes deux amies sont [parti / partie / partis / parties] t'attendre à l'entrée.

6. Complétez les phrases avec les auxiliaires *avoir* ou *être*.

a. Il est sorti à 8 h.

b. Le téléphone .... sonné.

c. Vous .... partis quand ?

d. Je .... invité Valérie.

e. Vous .... venu seul ?

f. Ils .... entrés par la fenêtre.

7. Remettez les mots dans l'ordre.

a. [ils / se / réveillés / sont / ne / pas / ce matin]

Ils ne se sont pas réveillés ce matin.

b. [vus / s'est / ne / pas / on / depuis longtemps]

....

c. [sommes / nous / partis / ne / pas / à Bordeaux]

....

d. [vous / vous / ne / pas / perdus / êtes]

....

e. [nous / nous / ne / pas / amusées / sommes / à sa soirée]

....

EXERCICES

8. Retrouvez 12 participes passés (certains éléments peuvent servir plusieurs fois).

App	Con	du	Obte	Par	ris	tré
aru	Déc	ert	Off	Per	Sor	Ve
cen	Des	nu	ouv	Ren	ti	Ven

Obte + nu = obtenu

9. Écoutez et, oralement, répondez au passé composé. PISTE 84

Ex. : [à 6 h] → – Non, ils se sont réveillés à 6 h.

a. [à 14 h]
b. [hier soir]
c. [mardi matin]
d. [ce matin]
e. [le week-end dernier]
f. [à 9 h]

10. Conjuguez les verbes au passé composé.

Adrien [naître] est né .... en 1950, à Genève. Toute sa vie, il [adorer] .... la montagne et l'escalade. En juin 2014, il [aller] .... dans l'Himalaya pour escalader le Cholatse. Il [commencer] .... son escalade le 21 juin. Il [partir] .... avec 5 personnes. Tout [se passer] .... correctement les cinq premiers jours. Le 27, Adrien [tomber] .... quand il [arriver] .... à 4 600 mètres. Heureusement, il [ne pas mourir] ...., mais il [se blesser] .... grièvement. Il [ne pas pouvoir] .... continuer son escalade et il [rentrer] .... en Suisse. Un jour, il va retourner dans l'Himalaya.

11. Rédigez un courriel (environ 80 mots) pour raconter votre visite de Bruxelles. Utilisez les mots proposés et écrivez au passé composé.

[aller - Belgique]
[adorer - Bruxelles]
[dormir - hôtel Métropole]
[se lever - à 9 h le matin]
[voir - le Manneken Pis]
[lire - des BD au musée de la BD]
[visiter - l'Atomium]
[se perdre - dans un vieux quartier]
[manger - des frites]
[boire - la bière]
[parler - français avec l'accent belge]
[rentrer - à la maison dimanche]

Cher Thomas, samedi dernier, je suis allé en Belgique…

PRENEZ LA PAROLE !

12. Qu'avez-vous fait le week-end dernier ? Racontez.

Ex. : – Samedi matin, je suis allée à Marseille avec un ami. Nous sommes arrivés vers 10 h…

29

je m'ennuyais, tu faisais, elle cuisinait…

Nous mangions des gâteaux avec mes grands-parents.

OBSERVEZ PISTE 85

RÉFLÉCHISSEZ

1. Écrivez.

Retrouvez l'imparfait des verbes :

s'ennuyer → je .... → ....
faire → tu .... → ....
cuisiner → elle .... → ....
manger → nous .... → ....
faire → vous .... → ....
habiter → ils .... → ....

Écrivez leur terminaison : (→ ....)

2. Cochez.

On emploie l'imparfait pour :

☐ parler d'une habitude dans le présent.
☐ faire une description dans le présent.
☐ parler d'une habitude dans le passé.
☐ faire une description dans le passé.

IMPARFAIT

MÉMORISEZ

L'imparfait de l'indicatif

- **L'emploi**

  On utilise l'imparfait pour faire une description (personne, paysage…) ou pour parler d'une habitude dans le passé.

  Mes grands-parents habitaient à côté de chez nous. (description)

  Nous mangions des gâteaux avec mes grands-parents. (habitude dans le passé)

- **La conjugaison**

  On enlève *-ons* à la 1re personne du pluriel du présent de l'indicatif et on ajoute les terminaisons de l'imparfait (*-ais*, *-ais*, *-ait*, *-ions*,*-iez*, *-aient*).

  nous faisons (présent de l'indicatif) → *je faisais* (imparfait de l'indicatif)

  nous habitons (présent de l'indicatif) → *j'habitais* (imparfait de l'indicatif)

faire	étudier
*je **faisais***	*j'étudiais*
*tu **faisais***	*tu étudiais*
*il / elle / on **faisait***	*il / elle / on étudi**ait***
*nous **faisions***	*nous étudi**ions****
*vous **faisiez***	*vous étudi**iez****
*ils / elles **faisaient***	*ils / elles étudi**aient***

* Il y a deux *-i* pour les verbes en *-ier* (crier, apprécier…)

Prononciation Pensez bien à faire les liaisons : *on attendait, nous étudiions, vous aviez…*

Attention ! Le verbe *être* est une exception : *j'étais, tu étais, il / elle / on était, nous étions, vous étiez, ils / elles étaient.*

- **À la forme négative**

  Je ne m'ennuyais pas.

→ Tableau des conjugaisons, page 271
→ L'imparfait et le passé composé, page 126

EXERCICES

1. Écoutez et cochez le temps utilisé pour chaque phrase. PISTE 86

	a.	b.	c.	d.	e.	f.	g.	h.
présent	☒	☐	☐	☐	☐	☐	☐	☐
imparfait	☐	☐	☐	☐	☐	☐	☐	☐

2. Associez.

a. On ○ → ○ 1. écoutions les Beatles.
b. Nous ○ ○ 2. avait beaucoup d'amis.
c. Nos voisins ○ ○ 3. partaient en Italie tous les étés.
d. Tu ○ ○ 4. écrivais souvent à mes parents.
e. J' ○ ○ 5. étiez tristes de partir ?
f. Vous ○ ○ 6. voulais te marier avec Andréa !

3. Écrivez les terminaisons.

a. J'habit*ais* à Lille.
b. On buv........ du chocolat chaud.
c. Les professeurs donn........ des devoirs.
d. Vous fais........ du vélo ?
e. Mon père ne regard........ jamais la télé.
f. Tu recev........ beaucoup de lettres ?
g. Nous mang........ trop de bonbons.
h. Mégane et Oriane lis........ beaucoup.

EXERCICES

4. Transformez les phrases à l'imparfait.

a. Ils dorment tard. → Ils dormaient tard.

b. Je bois du thé. → Je ……

c. On prend un bain le dimanche. → On ……

d. Tu te promènes beaucoup. → Tu ……

e. Elle lit bien. → Elle ……

f. Nous commençons la journée à 8 h. → Nous ……

g. Vous étudiez chez vous. → Vous ……

h. Nous faisons beaucoup de bruit. → Nous ……

5. Conjuguez les verbes à l'imparfait.

a. Petite, j' [avoir] avais les cheveux longs.

b. Ma sœur et moi [aller] …… à l'école en bus.

c. Tu [boire] …… beaucoup de lait ?

d. On ne [porter] …… pas d'uniforme à l'école.

e. Est-ce que vous [lire] …… des romans au lycée ?

f. Je [faire] …… du piano le samedi après-midi.

g. Mes grands-parents [se réveiller] …… très tôt le matin.

h. Mon frère [être] …… invité à la maison tous les dimanches.

6. Retrouvez dans la grille les verbes proposés conjugués à l'imparfait.

[boire - jouer - manger - étudier - voir - tenir - prendre - être - avoir]

L	V	B	M	L	A	É
J	O	U	A	I	T	T
A	Y	V	N	É	E	U
V	A	A	G	T	N	D
I	I	I	E	I	I	I
E	E	S	A	O	O	I
Z	N	S	I	N	N	E
A	T	I	T	S	S	Z
P	R	E	N	A	I	T

Associez les lettres qui restent pour former un autre verbe conjugué à l'imparfait.

J' ……

7. Conjuguez les verbes à l'imparfait.

– Dis, mamie, comment j'[être] étais, petite ?

– Oh, Louisa, tu [être] …… très belle et tu [rire] …… tout le temps. Tu [adorer] …… quand je te [lire] …… des histoires. Tu me [demander] …… de jouer tous les personnages. Ça t'[amuser] …… beaucoup !

– Et papi aussi, il me [raconter] …… des histoires ?

– Non, lui, il t' [emmener] …… au parc. Vous [manger] …… toujours une glace au chocolat et vous [donner] …… du pain aux canards.

– Je m'en souviens ! On [faire] …… du manège aussi. C'[être] …… super !

EXERCICES

8. Transformez à l'imparfait et remplacez les mots en gras par ceux proposés.

a. Aujourd'hui, les femmes portent **des pantalons.** [des jupes longues]
→ Avant, les femmes portaient des jupes longues.
b. Aujourd'hui, on envoie **des courriels.** [des lettres]
→ Avant, ...
c. Aujourd'hui, tout le monde a **une télévision.** [une radio]
→ Avant, ...
d. Aujourd'hui, on lave son linge **dans la machine à laver.** [à la main]
→ Avant, ...
e. Aujourd'hui, les Français travaillent **35 h par semaine.** [45 h par semaine]
→ Avant, ...
f. Aujourd'hui, il y a **des bus** dans les villes. [des voitures à cheval]
→ Avant, ...
g. Aujourd'hui, on achète le lait **au supermarché.** [à la ferme]
→ Avant, ...

9. À l'oral, décrivez la vie dans cette ville en 1910 avec les mots proposés.

Ex. : – En 1910, les femmes ne portaient pas de pantalon.

[ne pas porter de pantalon - prendre le train - conduire des voitures à cheval - manger des produits de saison - cultiver son jardin - aller au bal - écrire des lettres - ne pas avoir la télévision - lire le journal - s'occuper des enfants - ne pas voyager à l'étranger - parler avec ses voisins - ne pas aller à l'école le jeudi]

10. Rédigez un texte (environ 70 mots) où vous racontez ce que vous faisiez quand vous étiez petit(e) pendant le week-end. Utilisez les mots proposés.

[jouer à la poupée / aux petites voitures - lire des livres - faire des bêtises - aider ses parents - se coucher à 21 h - rendre visite à ses grands-parents - habiter à la campagne - cuisiner - regarder la télé - se promener dans le parc]

Quand j'étais petit(e), je jouais à la poupée et aux petites voitures.

PRENEZ LA PAROLE !

11. À votre avis, qu'est-ce qui était mieux ou moins bien avant ? Utilisez le maximum de verbes à l'imparfait.

Ex. : – Avant, les enfants n'allaient pas à l'école le jeudi, c'était mieux ! Mais, ils ne faisaient pas de voyages à l'étranger, c'était dommage.

30

tu es allé, je dormais…

Il faisait beau, j'ai décidé d'aller me promener.

OBSERVEZ PISTE 87

*Hier il **faisait** beau, j'**étais** content. J'**ai décidé** d'aller me promener un peu. Je **marchais** tranquillement quand, tout à coup, derrière moi, j'**ai entendu** une femme appeler « Monsieur ! »*

RÉFLÉCHISSEZ

1. Écrivez.

Complétez le schéma avec les actions *j'étais content, j'ai décidé, je marchais, j'ai entendu.*

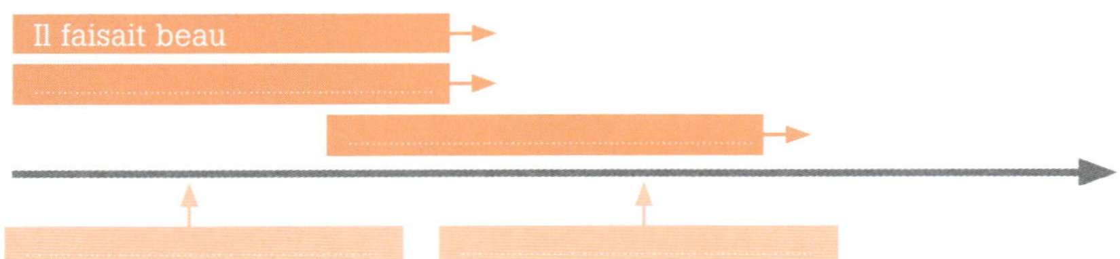

2. Associez.

On utilise :

L'imparfait ○
Le passé composé ○

○ pour décrire le contexte d'une histoire (le temps, les personnes…).
○ pour présenter une action ponctuelle et terminée dans le passé.
○ pour présenter une action non terminée dans le passé.

MÉMORISEZ

Quand utiliser l'imparfait et le passé composé ?

- **L'emploi de l'imparfait**
  - Pour décrire le contexte d'une histoire (le temps, les personnes, les lieux, les sentiments) au passé : *Il faisait beau, j'étais content…*
  - Pour présenter une action qui n'est pas terminée dans le passé : *Je marchais.*
- **L'emploi du passé composé**
  Pour présenter une action ponctuelle terminée dans le passé : *J'ai décidé. / J'ai entendu.*
- **L'emploi de l'imparfait et du passé composé**
  Dans un récit, on utilise à la fois le passé composé et l'imparfait selon les actions ou les situations décrites : *Je marchais dans la rue quand, tout à coup, j'ai entendu une femme appeler « Monsieur ! »*

→ Le passé composé, pages 114 et 118 → Tableau des conjugaisons, page 271 → L'imparfait, page 122

EXERCICES

1. Écoutez et cochez le temps utilisé pour le premier verbe de chaque phrase. PISTE 88

	a.	b.	c.	d.	e.	f.	g.	h.	i.	j.
passé composé	☒	☐	☐	☐	☐	☐	☐	☐	☐	☐
imparfait	☐	☐	☐	☐	☐	☐	☐	☐	☐	☐

2. Soulignez la forme verbale qui convient.

a. Quand je me suis réveillé, il [a été / était] presque 8 h.
b. Il pleuvait alors on [a préféré / préférait] rester à la maison.
c. J'écrivais un texte avec mon ordinateur et soudain tout [s'est bloqué / se bloquait].
d. Quand j'étais enfant, on [est allés / allait] tous les ans au bord de la mer.
e. J'ai frappé à la porte mais personne [n'a répondu / ne répondait].
f. On ne pouvait pas sortir parce qu'une voiture [a bloqué / bloquait] la sortie.
g. Non, je ne t'ai pas entendu entrer, [j'ai dormi / je dormais].
h. J'ai dit au serveur que nous [avons été / étions] pressés.

3. Conjuguez les verbes au passé composé ou à l'imparfait.

a. Je [avoir] avais soif, je [boire] ai bu un litre d'eau.
b. Il [porter] .... un costume gris quand on [se rencontrer] ....
c. Quand elle [voir] .... le directeur, elle [partir] .... se cacher.
d. Ingrid [avoir] .... 19 ans quand elle [avoir] .... son premier enfant.
e. Je [être] .... dehors quand il [commencer] .... à pleuvoir.
f. Linda [aller] .... à l'hôpital parce qu'elle [avoir] .... trop mal au ventre.
g. Je [attendre] .... l'autobus quand elle [passer] .... devant moi.

4. Écrivez les phrases à l'imparfait et au passé composé avec les mots proposés.

a. [Louis – prendre son petit-déjeuner – quand – le téléphone – sonner]
Louis prenait son petit-déjeuner quand le téléphone a sonné.

b. [Virginie – descendre du bus – quand – elle – glisser]
....

c. [il – pleuvoir – quand – les enfants – sortir]
....

d. [on – faire les courses – quand – on – rencontrer Mme Duval]
....

e. [nous – être dehors – quand – les voleurs – casser la porte]
....

f. [Erwan et Gaëlle – avoir 10 ans – quand – on – prendre cette photo]
....

g. [elle – rire – quand – le directeur – entrer dans le bureau]
....

h. [les policiers – bloquer la rue Savary – quand – les manifestants – arriver]
....
....

5. Associez.

a. Il y a beaucoup de fruits cette année ?		Non, parce qu'il faisait trop froid.
Vous avez fait de belles promenades ?		Non, parce qu'il a fait trop froid.
b. Alors, comment tu as trouvé le film ?		J'aimais beaucoup la musique.
Pourquoi tu as fait des études de musique ?		J'ai beaucoup aimé la musique.
c. Pourquoi tu n'as pas répondu au téléphone ?		Je prenais une douche.
Qu'est-ce que tu as fait en arrivant chez toi ?		J'ai pris une douche.
d. Comment tu t'es coupé la main ?		J'ai ouvert une boîte de sardines.
Qu'est-ce que tu as mangé hier soir ?		J'ouvrais une boîte de sardines.
e. Alors, a-t-elle trouvé une solution ?		Oui, elle a parlé au directeur.
Tu as vu Julie ce matin ?		Oui, elle parlait au directeur.
f. Qu'est-ce qu'il a fait dans les Alpes ?		Il faisait du ski.
Comment s'est-il cassé une jambe ?		Il a fait du ski.
g. Pourquoi tu as posé toutes ces questions ?		Je n'ai pas compris.
Qu'est-ce qu'il a dit ?		Je ne comprenais pas.
h. Son voyage s'est bien passé ?		Non, il a été malade.
Mathieu n'est pas venu ce matin ?		Non, il était malade.

6. Écoutez et répondez aux questions. PISTE 89
Utilisez les éléments proposés et choisissez le passé composé ou l'imparfait.

Ex. : [il - faire trop froid] → – Il faisait trop froid.

a. [je - être malade]
b. [je - téléphoner à la police]
c. [ce - être cher et pas bon]
d. [ils - envoyer un message hier]
e. [il - tomber]
f. [il - être très confortable]

7. Transformez le texte au passé.

J'ai une invitation pour une réception organisée par l'ambassadeur de France. Je suis à Lomé pour une réunion internationale et je ne connais pas du tout la ville. Le soir, je prends un taxi-moto pour aller à la réception. Le chauffeur du taxi-moto a beaucoup de mal à trouver l'adresse de l'ambassadeur. Il fait nuit, les rues ne sont pas éclairées. Nous nous arrêtons cinq ou six fois pour demander notre chemin, nous faisons trois fois le tour du quartier et, enfin, nous trouvons une grande maison où des personnes entrent. Je paye mon chauffeur, je le remercie et j'entre dans la résidence de l'ambassadeur où on m'accueille aimablement. Très vite, je comprends qu'il y a un problème, que je ne suis pas chez l'ambassadeur de France mais chez l'ambassadeur de Belgique. Je m'excuse et je sors rapidement de la résidence.

J'avais une invitation pour une réception organisée par l'ambassadeur de France…

8. Conjuguez les verbes au passé composé ou à l'imparfait.

Je [sortir] suis sorti de la zone internationale et, comme dans tous les aéroports, je [trouver] .... une trentaine de personnes qui [tenir] .... des panneaux avec le nom des voyageurs qu'elles [attendre] .... Je [lire] .... une dizaine de panneaux et je [trouver] .... mon nom. Je [se diriger] .... vers le chauffeur de taxi et je [le saluer] .... Je [comprendre] .... tout de suite qu'il ne [parler] .... pas français et pas beaucoup anglais non plus. Il [me faire] .... un grand sourire et [m'inviter] .... à le suivre jusqu'à sa voiture. Ce [être] .... la première fois que je [venir] .... dans cette ville indienne et je [ne pas connaître] .... les collègues que je [devoir] .... rencontrer. Après une heure de voyage, nous [arriver] .... dans l'entreprise où je [avoir] .... rendez-vous. Je [donner] .... mon nom au réceptionniste qui [contacter] .... le directeur. Une jeune femme [m'accompagner] .... au bureau du directeur. Il [être] .... très surpris de me voir. Il [me demander] .... mon nom. Je [lui dire] .... : « Félix Moreau ». Il [s'excuser] ...., je [ne pas être] .... le M. Moreau qu'il [attendre] .... Il y [avoir] .... une erreur, il y [avoir] .... certainement un autre M. Moreau dans l'avion !

9. Lisez l'histoire puis écoutez-la. Soulignez les différences sur le texte écrit. PISTE 90

Le Petit Chaperon rouge avait 12 ans. Un jour, sa mère lui a dit : « Tu vas aller chez ta grand-mère ». Le Petit Chaperon rouge devait lui apporter un pot de beurre et une galette. Elle est partie chez sa grand-mère. En chemin, elle a rencontré un loup qui était perdu dans la forêt. Quand elle est arrivée chez sa grand-mère, elle a frappé à la porte et elle est entrée. Sa grand-mère était dans son lit parce qu'elle était malade.

Écoutez à nouveau et écrivez les versions du texte oral.

a. elle a demandé à sa mère
b. ....
c. ....
d. ....
e. ....
f. ....
....

PRENEZ LA PAROLE !

10. Racontez une histoire pour enfants qui existe dans votre pays. Utilisez le passé composé et l'imparfait.

Ex. : – Tao vivait dans un petit village de Nankin. Il était pauvre ...

31

vous habiterez, tu seras...

J'aurai des enfants. Nous vivrons en Russie.

OBSERVEZ PISTE 91

RÉFLÉCHISSEZ

1. Retrouvez les terminaisons du futur simple.

habiter → *vous n'habiter*........ *pas*
s'appeler → *elles s'appeler*........
se marier → *tu te marier*........
vivre → *nous vivr*........ / *vous vivr*........
avoir → *j'aur*........
être → *tu ser*........ / *elle ser*........

2. Écrivez les terminaisons du futur simple.

je → ai
tu → ....
il / elle / on → ....
nous → ....
vous → ....
ils / elles → ....

3. Retrouvez la forme négative dans le dialogue.

Vous habiterez en Russie. → *Vous* ....

FUTUR SIMPLE

MÉMORISEZ

Le futur simple

- **L'emploi**
  - On utilise le futur simple pour indiquer des projets, des prévisions ou une programmation.

Dans cinq ans, je ferai le tour du monde. (un projet)
Tu seras très heureux. (une prévision)
Est-ce que j'aurai des enfants ? (une programmation)

  - Le futur simple est souvent remplacé par le futur proche à l'oral : *Tu vas être heureux.*

- **La conjugaison**

	habiter	se marier
je / j'	habiter**ai**	me marier**ai**
tu	habiter**as**	te marier**as**
il / elle / on	habiter**a**	se marier**a**
nous	habiter**ons**	nous marier**ons**
vous	habiter**ez**	vous marier**ez**
ils / elles	habiter**ont**	se marier**ont**

Prononciation On ne prononce pas le *e* : *j'habiterai* se prononce *j'habit'rai.*

- **Quelques verbes particuliers**

	prendre	acheter	payer	nettoyer
je / j'	prendrai	achèterai	paierai / payerai	nettoierai

- Les verbes en *-re* perdent le *e* final.
- Autres verbes sur le modèle d'*acheter* : *lever, geler, peser.*
- Pour les verbes en *-ayer*, il y a deux orthographes possibles.
- Les verbes en *-oyer* ou *-uyer* se conjuguent avec *i*.

- **Les principaux verbes irréguliers**

avoir → *j'aurai...* *être* → *je serai...* *aller* → *j'irai...* *voir* → *je verrai...*
faire → *je ferai...* *venir* → *je viendrai...* *pouvoir* → *je pourrai...* *savoir* → *je saurai...*
vouloir → *je voudrai...* *recevoir* → *je recevrai...* *pleuvoir* → *il pleuvra* *falloir* → *il faudra*

→ Tableau des conjugaisons, page 271
→ Grammaire contrastive anglais-français, page 208

EXERCICES

1. Écoutez et cochez le temps utilisé dans chaque phrase. PISTE 92

	a.	b.	c.	d.	e.	f.	g.	h.	i.	j.
passé	☐	☐	☐	☐	☐	☐	☐	☐	☐	☐
présent	☒	☐	☐	☐	☐	☐	☐	☐	☐	☐
futur simple	☐	☐	☐	☐	☐	☐	☐	☐	☐	☐

2. Écrivez les terminaisons du futur simple.

a. On voyager*a*...... en Australie.
b. Je réussir.......... mes examens.
c. Le président arriver.......... le 16 octobre.
d. Nous apporter.......... du chocolat.
e. Vous signer.......... le document.
f. Tu lui offrir.......... des fleurs ?
g. Les travaux commencer.......... le 20 janvier.
h. Il ne visiter.......... pas le Portugal.

EXERCICES

FUTUR SIMPLE

3. Soulignez les formes verbales qui conviennent.

a. Tu [<u>fermeras</u> / fermerai / fermerez] la porte avant de partir.
b. On [arriverai / arriveras / arrivera] le 15 septembre.
c. Nous [dînerons / dînerez / dîneront] à la crêperie La Crémaillère.
d. Je [déjeunerai / déjeunera / déjeuneront] sur la route.
e. Ils [essayerez / essayerons / essayeront] de terminer le dossier avant 18 h.
f. Vous [rencontrerons / rencontreront / rencontrerez] votre belle-mère.
g. Tu [commenceras / commencera / commencerai] ton entraînement en juin ?
h. Sofia nous [retrouveras / retrouvera / retrouverai] sur les marches du théâtre.

4. Conjuguez les verbes au futur simple.

a. L'hôtesse de l'air [peser] ...pèsera... les bagages.
b. Tu [payer] .... l'addition ?
c. Il [geler] .... dans le Nord de la France demain matin.
d. J' [essayer] .... de venir te voir.
e. On [comprendre] .... mieux si tu nous expliques.
f. Ils [essuyer] .... la vaisselle.
g. Barry [nettoyer] .... toute la maison avant de partir.

5. Complétez le tableau avec les verbes conjugués au futur simple.

	je	nous	elles
être	serai	....	....
avoir	....	....	auront
prendre	....	prendrons	....
pouvoir	pourrai	....	....
vendre	....	....	vendront
aller	irai	....	....
venir	....	viendrons	....
vouloir	....	....	voudront
écrire	....	écrirons	....

6. Complétez la grille en conjuguant les verbes au futur simple.

a. [venir - je]
b. [faire - tu]
c. [aller - tu]
d. [pouvoir - vous]

1. [vouloir - tu]
2. [voir - tu]
3. [avoir - on]
4. [savoir - elle]
5. [être - vous]

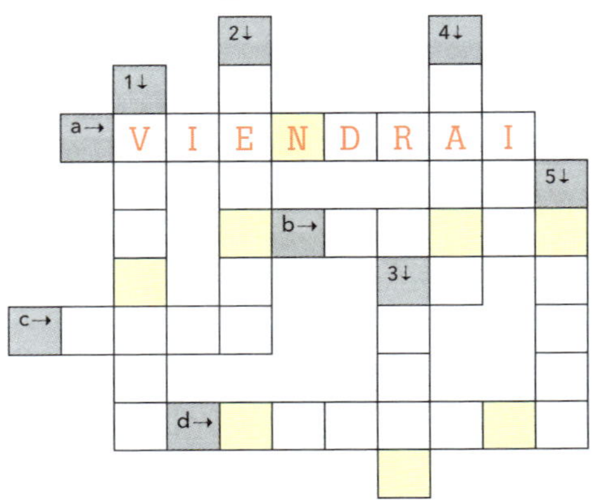

Remettez dans l'ordre les lettres des cases jaunes pour écrire un verbe conjugué au futur simple :

tu ....

EXERCICES

7. À l'oral, dites quel temps il fera en France. Utilisez les mots proposés.

Ex. : – Il fera beau dans le Sud de la France.

[faire beau - briller - souffler - pleuvoir - avoir de l'orage / des nuages - faire 20 degrés]

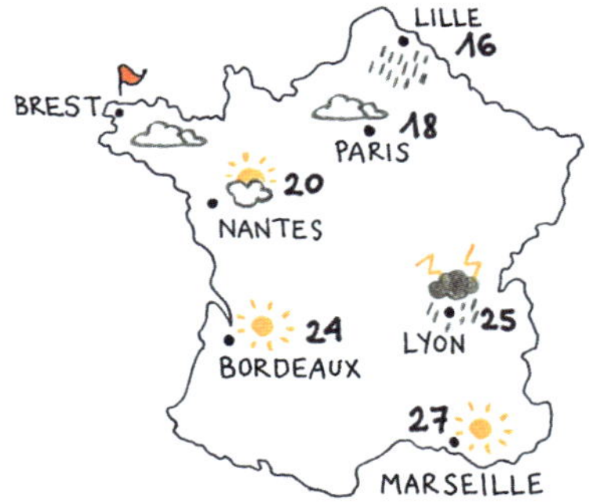

8. Conjuguez les verbes au futur simple.

Un week-end en Laponie !

« Je n'[oublier] .... jamais ces deux jours ! »

SAMEDI

Votre guide [venir] .... vous chercher à votre hôtel et vous [accompagner] .... sur le site. Vous [conduire] .... votre traîneau à rennes sur un circuit au cœur de la nature lapone. Vous [pouvoir] .... apprécier le calme et la tranquillité de cette balade. Puis, tous les participants [préparer] .... un bon repas local avec l'aide du guide. Vous [passer] .... la nuit dans un igloo.

DIMANCHE

Vous [se lever] .... dans un décor inoubliable. Tous les voyageurs [avoir] .... la possibilité de faire une balade en scooter des neiges où ils [voir] .... des paysages magnifiques. À la tombée de la nuit, les étoiles et la Lune vous [guider] .... et vous [profiter] .... de la nature finlandaise.

9. Rédigez une réponse (environ 50 mots) avec les verbes proposés au futur simple.

[être - étudier - apprendre - prendre - profiter - aller - visiter - goûter]

> Salut Ethan,
> Ça va? Moi, super! Je viens d'apprendre une bonne nouvelle! Je suis accepté pour le programme d'échanges ERASMUS donc en septembre prochain, je serai à Madrid! C'est vraiment génial! Et toi, tu as eu une réponse pour Barcelone?
> À plus. Ben

PRENEZ LA PAROLE !

10. Par deux, parlez d'un projet d'études (le lieu, les cours, les activités, les gens, etc.). Utilisez un maximum de verbes au futur simple.

Ex. : – L'année prochaine, j'étudierai l'italien à Milan. J'habiterai avec des colocataires italiens.

allons-y, ne m'attendez pas...

Prends tes gants ! Ne faites pas de bêtises !

OBSERVEZ   PISTE 93

RÉFLÉCHISSEZ

1. Retrouvez l'impératif des verbes.

présent de l'indicatif	impératif
tu prends	→ prends
vous vous dépêchez	→ ....
nous allons	→ ....
vous écoutez	→ ....
tu ne les oublies pas	→ *ne les* .... *pas*
vous ne m'attendez pas	→ *ne m'* .... *pas*
vous ne faites pas	→ *ne* .... *pas*

2. Complétez.

À l'impératif, il y a 3 personnes : ...tu..., ..., ...

3. Cochez.

À l'impératif, on écrit le pronom sujet (*tu, nous, vous*) ? ☐ oui ☐ non

Dans les phrases affirmatives (*dépêchez-vous / allons-y / écoutez-la*), on écrit le pronom (*vous / y / la*) ☐ avant le verbe ☐ après le verbe.

Dans les phrases négatives (*ne m'attendez pas*), on écrit le pronom (*m'*) ☐ avant le verbe ☐ après le verbe.

On utilise l'impératif pour ☐ poser une question ☐ donner un ordre, une instruction.

MÉMORISEZ

L'impératif

- **L'emploi**
On emploie le mode impératif pour donner une instruction, un conseil ou un ordre.
Pour les ordres, on met un *!* à la fin de la phrase. *Prends ton bonnet ! / Écoutez-la bien ! / Soyez gentils !*
Attention ! À l'oral, pensez à bien distinguer le ton entre l'ordre, le conseil ou l'instruction.

- **La conjugaison**
  - L'impératif n'existe que pour 3 personnes (*tu, nous, vous*).
  - Les conjugaisons sont les mêmes que celles du présent de l'indicatif.

	prendre	**finir**	**écouter**	**se dépêcher**
impératif affirmatif	*prends* *prenons* *prenez*	*finis* *finissons* *finissez*	*écoute** *écoutons* *écoutez*	*dépêche-toi** *dépêchons-nous* *dépêchez-vous*
impératif négatif	*ne prends pas* *ne prenons pas* *ne prenez pas*	*ne finis pas* *ne finissons pas* *ne finissez pas*	*n'écoute* pas* *n'écoutons pas* *n'écoutez pas*	*ne te dépêche* pas* *ne nous dépêchons pas* *ne vous dépêchez pas*

* **Attention !** Pour les verbes en *-er* et le verbe *aller*, il n'y a pas de *-s*.

- **Les exceptions**
être → *sois, soyons, soyez* / ***avoir*** → *aie, ayons, ayez* / ***savoir*** → *sache, sachons, sachez* / ***vouloir*** → *veuillez*

- **Les pronoms compléments**
Les pronoms se placent après le verbe à l'impératif affirmatif (avec un tiret) et avant le verbe à l'impératif négatif.

impératif affirmatif	**impératif négatif**
Écoutez-la ! / Allons-y ! / Vas-y ! / Achètes-en !**	*Ne les oublie pas ! / Ne m'attendez pas ! / N'y va pas ! / N'en achète pas !*

* **Attention !** On ajoute un *s* aux verbes en *-er* à la 2e personne du singulier quand ils sont suivis des pronoms *en* et *y*.

EXERCICES

1. Écoutez et cochez le mode utilisé pour chaque phrase. PISTE 94

	a.	b.	c.	d.	e.	f.	g.	h.
indicatif	☐	☐	☐	☐	☐	☐	☐	☐
impératif	☒	☐	☐	☐	☐	☐	☐	☐

2. Transformez les phrases à l'impératif.

a. Tu prends le bus. → [vous] Prenez le bus !
b. Nous partons à la mer. → [tu] .... !
c. Tu écoutes le professeur. → [vous] .... !
d. Vous allez au lit. → [tu] .... !
e. Vous fermez les yeux. → [nous] .... !
f. Nous écrivons des cartes postales. → [tu] .... !

3. Récrivez la recette à l'impératif en utilisant la personne *tu*.
Dans une casserole, **faites** fondre 200 grammes de chocolat noir. **Ajoutez** 100 grammes de beurre coupé en morceaux. Dans un saladier, **mettez** le sucre, les œufs, la farine. **Ajoutez** le chocolat et le beurre. **Mélangez** bien. **Beurrez** un plat rond et **versez** la pâte dedans. **Faites** cuire au four environ 20 minutes. Bon appétit !
Dans une casserole, fais fondre...

4. Conjuguez avec les verbes à l'impératif négatif.
a. Mme Lignac, [ne pas partir] ne partez pas .... !
b. Marcelo, [ne pas faire] .... de bruit !
c. Les enfants, [ne pas venir] .... dans la cuisine !
d. Nous ne sommes pas encore fatigués, [ne pas rentrer] .... !
e. Tu as un rendez-vous ce soir, [ne pas finir] .... trop tard !
f. Vous êtes enceinte, [ne pas prendre] .... l'avion !

5. Rédigez la recette de la bonne humeur (60 mots) en choisissant parmi les expressions proposées. Utilisez la personne *vous* et conjuguez les verbes à l'impératif.
[boire un bon café – aller chez le coiffeur – rendre visite à ses amis – ne pas aller au travail – téléphoner à sa famille – faire du sport – manger du chocolat – faire les magasins – aller au cinéma – rire une heure par jour – ne pas penser aux choses négatives]
Pour être de bonne humeur, buvez un bon café…

6. Faites des phrases à l'impératif affirmatif ou négatif avec les mots proposés.
a. Nous vous souhaitons beaucoup de bonheur ! [être heureux] → Soyez heureux !
b. Quoi ? Tu as vu un serpent ? [ne pas avoir peur] → ....
c. Tu vas y arriver Zora ! [ne pas être inquiète] → ....
d. Madame, le directeur vous attend. [vouloir entrer] → ....
e. Vous aurez la réponse dans un mois. [Savoir être patient] → ....

7. Conjuguez les verbes à l'impératif.
a. – J'ai un examen demain !
– Ça va aller, [tu – ne pas s'inquiéter] ne t'inquiète pas !
b. – On va à la fête de Sonia !
– Très bien ! [vous – s'amuser] .... bien !
c. – Maman, je suis fatigué !
– [tu – se reposer] .... un peu !
d. – On a déjà beaucoup marché !
– Oui, [nous – s'arrêter] .... !
e. – Nous allons faire une balade en forêt !
– D'accord, [vous – se promener] .... bien !
f. – Excuse-moi, je suis en retard !
– Oui, [tu – se dépêcher] ...., le film va commencer.

8. Remettez les mots des phrases dans l'ordre.

a. [ne / levez / pas / vous / !] Ne vous levez pas !
b. [pas / de nous / approchez / ! / vous / ne] ....
c. [! / mangeons / n' / en / pas] ....
d. [n' / y / ! / allez / pas] ....
e. [pas / n' / ayez / peur / !] ....
f. [nous / ne / pas / ! / inquiétons] ....

9. Transformez à l'impératif affirmatif ou négatif.
Puis écoutez les solutions, répétez-les et notez les liaisons. PISTE 95

a. N'y va pas ! → Vas-y !
b. Téléphone-moi ! → ....
c. Prenez-le ! → ....
d. N'en parle pas à ta sœur ! → ....
e. Ne me regarde pas ! → ....
f. N'y allons pas ! → ....

10. À l'oral, donnez des conseils en utilisant l'impératif.

Ex. : – Parle français tous les jours.
[parler français tous les jours – ne pas utiliser sa langue maternelle – écouter la radio française – regarder des films français – apprendre les conjugaisons – ne pas se décourager]

11. Conjuguez les verbes à l'impératif.

Salut Mario,
Je suis content de te voir samedi ! Mais, [me dire] dis-moi, c'est la première fois que tu viens chez moi. Alors, [ne pas s'inquiéter] .... je te donne quelques indications. [Sortir] .... du centre-ville, direction Trélazé. Quand tu arrives dans la rue Saumuroise, [prendre] .... la première rue à gauche. [Continuer] .... tout droit jusqu'à la rue des Sauges puis [tourner] .... à droite dans la rue des Lilas. Il y a un chemin sur ta gauche, [le prendre] .... Ma maison est au bout de ce chemin ! Si tu es perdu, [me téléphoner] .... !
Erwan

PRENEZ LA PAROLE !

12. Vous avez invité un ami dans votre nouvelle maison. Il vous téléphone car il est perdu. Donnez-lui des indications en utilisant le maximum de verbes à l'impératif.

Ex. : – Prends la première rue à gauche…

33

je voudrais, vous aimeriez...

On voudrait faire un bac ES. Tu pourrais prendre l'option italien.

OBSERVEZ PISTE 96

RÉFLÉCHISSEZ

Écrivez.

Retrouvez les terminaisons :

aimer → *vous aimer..........., mes parents aimer...........*
vouloir → *je voudr..........., on voudr..........., nous voudr...........*
pouvoir → *tu pourr...........*

Retrouvez les terminaisons des verbes au conditionnel présent :

je → ....
tu → ....
il / elle / on → ....
nous → ....
vous → ....
ils / elles → ....

CONDITIONNEL PRÉSENT

MÉMORISEZ

Le conditionnel présent

- **L'emploi**

On utilise le conditionnel présent pour demander poliment, pour donner un conseil, pour faire une proposition ou pour exprimer un souhait.

Nous voudrions des informations. (demande polie)

Tu pourrais prendre l'option italien. (une proposition)

Mes parents aimeraient que je fasse du chinois. (un souhait)

Tu devrais faire un bac L. (un conseil)

- **La conjugaison**

Le conditionnel présent = le futur simple + les terminaisons de l'imparfait (*-ais, -ais, -ait, -ions, -iez, -aient*).

	souhaiter		
	futur simple	imparfait	conditionnel présent
je	*souhaiterai*	*souhaitais*	*souhaiterais*
tu	*souhaiteras*	*souhaitais*	*souhaiterais*
il / elle / on	*souhaitera*	*souhaitait*	*souhaiterait*
nous	*souhaiterons*	*souhaitions*	*souhaiterions*
vous	*souhaiterez*	*souhaitiez*	*souhaiteriez*
ils / elles	*souhaiteront*	*souhaitaient*	*souhaiteraient*

Prononciation Pour les verbes en *-er*, aux 3 personnes du singulier et à la 3e personne du pluriel, on ne prononce pas le *e* : *je souhaiterais* se prononce *je souhait'rais*.

- **Quelques verbes particuliers**

Ce sont les mêmes qu'au futur simple, avec la terminaison de l'imparfait :

prendre → je prendrais *acheter → j'achèterais* *payer → je paierais*

pouvoir → je pourrais *vouloir → je voudrais* *nettoyer → je nettoierais*

→ Le futur simple, page 130

EXERCICES

1. Écoutez et cochez le temps utilisé pour chaque phrase. PISTE 97

	a.	b.	c.	d.	e.	f.	g.	h.
futur simple	☐	☐	☐	☐	☐	☐	☐	☐
conditionnel présent	☒	☐	☐	☐	☐	☐	☐	☐

2. Soulignez les verbes au conditionnel présent.

a. Est-ce que tu [pourras / pourrais / pouvais] aller à la boulangerie ?
b. Il [devrait / devait / devra] déjà être là.
c. Nous [aimions / aimerions / aimerons] partir en vacances à Tahiti.
d. Je [voudrai / voulais / voudrais] aller à la fête de la musique.
e. Paco et toi, est-ce que vous [souhaiteriez / souhaitiez / souhaiterez] vous joindre à nous ?
f. On [pourrait / pourra / pouvait] lui acheter des fleurs ?
g. [Aurais / Avais / Auras] -tu 20 € ?
h. Que [préféreriez / préfériez / préférerez] -vous ?

EXERCICES

3. Associez.

a. J'
b. Tu
c. Marcus
d. Nous
e. Vous
f. Elles

1. voudrais aller au concert ?
2. aimerais bien y aller.
3. préférerions venir le 28.
4. souhaiterait retourner en Suède.
5. pourriez me prêter votre voiture ?
6. devraient arriver demain soir.

4. Écrivez les terminaisons du conditionnel présent.

a. Est-ce que tu voudr*ais* faire une partie de tennis ?
b. Aur.......-vous la monnaie de 50 € ?
c. Vous pourr....... me montrer votre passeport ?
d. On souhaiter....... partir un an à l'étranger.
e. Adam préférer....... aller au restaurant La Tarantelle.
f. Je voudr....... un café, s'il vous plaît.
g. Tu devr....... arrêter de fumer.

5. Complétez le tableau avec les verbes conjugués au conditionnel présent.

	je	on	ils
pouvoir	....	pourrait	....
vouloir	....	....	voudraient
savoir	saurais	....	....
avoir	....	aurait	....
prendre	....	....	prendraient
devoir	devrais	....	....

6. Transformez les phrases au conditionnel présent.

a. Tu peux me passer le sel ? → *Tu pourrais me passer le sel ?*
b. Je veux un kilo de cerises. → ....
c. Nous souhaitons camper. → ....
d. Vous pouvez me dire où est la poste ? → ....
e. Est-ce que tu as un parapluie ? → ....
f. Je peux utiliser ton ordinateur ? → ....
g. On veut aller à Rome. → ....
h. Ils préfèrent prendre l'avion. → ....

7. Remettez les lettres dans l'ordre pour trouver les sujets et les verbes au conditionnel présent.

a. [R / A / U / U / T / A / S / I] *tu aurais*
b. [A / I / M / E / L / I / A / I / R / T] ....
c. [U / D / J / V / E / A / I / O / R / S] ....
d. [R / P / O / V / E / O / S / U / R / U / I / Z] ....
e. [R / A / I / A / I / O / N / H / S / O / U / T / E / T] ....

CONDITIONNEL PRÉSENT

EXERCICES

8. Conjuguez les verbes au conditionnel présent.

a. Excusez-moi, est-ce que vous [pouvoir] ...pourriez... m'indiquer la gare ?
b. On [préférer] .... venir plus tôt.
c. Ils [souhaiter] .... nous accompagner.
d. J' [avoir] .... besoin de ton aide.
e. Julie [aimer] .... partir avec nous.
f. Tu [devoir] .... boire moins de thé.
g. Elle [pouvoir] .... faire plus attention !
h. Il [falloir] .... aller au supermarché avant la fermeture.

9. Rédigez un message (environ 30 mots) pour chaque situation.

a. Vous ne pouvez pas aller travailler. Écrivez un message à la secrétaire.
b. Vous ne pouvez pas aller au mariage de votre ami(e). Écrivez-lui un message.
c. Vous partez deux semaines à Paris. Écrivez un message à votre voisin(e).

a. Madame Dubois,
Mon fils est malade et il faudrait que je l'accompagne chez le médecin.
Est-ce que vous pourriez prévenir M. Martin de mon absence ?
Je vous remercie.
Nella Gautier.

10. À l'oral, imaginez les paroles des personnes dans les situations suivantes.

a. La patiente est stressée et demande des conseils à son médecin.
Ex. : – Vous devriez faire du sport.

b. La jeune femme vient d'emménager dans une nouvelle ville. Elle demande des conseils à son amie pour faire des rencontres.
Ex. : – J'organise une soirée demain. Tu pourrais venir ?

PRENEZ LA PAROLE !

11. Par deux, imaginez des dialogues entre un vendeur et un client dans les situations suivantes : à la boulangerie, à la poste, au bureau. Vous devez utiliser un maximum de verbes au conditionnel présent.
Ex. : – Bonjour monsieur, je voudrais une baguette.

qu'on parte, que tu prennes…

Il faut que nous arrivions à 9 h. Tu veux que je t'aide ?

OBSERVEZ

PISTE 98

RÉFLÉCHISSEZ

1. Écrivez.

Retrouvez le subjonctif présent des verbes :

partir → *qu'on* ……………………………
prévenir → *que vous* ……………………………
se lever → *qu'ils* ……………………………
arriver → *que nous* ……………………………
aider → *que j'* ……………………………
prendre → *que tu* ……………………………

Retrouvez les terminaisons des verbes au subjonctif présent :

que je → ……………
que tu → ……………
qu'il / elle / on → ……………
que nous → ……………
que vous → ……………
qu'ils / elles → ……………

2. Complétez.

On utilise le subjonctif après les expressions : *je veux que,* ……………………………………………

MÉMORISEZ

Le subjonctif présent

- **L'emploi**

On utilise le subjonctif présent après quelques verbes qui expriment le souhait, la volonté ou l'obligation.
je veux que / je voudrais que / je souhaite que / je souhaiterais que / je préfère que / je préférerais que / j'aimerais que / il faut que / il faudrait que...

- **La conjugaison**

  • Pour ***je, tu, il / elle / on*** et ***ils / elles***

On enlève la terminaison de la 3e personne du pluriel (*ils*) du présent de l'indicatif et on ajoute les terminaisons du subjonctif (*-e, -es, -e, -ent*).
ils préviennent (présent de l'indicatif)
→ *que je prévienne, que tu préviennes, qu'il prévienne, qu'ils préviennent* (subjonctif présent)

  • Pour ***nous*** et ***vous***

On enlève la terminaison de la 1re personne du pluriel (*nous*) du présent de l'indicatif et on ajoute les terminaisons du subjonctif (*-ions, -iez*).
nous prévenons (présent de l'indicatif)
→ *que nous prévenions, que vous préveniez* (subjonctif présent)

aider	finir	prévenir
que j'aide *que tu aides* *qu'il /elle / on aide* *que nous aidions* *que vous aidiez* *qu'ils / elles aident*	*que je finisse* *que tu finisses* *qu'il /elle / on finisse* *que nous finissions* *que vous finissiez* *qu'ils / elles finissent*	*que je prévienne* *que tu préviennes* *qu'il / elle / on prévienne* *que nous prévenions* *que vous préveniez* *qu'ils / elles préviennent*

- **Les verbes irréguliers**

avoir → *que j'aie, ... que nous ayons, ...*
être → *que je sois, ... que nous soyons, ...*
faire → *que je fasse, ... que nous fassions, ...*
aller → *que j'aille, ... que nous allions, ...*
savoir → *que je sache, ... que nous sachions, ...*
pouvoir → *que je puisse, ... que nous puissions, ...*
vouloir → *que je veuille, ... que nous voulions, ...*

→ Tableau des conjugaisons, page 271

EXERCICES

1. Écoutez et cochez les expressions suivies du subjonctif présent. PISTE 99

a. On souhaite que ... ☒
b. J'espère que... ☐
c. Il aimerait que... ☐
d. Je suis certaine que... ☐
e. Tu crois que... ☐
f. Je voudrais que... ☐
g. Il faudrait que... ☐
h. Je pense que... ☐
i. Ils veulent que... ☐

2. Soulignez la forme verbale qui convient.

a. Il faut que vous [buviez / buvez] beaucoup d'eau.
b. Je voudrais que tu [prennes / prends] une part de tarte.
c. Nous ne voulons pas qu'il [part / parte] avant la fin de la réunion.
d. Je souhaite qu'on [choisisse / choisit] le nouvel employé ensemble.
e. Il veut que je lui [écrive / écris] une lettre de recommandation.
f. Je souhaiterais que vous [triez / triiez] les déchets.

EXERCICES

3. Associez.

a. Tu veux qu'il ○ → ○ 1. parle anglais.
b. Il faut que je ○ ○ 2. téléphone au plombier.
c. J'aimerais que nous ○ ○ 3. veniez plus tard.
d. Je préfère que vous ○ ○ 4. trouvent un travail.
e. Elle voudrait que tu ○ ○ 5. travailles un peu plus.
f. Il souhaiterait qu'elles ○ ○ 6. partions une semaine au Maroc.

4. Écrivez les verbes au présent de l'indicatif puis au subjonctif présent.

infinitif	présent de l'indicatif	subjonctif présent
a. lire	ils lisent	que tu lises
b. danser	nous	que vous ....
c. partir	ils	qu'ils ....
d. prendre	nous	que nous ....
e. boire	nous	que vous ....
f. étudier	nous	que vous ....
g. venir	ils	que je ....
h. sortir	nous	que vous ....

5. Complétez la grille en conjuguant les verbes au subjonctif présent.

a. [faire - tu]
b. [avoir - tu]
c. [vouloir - on]
d. [pouvoir - vous]

1. [devoir - elle]
2. [faire - vous]
3. [aller - il]
4. [savoir - vous]

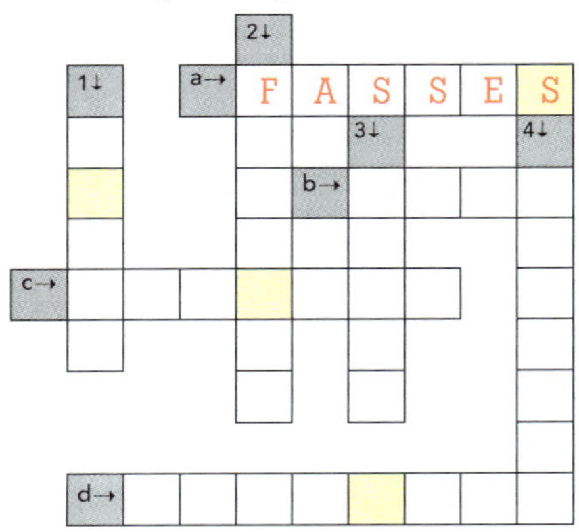

Associez les lettres des cases jaunes pour former un subjonctif présent :

....

6. Conjuguez les verbes au subjonctif présent.

a. Il veut qu'on [faire] fasse les courses avant de rentrer.
b. Il fait très chaud. Il faut que vous [boire] .... beaucoup d'eau.
c. Ma mère ne veut pas que mes amis [dormir] .... à la maison.
d. Je préfère qu'ils [venir] .... samedi plutôt que dimanche.
e. J'aimerais que tu [prendre] .... toutes tes affaires.
f. On veut qu'ils [être] .... là à 20 h.
g. Il faut que tu [s'excuser] .... tout de suite.
h. Les étudiants voudraient qu'on [étudier] .... le subjonctif présent.

EXERCICES

7. Associez.

a. Je veux qu' ○ → ○ elle viendra chez moi.
Je suis certaine qu' ○ → ○ elle vienne chez moi.

b. On voudrait qu' ○ ○ il nous répondra rapidement.
On croit qu' ○ ○ il nous réponde rapidement.

c. Je pense que ○ ○ vous nous dites la vérité.
J'aimerais que ○ ○ vous nous disiez la vérité.

d. Il faut que ○ ○ tu prendras la bonne décision.
On espère que ○ ○ tu prennes la bonne décision.

8. À l'oral, donnez des conseils pour chaque situation. Utilisez les mots proposés.

a. Conseils pour plaire à une femme.
Ex. : – Il faut qu'il offre des fleurs.
[offrir des fleurs - inviter au restaurant - écrire des mots doux - être sympathique - avoir de l'humour]

b. Conseils pour un entretien d'embauche.
Ex. : – Il faut que tu arrives en avance.
[arriver en avance - bien s'habiller - faire attention à son langage - parler de ses expériences - montrer sa motivation]

9. Rédigez le message que la directrice laisse à sa secrétaire en son absence. Utilisez les verbes proposés.
[téléphoner au service des ressources humaines - écrire à M. Gouin - remplir le formulaire de demande de visa pour l'Angola et commander le visa - envoyer un message à Mme Blankaert pour confirmer le rendez-vous - aller au service technique et voir Julien Erckens - accueillir Mme Melaerts le 27 juillet à 8 h - arroser la plante dans mon bureau]
Je voudrais que vous téléphoniez au service des ressources humaines.

PRENEZ LA PAROLE !

10. Imaginez une conversation avec votre ami(e) belge qui veut vous rendre visite dans votre pays. Vous lui donnez des conseils. Utilisez les verbes proposés et un maximum d'expressions suivies du subjonctif.
[apprendre - avoir un visa - prendre des vêtements chauds - trouver un hébergement - ne pas prendre de photos dans la rue - boire de l'eau en bouteille - faire attention à la nourriture épicée - avoir son passeport quand on sort dans la rue - dire bonjour et au revoir]
Ex. : – Il faut que tu apprennes quelques mots dans ma langue.

35

à, au, à la, aux, du, de la, de, des, en

Je viens du Portugal. Je vais à la mer.

OBSERVEZ PISTE 100

RÉFLÉCHISSEZ

1. Cochez.

Dites si les verbes indiquent la provenance (d'où l'on vient) ou la destination (où l'on va).

	provenance	destination
venir	☐	☐
rentrer	☐	☐
partir	☐	☐
revenir	☐	☐
aller	☐	☐

2. Écrivez.

Quels sont les petits mots utilisés devant les villes? ...de... indique la provenance, ... indique la destination.

Quels sont les petits mots utilisés devant les pays? ......, ..., ... et ...... indiquent la provenance, ..., ... et ...... indiquent la destination.

3. Associez.

au ○ ○ pays masculin singulier
en ○ ○ pays pluriel
aux ○ ○ pays féminin singulier

du ○ ○ pays féminin singulier
de ○ ○ pays pluriel
d' ○ ○ pays singulier qui commence par une voyelle (*a, e, i, o, u*)
des ○ ○ pays masculin singulier

4. Complétez et associez.

Je reviens .... *mer.* ○ ○ indique la provenance.
Je vais .... *mer.* ○ ○ indique la destination.

PRÉPOSITIONS DE LIEU

MÉMORISEZ

Quelle préposition de lieu choisir ?

- **Devant les noms de villes**
  - Pour indiquer la **provenance*** (d'où l'on vient), on utilise la préposition ***de***.
  Je viens de Porto. / Elle vient d'Istanbul.
  - Pour indiquer la **destination** (où l'on va) ou **l'endroit où l'on est****, on utilise la préposition ***à***.
  Je suis né à Tokyo.

- **Devant les noms de pays**
  - Pour indiquer la **provenance**, on utilise les prépositions ***du, de, des***.
  Je rentre du Danemark. M / *Je reviens d'Irak.* M / *Je viens de France.* F / *Il arrive d'Écosse.* F / *Il revient des Pays-Bas.* P
  - Pour indiquer la **destination** ou **l'endroit où l'on est**, on utilise les prépositions ***au, en, aux***.
  Je pars au Chili. M / *Je suis en Bolivie.* F / *Ils sont nés en Irak.* M / *Elle habite aux États-Unis.* P

  Remarque Le choix de la préposition dépend du genre et du nom du pays. Les pays qui se terminent par *e* sont féminins (sauf *le Mexique, le Cambodge, le Mozambique, le Zimbabwe, le Belize*).

- **Devant les autres noms de lieux**
  - Pour indiquer la **provenance**, on utilise les prépositions ***du, de la, des***.
  Je rentre du théâtre. M / *Je reviens de la gare.* F / *Ils viennent de l'hôtel.* / *Il revient des toilettes.* P
  - Pour indiquer la **destination** ou **l'endroit où l'on est**, on utilise les prépositions ***au, à la, aux***.
  Nous allons au cinéma. M / *Je vais à la mer.* F / *Ils partent à l'aéroport.* / *Elle va aux toilettes.* P

* avec les verbes *venir, arriver, sortir, être originaire de*, etc.
** avec les verbes *être, être né, habiter, aller, vivre, étudier, partir, travailler*, etc.

→ Les articles contractés, page 34

EXERCICES

1. Écoutez et notez la phrase qui utilise la préposition de lieu indiquée. PISTE 101

du	de	d'	de l'	de la	des	au	à la	à l'	aux	à	en
		a									

2. Remettez les mots dans l'ordre.

a. [au / part / on / Japon] On part au Japon.
b. [habite / j' / Moscou / à] ……
c. [allons / au / restaurant / nous] ……
d. [arrivent / de / Paris / elles] ……
e. [sors / théâtre / du / je] ……
f. [de / Tom / revient / Colombie] ……
g. [va / à / elle / banque / la] ……
h. [vous / du / Portugal / rentrez] ……

3. Complétez avec *à* ou *de*.

a. Elle travaille à Londres.
b. Il est originaire …… Munich.
c. Je vis …… Séville.
d. Ils travaillent …… Los Angeles.
e. Vous êtes originaire …… Séoul ?
f. On habite …… Montréal.
g. Tonio étudie …… Lisbonne.
h. Je suis né …… Copenhague.

EXERCICES

4. Associez (plusieurs possibilités).

a. On voyage au
b. Nous allons en
c. Elle va aux
d. Il part à

1. Istanbul.
2. Brésil.
3. Pékin.
4. Philippines.
5. Italie.
6. Finlande.

a	b	c	d
2			

e. On rentre du
f. Nous rentrons d'
g. Elles rentrent des
h. Je rentre de

7. Maroc.
8. Norvège.
9. Argentine.
10. Atlanta.
11. États-Unis.
12. Buenos Aires.

e	f	g	h
7			

5. Soulignez la préposition de lieu qui convient.

a. Ils vont [au / du] Botswana.
b. Je suis originaire [en / de] Suisse.
c. Il est allé [en / de] Suède.
d. Elle vient [d' / des] États-Unis.
e. Ils sont [en / d'] Irak.
f. Tu vis [en / d'] Équateur ?
g. J'habite [en / de] Russie.
h. Il a étudié [au / du] Liban.

6. Écrivez la préposition de lieu qui convient.

a. Vous partez en Australie ?
b. Il est allé .... Allemagne.
c. Je suis né en 1978 .... Mali.
d. Ils reviennent .... Japon.
e. Tu rentres .... Éthiopie ?
f. Il revient .... Philippines.
g. Elle étudie .... Indonésie.
h. Vous rentrez .... Danemark.
i. On arrive .... Pays-Bas.
j. Je vais .... Égypte.
k. On part .... Autriche.
l. Il travaille .... Portugal.

7. Complétez avec la préposition de lieu qui convient.

a. Vous arrivez au cinéma ou vous sortez du cinéma ?
b. Elles vont .... maison ou elles sortent .... maison ?
c. Ils sont .... aéroport ou ils partent .... aéroport ?
d. Je vais .... garderie avec mes enfants et je ressors .... garderie sans eux.
e. Je dépose ma fille .... école le matin et je la retrouve .... maison le soir.
f. On part .... bureau vers 17 h et on retourne .... bureau vers 9 h le lendemain.
g. Vous entrez .... bibliothèque ou vous partez .... bibliothèque ?
h. Ils vont .... mer et, quand ils repartent .... mer, ils sont tout bronzés.

8. Écoutez et répondez aux questions avec les mots proposés et les prépositions de lieu qui conviennent. PISTE 102

Ex : [Angleterre] → – Je reviens d'Angleterre.

a. [Lyon]
b. [supermarché]
c. [Irlande]
d. [New-York]
e. [Mexique]
f. [Sénégal]
g. [librairie]
h. [tribunal]

PRÉPOSITIONS DE LIEU

EXERCICES

9. Écrivez des phrases avec les éléments proposés.

a. [Saori - habiter - Japon - étudier - Tokyo] Saori habite au Japon et elle étudie à Tokyo.
b. [Yunfei - être - maison - et avec ses enfants - elle - aller - la piscine]
c. [Marion - sortir - le cinéma - aller - le restaurant]
d. [Antonio - être né - Mexico - étudier - Monterrey]
e. [Zeina - est originaire - Syrie - travailler - Lyon]
f. [Je - descendre - le train - rentrer - la maison]
g. [Ils - arriver - l'hôtel - dîner - la crêperie]
h. [Antonio - être originaire - Chili - habiter - Paris]

10. À l'oral, décrivez l'emploi du temps de M. Moreau, président d'université.

Ex. : – Le 1er septembre, M. Moreau est parti au Japon.

Septembre
1er : Japon – Tokyo – aéroport – hôtel
2 : aller à la gare – départ pour Osaka
3 : restaurant avec M. Sakamoto – réunion avec le président de l'université d'Osaka
4 et 5 : réunions – conférences
6 : retour à Tokyo – visite des temples
7 : aéroport – départ pour Paris

11. Rédigez un texte (environ 60 mots) pour vous présenter.

[être né - venir - aller - étudier - travailler - voyager - partir - arriver - être originaire]
Je suis né à Toulouse mais j'habite maintenant à Saint-Malo...

12. À l'oral, répondez aux questions en utilisant des prépositions de lieu.

Ex. : – Où habitez-vous ? → – J'habite à Metz, en France.

a. – Où êtes-vous né ?
b. – D'où venez-vous ?
c. – Où travaillez-vous ?
d. – Dans quelles villes et dans quels pays êtes-vous allé ?
e. – Dans quelles villes et dans quels pays aimeriez-vous aller ?
f. – Où aimeriez-vous aller pendant votre temps libre ?

PRENEZ LA PAROLE !

13. Par deux, discutez de votre projet de vacances (villes, pays et lieux d'activités). Utilisez un maximum de prépositions de lieu.

Ex. : – Tu pars en Italie cet été ?
– Oui, on retourne à Rome.

36

regarder, penser à, oublier de…

J'adore Birgül. Je tiens beaucoup à elle.

OBSERVEZ   PISTE 103

*– Tu **veux regarder** la liste des personnes que **je veux inviter** le 20 août ?*
*– Oui, fais voir ta liste. Oh là là, tu as **pensé à beaucoup de monde** !*
*– On peut **ajouter quelques noms** évidemment.*
*– Ah, Ömür et Birgül, **j'adore Birgül**. Mais ils seront en France ?*
*– Oui, **ils viendront passer** quelques jours dans la région.*
– Adrianne Brunet. Qui est-ce ?
*– Elle **s'occupait de moi** quand j'étais petite. Je **tiens** beaucoup à **elle**.*
– Tu n'invites pas Paola à ta fête ?
*– Paola ? J'ai **oublié de** mettre son nom ? Je **te promets de** l'ajouter.*
*Je **vais lui envoyer un message**.*
*– Tu **vas réussir à préparer** la fête toute seule ?*
*– Emma **va m'aider à** tout **organiser**. Et puis toi aussi, non ?*
– D'accord, pas de problème.
*– Je **te remercie d'accepter** si gentiment.*

RÉFLÉCHISSEZ

Associez.

Ces verbes sont accompagnés d'un complément (nom ou pronom). Repérez les différences :

J'adore Birgül. ○	○ verbe + complément (COD)
Je tiens beaucoup à elle. ○	○ verbe + *à* + complément (COI)
Je vais lui envoyer un message. ○	○ verbe + *de* + *complément* (COI)
Elle s'occupait de moi. ○	○ verbe + deux compléments (COD et COI)

Ces verbes sont suivis d'un infinitif. Repérez les différences :

Tu veux regarder la liste ? ○	○ verbe + infinitif
J'ai oublié de mettre son nom ? ○	○ verbe + *à* + infinitif
Tu vas réussir à préparer la fête ? ○	○ verbe + *de* + infinitif
Emma va m'aider à tout organiser. ○	○ verbe + COD + *à* + infinitif
Je te promets de l'ajouter. ○	○ verbe + COD + *de* + infinitif
Je te remercie d'accepter. ○	○ verbe + COI + *de* + infinitif

MÉMORISEZ

Quelle est la construction pour un verbe accompagné d'un complément ou d'un infinitif ?

- **Verbes accompagnés d'un complément (nom ou pronom)**

  • Le verbe peut être accompagné d'un **complément direct (COD)**, c'est-à-dire verbe + quelqu'un ou quelque chose (*acheter, adorer, aimer, chercher, connaître, écouter*, etc.)
  *J'adore **Birgül**.*

  • Le verbe peut être accompagné d'**un complément indirect (COI) avec une préposition** (les plus fréquentes sont *à* et *de*) :
  - avec **à** (*parler à, participer à, penser à, répondre à, ressembler à, téléphoner à, tenir à*, etc.)
  *Tu as pensé **à beaucoup de monde**. / Je téléphone **aux amis de Sonia**.*
  - avec **de** (*avoir besoin de, discuter de, jouer de, manquer de, parler de, se souvenir de, s'occuper de*, etc.)
  *Elle s'occupait **de moi**. / Adrianne se souvient **des enfants**. / Il joue **du piano**.*

  • Le verbe peut être accompagné de **deux compléments (COD et COI)** (*acheter / demander / envoyer / offrir*, etc. *quelque chose à quelqu'un*).
  *Je vais **lui** envoyer **un message**. / J'offre **un cadeau à Sonia**.*

  Attention ! N'oubliez pas la contraction possible des prépositions avec l'article qui suit.
  de + le = du : Je m'occupe du problème. — *à + le = au : Tu as pensé au cadeau ?*
  de + les = des : Elle se souvient des enfants. — *à + les = aux : Je téléphone aux amis de Sonia.*

- **Verbes suivis d'un infinitif**

  • **La construction peut être directe**, c'est-à-dire verbe + infinitif (*aller, descendre, venir, entendre, voir, aimer, détester, préférer, devoir, espérer, faire, laisser, penser, pouvoir, vouloir, savoir, souhaiter, etc.)*
  *Ils viendront **passer** quelques jours dans la région. / Tu veux **regarder** la liste ?*

  • **La construction peut être indirecte**, c'est-à-dire avec une préposition (les plus fréquentes sont ***à*** et ***de***) :
  - verbe + *à* + infinitif (*arriver à, apprendre à, aider à, s'amuser à, chercher à, commencer à*, etc.)
  *Tu vas arriver **à préparer** la fête.*
  - verbe + *de* + infinitif (*accepter de, avoir besoin de, choisir de, continuer de, conseiller de, décider de, se dépêcher de, essayer de, s'excuser de, oublier de, promettre de*, etc.)
  *Je promets **de refaire** la liste. / J'ai oublié **de mettre** son nom ?*
  - verbe + complément (COD) + *à* + infinitif (*aider à, encourager à, inviter à, etc.)*
  *Emma va **m'**aider **à** tout **organiser**.*
  - verbe + complément (COD) + *de* + infinitif (*féliciter de, remercier de*, etc.)
  *Je remercie **Sonia d'organiser** cette fête. / Je **te** remercie **d'accepter**.*
  - verbe + *à* + complément (COI) + *de* + infinitif (*conseiller à, demander à, dire à, promettre à*, etc).
  *Je conseille à **Sonia de refaire** sa liste. / Je **te** promets **de participer** .*

→ Liste de verbes avec prépositions, page 278
→ Grammaire contrastive espagnol-français, page 214

EXERCICES

1. Écoutez et cochez le complément utilisé dans chaque phrase. PISTE 104

	a.	b.	c.	d.	e.	f.	g.	h.	i.	j.	k.	l.
direct	☐	☐	☐	☐	☐	☐	☐	☐	☐	☐	☐	☐
indirect avec *à*	☐	☐	☐	☐	☐	☐	☐	☐	☐	☐	☐	☐
indirect avec *de*	☒	☐	☐	☐	☐	☐	☐	☐	☐	☐	☐	☐

2. Soulignez la préposition qui convient.

a. Nous avons parlé [à / de] la production en Chine.
b. Il a accepté l'offre [à / de] la société Huber.
c. Emma a demandé de l'argent [à / de] ses parents.
d. J'ai envie [à / de] un petit voyage en Espagne.
e. Fais attention [à / de] la marche !
f. On a offert un bouquet [à / de] Samia.
g. J'ai reçu une lettre [à / de] M. Yars.
h. Tu as dit merci [à / de] la dame ?
i. Oui, je m'intéresse beaucoup [à / de] l'art.
j. On manque [à / de] temps !

3. Complétez les phrases avec les prépositions *à*, *de* ou ø (ø = pas de préposition).

a. Il s'est inscrit …à… un cours de philosophie.
b. Je vais demander ……… ma femme.
c. Tu peux sortir ……… la poubelle ?
d. Elle a peur ……… araignées.
e. Vous connaissez ……… M. Leroux ?
f. Je vais faire ……… une photocopie.
g. Tu veux jouer ……… la marchande ?
h. Nous avons rendu visite ……… Aurélia.
i. Signez ……… la feuille, s'il vous plaît.
j. Elles parlaient ……… un dossier important.

4. Associez.

a. Heureusement, j'ai pris ○ → ○ 2. un parapluie.
b. On ne discute pas ○
c. Maintenant, je m'intéresse ○
d. Il a refusé ○
e. J'ai accepté ○

○ 1. des goûts et des couleurs.
○ 2. un parapluie.
○ 3. un cadeau de Vincent.
○ 4. une augmentation à Mme Lee.
○ 5. à l'histoire du Bénin.

5. Soulignez la préposition qui convient.

a. J'apprends [à / de] nager.
b. Paul va arrêter [à / de] travailler.
c. Je refuse [à / de] payer !
d. Nous avons décidé [à / de] déménager.
e. Je commence [à / de] comprendre.
f. Dépêche-toi [à / de] t'habiller !
g. Il a réussi [à / de] réparer mon vélo.
h. Vous avez fini [à / de] faire du bruit ?
i. Cela sert [à / de] couper les tomates.
j. Tu as oublié [à / de] fermer les fenêtres !
k. Mathias a promis [à / de] venir à Noël.
l. Grand-père doit éviter [à / de] marcher.

6. Soulignez le pronom qui convient.

Pour l'anniversaire de Thomas, ses amis [l' / lui] ont invité à aller dîner dans un restaurant. Mais Thomas [les / leur] a proposé autre chose : il [les / leur] a invités chez lui. Ses amis [l' / lui] ont aidé à préparer un petit repas, ils [l' / lui] ont donné un gros cadeau et ils [l' / lui] ont chanté *Bon anniversaire*. Thomas [les / leur] a remerciés d'être venus et il [les / leur] a promis d'organiser une autre soirée d'anniversaire l'année prochaine. Puis, il [les / leur] a demandé de rentrer chez eux parce qu'il était fatigué : c'est un peu normal quand on a 90 ans !

7. Associez.

a. J'ai demandé ○ — ○ Lucie d'être venue lundi.
J'ai remercié ○ — ○ à Lucie de venir lundi.

b. S'il vous plaît, rappelez ○ — ○ à Adrien de venir mardi.
S'il vous plaît, invitez ○ — ○ Adrien à venir mardi.

c. J'ai suggéré ○ — ○ Ana à trouver un bon travail.
J'ai aidé ○ — ○ à Ana de trouver un bon travail.

d. On a entendu ○ — ○ une personne téléphoner.
On a dit ○ — ○ à une personne de téléphoner.

e. J'ai promis ○ — ○ à ma mère de ranger ma chambre.
J'ai regardé ○ — ○ ma mère ranger ma chambre.

f. Elle a conseillé ○ — ○ Killian partir.
Elle a vu ○ — ○ à Killian de partir.

g. Vous pouvez féliciter ○ — ○ votre fils d'avoir réussi ses examens.
Vous pouvez encourager ○ — ○ votre fils à réussir ses examens.

h. J'ai déconseillé ○ — ○ aux étudiants d'utiliser ce livre de grammaire.
J'ai obligé ○ — ○ les étudiants à utiliser ce livre de grammaire.

8. Écoutez et répondez oralement aux questions en utilisant les éléments proposés et les prépositions *à* ou *de* (ou aucune). PISTE 105

Ex. : [faire le tour du monde.] → – Je rêve de faire le tour du monde.

a. [comprendre les autres cultures]
b. [ne pas parler japonais et coréen]
c. [passer deux semaines au Bhoutan]
d. [faire des voyages organisés]
e. [avoir des amis dans beaucoup de pays]
f. [manquer de temps pour tout visiter]
g. [aller en Antarctique]
h. [vous raconter mon prochain voyage]

9. Rédigez, pour votre blog, un « guide des vacances réussies » (60 mots environ).

Si vous prenez l'avion, vous devez essayer de faire vos réservations à l'avance.

PRENEZ LA PAROLE !

10. Vous organisez une fête dans votre école.
Indiquez aux autres étudiants ce qu'ils doivent faire.

Ex. : – Maria, tu vas aller voir le directeur. Luigi, tu vas préparer un gâteau…

37

très, assez, beaucoup, bien, mal, trop…

Je me sens très fatiguée. Vous mangez assez ?

OBSERVEZ PISTE 106

RÉFLÉCHISSEZ

1. Associez.

*Je me sens très **fatiguée**.* ○
*Vous **mangez** assez ?* ○
*Vous **dormez** bien ?* ○
*Je dors **mal**.* ○
*Vous **travaillez** beaucoup ?* ○
*Beaucoup **trop** !* ○

○ le mot en gras est un adjectif
○ le mot en gras est un adverbe
○ le mot en gras est un verbe

2. Soulignez le ou les adverbes.

Je suis très heureuse.
Il a beaucoup mangé.
Elle se sent mal.
Tu as assez travaillé !
Je vais très bien.
Nous avons trop mangé !

3. Cochez.

Un adverbe

☐ s'accorde au masculin, féminin, singulier, pluriel avec un nom.
☐ est invariable (il ne s'accorde jamais).

SENS ET PLACE DES ADVERBES

MÉMORISEZ

Le sens et la place des adverbes

Un adverbe est un mot invariable qui modifie le sens d'un verbe, d'un adjectif ou d'un autre adverbe.
Vous dormez ***bien*** *? / Je me sens* ***très*** *fatiguée. / Je travaille* ***beaucoup*** *trop.*

- **Le sens de quelques adverbes**
  - la manière : *vraiment, bien, mal, vite...*
  - le temps : *hier, aujourd'hui, demain, tôt, tard...*
  - la fréquence : *toujours, souvent, jamais...*
  - l'intensité, la quantité : *très*, beaucoup*, trop**, peu, un peu, assez...*
  - le lieu : *près, loin, ici, là...*

* *très* modifie un adjectif ou un adverbe, *beaucoup* modifie un verbe ou un adverbe :
Je me sens très fatiguée. / Vous travaillez beaucoup.
On utilise *très* avec *faire attention, avoir faim / mal / peur : J'ai très soif.*
On n'utilise jamais *très* avec : *excellent, magnifique, horrible, délicieux, superbe, affreux : Ce tableau est (Ø) magnifique.*
** *trop* entraine une conséquence négative : *Elle est trop sérieuse, elle ne sort jamais.*

- **La place des adverbes**
  - devant un adjectif ou un autre adverbe : *Nous regardons un très bon film. / Elle est vraiment très contente.*
  - après un verbe : *Je voyage souvent. / Il ne voyage jamais.*

Attention ! Au passé composé, au futur proche et au passé récent, les adverbes d'intensité, de quantité, de fréquence et de manière se placent avant le participe passé ou l'infinitif du verbe : *J'ai trop mangé ! / Il n'a pas assez étudié. / Tu vas toujours te lever à 8 h ? / On vient de bien s'amuser !*

→ Le passé composé, pages 114 et 118
→ Le futur proche, page 110
→ Le passé récent, page 110
→ Grammaire contrastive espagnol-français, page 211

EXERCICES

1. Écoutez et écrivez l'adverbe utilisé dans chaque phrase. PISTE 107

a. très .... d. .... g. ....
b. .... e. .... h. ....
c. .... f. .... i. ....

2. Récrivez les phrases avec l'adverbe à la place qui convient.

a. Vous travaillez le soir. [trop] → Vous travaillez trop le soir.
b. Je vais à la bibliothèque. [souvent]
→ ....
c. Nos anciens voisins étaient sympas. [vraiment]
→ ....
d. Mon mari ne parle pas. [beaucoup]
→ ....
e. Faites attention, vous conduisez vite. [trop]
→ ....
f. Les étudiants ne se couchent pas tôt. [assez]
→ ....
g. Nous n'habitons pas loin du centre. [très]
→ ....

EXERCICES

3. Complétez les slogans avec l'adverbe qui convient (plusieurs possibilités).

[trop - assez - tard - bien - mal - vraiment]

a. Votre dictionnaire est ....trop.... lourd ? Achetez *Dictout*, le dictionnaire qui va partout !
b. Votre femme n'aime .... pas votre cuisine ? Achetez *Maricuisine* !
c. Vous ne dormez pas .... ? Prenez *Cécomdulé* et vous dormirez comme un bébé !
d. Vous vous sentez .... ? Prenez *Touvamieux* et vous serez heureux !
e. Vous vous couchez .... ? Buvez *Géassédormi* pour retrouver de l'énergie !
f. Vous n'entendez pas .... ? Utilisez *Sonoreille* et vous entendrez à merveille !

4. Transformez les phrases aux temps indiqués.

a. Nous aimons bien ce livre. [passé composé] → Nous avons bien aimé ce livre.
b. Je ne comprends pas bien ta question. [passé composé]
→ ....
c. Vous dormez beaucoup pendant les vacances ? [futur proche]
→ ....
d. Niels sort peu avec ses amis. [passé composé]
→ ....
e. Nous comprenons bien le règlement. [passé récent]
→ ....
f. Vous expliquez mal les directions. [passé composé]
→ ....
g. Elles vont souvent à la plage. [futur proche]
→ ....

5. Rédigez un texte (environ 40 mots) pour raconter la journée de Sacha à la 1re personne du singulier. Utilisez le passé composé et les mots proposés.

[se lever tôt - bien écouter la maîtresse - aimer vraiment le déjeuner - beaucoup jouer avec les copains - courir très vite - lancer le ballon très loin - travailler assez bien]

Je me suis levé tôt…

6. Soulignez la proposition qui convient (Ø = pas d'adverbe).

a. Elle est [beaucoup / très] triste.
b. Cette cathédrale est [très / Ø] magnifique.
c. Je m'amuse [beaucoup / très] au club de sport.
d. Cette tarte aux pommes est [très / Ø] excellente.
e. Ce chien a [beaucoup / très] soif.
f. Les enfants, faites [beaucoup / très] attention en traversant !
g. Mme Durand ne regarde pas [beaucoup / très] la télévision.

EXERCICES

7. Complétez avec *très, trop* ou *beaucoup* (plusieurs possibilités).

a. Je ne me sens pas bien du tout, j'ai trop mangé !
b. En général, on étudie .... avant les examens.
c. Ils ne parlent pas .... bien le français.
d. Ce dessert est .... bon, je le referai.
e. Tu habites .... loin d'ici ?
f. Cette femme parle ...., elle est fatigante !
g. Maya voyage .... grâce à son travail.
h. Othello est .... doué en tennis.

8. Remettez les mots dans l'ordre.

a. [vraiment / Marina / est / drôle] Marina est vraiment drôle.
b. [beaucoup / m' / Les voisins / ont / aidé]
....
c. [Nous / travailler / allons / bien]
....
d. [un peu / Je / suis / nerveuse]
....
e. [ont / pas / assez / Ils / n' / dormi]
....
f. [vient / de / Cet enfant / mal / se comporter]
....
g. [très / sages / été / avez / Vous]
....

9. À l'oral, répondez aux questions.

Ex. : – Votre amie sait comment venir à l'école ? [oui - elle connaît la ville - un peu]
→ – Oui, elle connaît un peu la ville.

a. – Elle parle français ? [oui - elle a étudié le français en Slovaquie - beaucoup]
b. – Elle est en France depuis longtemps ? [non - elle est arrivée - hier]
c. – Elle se sent comment ? [elle est fatiguée - assez]
d. – Quand peut-elle passer le test d'entrée ? [elle le fera - demain]
e. – Est-ce qu'elle parle d'autres langues ? [elle parle anglais - très bien]
f. – Son logement lui convient ? [oui - elle n'habite pas - très loin]

PRENEZ LA PAROLE !

10. Vous venez d'emménager dans une nouvelle ville et vous vous inscrivez à l'association des nouveaux arrivants de cette ville. Imaginez un dialogue entre le responsable de cette association et vous. Utilisez le maximum d'adverbes.

Ex. : – Nous sommes très heureux de vous accueillir ! Vous avez bien emménagé ?
– Très bien, merci.

plus, moins, aussi, mieux, meilleur… que

Il est plus cher que l'autre. C'est un meilleur ordinateur.

OBSERVEZ PISTE 108

RÉFLÉCHISSEZ

1. Écrivez.

Classez les mots *cher, vite, rapidement, bien, joli, beau, meilleur, mieux.*

adjectifs : ....

adverbes : ....

Retrouvez dans le dialogue les mots qui correspondent aux types de comparaisons (+, – ou =).

[+] .... *cher*   [–] .... *joli*   [=] .... *beau*

2. Associez.

meilleur ○   ○ bien

mieux ○   ○ bon

3. Écrivez.

Retrouvez l'ordre des mots :

il / l'autre / est / cher / plus / que ....

il / rapidement / moins / fonctionne ....

c'est / un / ordinateur / meilleur ....

il / mieux / travaillera ....

MÉMORISEZ

Comment comparer ?

Pour comparer des qualités présentées par un adjectif ou un adverbe, on utilise *plus, moins, aussi.*
Quand il est exprimé, le complément du comparatif est introduit par *que.*

- **En général**

	adjectifs	adverbes
+	*plus* + adjectif (+ *que*...) *Il est plus cher que l'autre.*	*plus* + adverbe (+ *que*...) *Il va plus vite.*
-	*moins* + adjectif (+ *que*...) *Il est moins joli.*	*moins* + adverbe (+ *que*...) *Il fonctionne moins rapidement.*
=	*aussi* + adjectif (+ *que*...) *Il est aussi beau que le noir.*	*aussi* + adverbe (+ *que*...) *Il marche aussi bien.*

- **Cas particuliers**

	l'adjectif ***bon***	l'adverbe ***bien***
+	*meilleur** (+ *que*...) *C'est un meilleur ordinateur.*	*mieux* (+ *que*...) *Il travaillera mieux.*
-	*moins* + *bon* (+ *que*...) *Il est moins bon.*	*moins* + *bien* (+ *que*...) *Il travaillera moins bien.*
=	*aussi* + *bon* (+ *que*...) *Il est aussi bon.*	*aussi* + *bien* (+ *que*...) *Il travaillera aussi bien.*

* *meilleur* est un adjectif, il s'accorde en genre (masculin / féminin) et en nombre (singulier / pluriel) : *elle est meilleure, ils sont meilleurs, elles sont meilleures.*

→ Les adjectifs, pages 50 et 54
→ Les adverbes, page 154

EXERCICES

1. Écoutez et cochez le type de comparaison utilisé dans chaque phrase. PISTE 109

	a.	b.	c.	d.	e.	f.	g.	h.	i.	j.
+	☐	☐	☐	☐	☐	☐	☐	☐	☐	☐
-	☐	☐	☐	☐	☐	☐	☐	☐	☐	☐
=	☒	☐	☐	☐	☐	☐	☐	☐	☐	☐

2. Faites des comparaisons avec les éléments proposés.

a. [+] [ma femme est - jeune - moi] Ma femme est plus jeune que moi.

b. [-] [Mathieu vient - souvent - Sarah]

....

c. [+] [le mois d'août est - tranquille - juillet]

....

d. [=] [Lucas est - gentil - Lina]

....

e. [-] [Enzo a répondu - rapidement - Jules]

....

f. [+] [je ne suis pas - stupide - elle]

....

3. Complétez les phrases avec *mieux* ou *meilleur(e)(s)*.

a. Estefania parle mieux espagnol que Vladimir.
b. Je n'ai pas de .... solution à vous proposer.
c. J'ai .... dormi cette nuit.
d. Vous comprenez .... maintenant.
e. Il joue .... depuis qu'il prend des cours de piano.
f. Nous offrons, maintenant, de .... conditions d'accueil.
g. Je vois .... avec ces lunettes.
h. Les repas à l'école sont de .... qualité que l'année dernière.

4. Transformez les phrases avec les éléments proposés.

a. Mon frère est un footballeur [- bon] [que Lionel Messi].
→ Mon frère est un moins bon footballeur que Lionel Messi.
b. Lilou porte une robe [+ jolie] [que Maëlys].
→ ....
c. Les pommes sont des fruits [- exotiques] [que les mangues].
→ ....
d. Grand-père a une santé [+ bonne] [que grand-mère].
→ ....
e. Je trouve la vie à Paris [- agréable] [qu'en province].
→ ....
f. Marina Foïs est une actrice [- connue] [que Marylin Monroe].
→ ....
g. Le Costa Rica est un pays [+ touristique] [que le Nicaragua].
→ ....
h. *Le Monde* est un journal [+ complet] [que *Le Courrier picard*].
→ ....

5. Faites des comparaisons avec les éléments proposés (attention à accorder les adjectifs).

a. [un vélo - est - polluant - une moto] Un vélo est moins polluant qu'une moto.
b. [une tortue - vit - longtemps - un moustique]
....
c. [la tour de Pise - est - haut - la tour Eiffel]
....
d. [les avions - volent - vite - les oiseaux]
....
e. [la boxe - est - un sport - violent - le ping-pong]
....
f. [les voyages en train - sont - fatigant - les voyages en voiture]
....
g. [les fruits du marché - sont - bon - les fruits du supermarché]
....

COMPARATIFS

EXERCICES

6. Comparez les deux hôtels. Utilisez les adjectifs ou adverbes proposés.

Hôtel de France	Hôtel du Mail
Qualité de l'accueil : ★★	Qualité de l'accueil : ★★★
Confort : ★★★	Confort : ★★
Prix : 250 à 295 €	Prix : 165 à 230 €
Petit-déjeuner : ★★	Petit-déjeuner : ★★★
Nombre de chambres : 35	Nombre de chambres : 35
Situation : 500 m du centre-ville	Situation : 150 m du centre-ville
Date de construction : 1910	Date de construction : 1889

a. [agréable] L'accueil est plus agréable à l'hôtel du Mail.
b. [confortable] ....
c. [cher] ....
d. [bon] ....
e. [grand] ....
f. [près] ....
g. [vieux] ....

7. À l'oral, comparez les deux hommes en utilisant les adjectifs proposés.
[grand / petit - gros / mince - long / court - intelligent - riche - sérieux - sympathique / désagréable - calme - timide - triste / joyeux]

Vincent   Benoît

8. Écoutez et répondez aux questions en utilisant les éléments proposés. PISTE 110
Ex. : [être / lourd] – Un éléphant est plus lourd qu'une vache.

a. [aller / vite]
b. [être / grand]
c. [être / large]
d. [être / chaud]
e. [coûter / cher]
f. [arriver / rapidement]
g. [être / calme]
h. [voyager / loin]

9. Rédigez un courriel (environ 60 mots) pour expliquer à vos amis pourquoi vous choisissez un vélo électrique. Comparez-le à un vélo classique.
[pratique - cher - rapide - écologique - lourd - dangereux - fatigant - confortable]
Un vélo électrique est plus pratique qu'un vélo classique…

PRENEZ LA PAROLE !

10. Comparez votre meilleur(e) ami(e) à vos autres amis.
Ex. : – Sofia a des cheveux plus longs que Mélissa. Elle est aussi gentille que Valentin…

39

ne… pas, ne… plus, ne… rien…

Je ne sais pas. Je ne connais personne.

OBSERVEZ PISTE 111

RÉFLÉCHISSEZ

1. Cochez.

L'élément *ne… pas* permet de marquer ☐ l'interrogation ☐ la négation ☐ l'exclamation.

ne… plus ☐ a exactement le même sens que *ne… pas*.
☐ indique un changement dans une situation, avant et après un événement.
☐ indique une négation plus importante que *ne… pas*.

2. Associez.

ne… rien ○	○ est la négation de *quelqu'un*.
ne… personne ○	○ est la négation de *toujours*.
ne… jamais ○	○ est la négation de *quelque chose*.

3. Cochez

L'élément *ne* se place
☐ avant le verbe ou l'auxiliaire (*avoir* ou *être*, au passé composé).
☐ après le verbe ou l'auxiliaire (*avoir* ou *être*, au passé composé).

Les éléments *pas, plus, rien, jamais* se placent :
- au passé composé ☐ après le verbe ☐ après l'auxiliaire (*avoir* ou *être*) ;
- aux autres temps ☐ après le verbe ☐ après l'auxiliaire (*avoir* ou *être*).

L'élément *personne* se place :
- au passé composé ☐ après le verbe ☐ après l'auxiliaire (*avoir* ou *être*) ;
- aux autres temps ☐ après le verbe ☐ après l'auxiliaire (*avoir* ou *être*).

NÉGATION

MÉMORISEZ

Comment exprimer la négation ?

Les éléments *ne* et *pas, plus, rien, personne* ou *jamais* permettent d'exprimer une négation.

- **L'emploi**

  - La négation simple : ***ne... pas***

  Je ne sais pas.

  - La négation avec changement de situation : ***ne... plus***

  Pour exprimer un changement de situation, avant et après un événement.
  Je n'ai plus d'argent.

  - La négation de *quelque chose* : ***ne... rien***

  Je n'ai rien.

  - La négation de *quelqu'un* : ***ne... personne***

  Je ne connais personne.

  - La négation de *toujours* : ***ne... jamais***

  Je n'ai jamais eu ce problème avant.

Attention ! À la forme négative, on change parfois les déterminants qui précèdent le nom :
Ils ont deux enfants. → *Ils n'ont pas d'enfants.*
Il y a du pain. → *Il n'y a plus de pain.*
Tu bois du café ? → *Tu ne bois jamais de café ?*

- **La place dans la phrase**

  L'élément ***ne*** se place avant le verbe ou l'auxiliaire (*avoir* ou *être*).

  - ***pas, plus, rien, jamais***

  - se placent après l'auxiliaire (*avoir* ou *être*), au passé composé : *Je n'ai jamais eu ce problème.*
  - se placent après le verbe conjugué, avant l'infinitif, au passé récent et au futur proche :
  Je ne vais pas partir.
  - se placent après le verbe, aux autres temps (présent, futur, imparfait) et modes (impératif, conditionnel présent, subjonctif présent) :
  Je ne sais pas. / Ne vous inquiétez pas !

  - ***personne***

  - se place après le participe passé du verbe au passé composé : *Je n'ai vu personne.*
  - se place après l'infinitif au passé récent et au futur proche : *Je ne vais voir personne.*
  - se place après le verbe, aux autres temps (présent, futur, imparfait) et modes (impératif, conditionnel présent, subjonctif présent) : *Je ne connais personne.*

→ Articles et négation, page 30
→ Grammaire contrastive espagnol-français, page 215

EXERCICES

1. Écoutez et cochez la négation utilisée dans chaque phrase. PISTE 112

	a.	b.	c.	d.	e.	f.	g.	h.
ne... pas	☐	☐	☐	☐	☐	☐	☐	☐
ne... plus	☒	☐	☐	☐	☐	☐	☐	☐
ne... rien	☐	☐	☐	☐	☐	☐	☐	☐
ne... personne	☐	☐	☐	☐	☐	☐	☐	☐
ne... jamais	☐	☐	☐	☐	☐	☐	☐	☐

EXERCICES

2. Remettez les mots dans l'ordre.

a. [Elle / ne / pas / parle / turc] Elle ne parle pas turc.

b. [On / n' / rien / a / mangé]

c. [Il / n' / jamais / a / répondu / à ma lettre]

d. [Le magasin / n' / pas / est / ouvert / le lundi]

e. [Elle / ne / personne /connaît / en France]

f. [Nous / n' / personne / avons / rencontré]

3. Transformez les phrases au passé composé.

a. Je ne trouve pas mes clés. → Je n'ai pas trouvé mes clés.

b. On ne fait rien pendant les vacances. →

c. Il ne travaille jamais le dimanche. →

d. Elle ne parle à personne. →

e. Ils ne viennent plus nous voir. →

f. Vous n'avez pas de chance ! →

4. Transformez les phrases à la forme négative.

a. Attendez Valéria ! [pas] → N'attendez pas Valéria !

b. Va dans ce restaurant ! [jamais] →

c. Donne de l'argent à Guillaume ! [plus] →

d. Prenez des photos ! [pas] →

e. Dis quelque chose ! [rien] →

f. Parle à quelqu'un de ce problème ! [personne] →

5. Écrivez les phrases à la forme négative avec les éléments proposés.

a. On [pas - mange] de pizza aujourd'hui ? On ne mange pas de pizza aujourd'hui ?

b. [plus - il y a] de lait dans le frigo.

c. Pourquoi tu [jamais - prépares] de plats mexicains ?

d. Tu [rien - veux] boire ?

e. Vous [pas - avez aimé] mes lasagnes ?

f. Tu [pas - auras] de dessert !

EXERCICES

6. **À l'oral, indiquez ce qui est différent dans l'image B.**
Ex. : – La femme ne porte pas de collier.

7. **Écoutez et, oralement, répondez aux questions avec la négation proposée.** PISTE 113
Ex. : [pas] → – Non, elle n'a pas accepté.
a. [jamais] b. [plus] c. [rien] d. [personne] e. [pas] f. [plus] g. [jamais] h. [pas]

8. **Récrivez le texte en mettant les verbes à la forme négative.**
Elle a toujours eu de la chance. Petite, elle avait de bonnes relations avec ses parents qui l'aimaient. À l'école, elle était toujours la première de la classe. Comme elle a fait de bonnes études universitaires, elle a toujours pu trouver de bons emplois. Elle gagne beaucoup d'argent et part souvent en vacances. Elle a des amis et elle est toujours invitée à des fêtes. Elle a tout et est très heureuse.
Elle n'a jamais eu de chance.

9. **Rédigez un courriel (environ 60 mots) où vous exprimez votre opinion négative sur Gaétan (un étudiant que vous avez rencontré et que vous n'aimez pas).**
Je dois te parler de Gaétan. Je ne l'aime pas. J'ai travaillé un peu avec lui mais il ne fait rien…

PRENEZ LA PAROLE !

10. **Votre ami(e) vous propose un long voyage en Afrique (avec traversée du Sahara, séjour dans les petits villages, pour aller voir vos amis africains peut-être…). Expliquez à votre ami(e) pourquoi vous ne pouvez pas accepter sa proposition.**
Ex. : – Oh, c'est gentil, mais je ne peux pas accepter, je ne connais rien à l'Afrique…

40

est-ce que ? qu'est-ce que ? pourrais-je ?…

Qu'est-ce que je vous sers ? Pourrais-je avoir un verre d'eau ?

OBSERVEZ PISTE 114

RÉFLÉCHISSEZ

1. Associez.

Quelle est la réponse attendue ?

Pourrais-je avoir… ? ○	
Est-ce que vous avez du thé ? ○	○ *oui* ou *non*
Qu'est-ce que je vous sers ? ○	○ autre chose que *oui* ou *non*
Tu pourras m'aider ? ○	

2. Cochez.

Dans *Qu'est-ce* ***que*** *je vous sers ?* (*Qu'* souligné)

Le mot souligné représente ☐ une chose ☐ une personne.
Le mot en gras est suivi par ☐ un verbe ☐ un sujet.

Dans *Qui est-ce* ***qui*** *vient ?* (*Qui* souligné)

Le mot souligné représente ☐ une chose ☐ une personne.
Le mot en gras est suivi par ☐ un verbe ☐ un sujet.

INTERROGATION (1)

MÉMORISEZ

Quel type de phrase interrogative choisir ?

• **La réponse à la question est *oui*, *non* ou *si****

est-ce que** (à l'oral surtout)	***inversion sujet-verbe****** (à l'écrit surtout)	***intonation montante seule*** (en français familier)
est-ce que + sujet + verbe + ? *Est-ce que vous avez du thé ?*	verbe + sujet + ? *Pourrais-je avoir un verre ?*	sujet + verbe + ? *Tu pourras m'aider ?*

Attention !

* Quand la question est à la forme négative, on remplace *oui* par *si* : *Tu n'aimes pas le cinéma ? Si, j'adore ça !*

** On utilise *est-ce qu'* (*qu'est-ce qu'*…) devant une voyelle (*a, e, i, o, u*).

*** Avec l'inversion sujet-verbe :
- quand le verbe se termine par une voyelle, on ajoute « t » entre le verbe et le sujet : *Va-t-il venir ?*
- on ne dit pas *Peux-je ?*, mais Puis-je ? : *Puis-je sortir, s'il vous plaît ?*
- au passé composé, au futur proche et au passé récent, le sujet est placé après l'auxiliaire ou après le verbe conjugué : *As-tu vu ce film ? Allez-vous venir ? Viennent-ils de partir ?*

• **La réponse à la question ne peut pas être *oui*, *non* ou *si****

la réponse est une chose	la réponse est une personne
qu'est-ce que + sujet + verbe + ? *Qu'est-ce que je vous sers ?*	*qui est-ce que* + sujet + verbe + ? *Qui est-ce que tu vois ?*
qu'est-ce qui + verbe + ? *Qu'est-ce qui se passe ?*	*qui est-ce qui* + verbe + ? *Qui est-ce qui vient ?*

Prononciation

Quand on fait l'inversion sujet-verbe, si le verbe se termine par un -*d*, le -*d* se prononce « *t* » : *Prend-on un parapluie ?*
Pensez à bien monter la voix à la fin de la phrase interrogative.

EXERCICES

1. Écoutez et cochez l'expression interrogative utilisée dans chaque phrase. PISTE 115

	a.	b.	c.	d.	e.	f.	g.	h.	i.
est-ce que	☒	☐	☐	☐	☐	☐	☐	☐	☐
qu'est-ce que	☐	☐	☐	☐	☐	☐	☐	☐	☐
qu'est-ce qui	☐	☐	☐	☐	☐	☐	☐	☐	☐
qui est-ce qui	☐	☐	☐	☐	☐	☐	☐	☐	☐
qui est-ce que	☐	☐	☐	☐	☐	☐	☐	☐	☐
inversion sujet-verbe	☐	☐	☐	☐	☐	☐	☐	☐	☐
intonation montante seule	☐	☐	☐	☐	☐	☐	☐	☐	☐

2. Associez la question et la réponse (plusieurs possibilités).

a. Est-ce qu'elle aime la danse ?
b. Peux-tu m'aider ?
c. Tu n'aimes pas le théâtre ?
d. Lola vient avec nous ?

1. Oui, avec plaisir.
2. Si, beaucoup !
3. Non, désolé, je suis occupé.
4. Non, elle ne peut pas.
5. Oui, beaucoup.
6. Non, pas vraiment.

a	b	c	d
5			

EXERCICES

3. Transformez les questions en utilisant l'intonation montante, puis l'inversion sujet-verbe.

a. Est-ce que vous voulez un café ?
→ Vous voulez un café ? → Voulez-vous un café ?

b. Est-ce que je peux vous aider ?
→ .... → ....

c. Est-ce qu'il va au cinéma ?
→ .... → ....

d. Est-ce que je pourrais vous parler ?
→ .... → ....

e. Est-ce que vous avez des problèmes ?
→ .... → ....

f. Est-ce qu'elle aime son travail ?
→ .... → ....

4. Écrivez les questions avec l'inversion sujet-verbe, les mots et les temps proposés.

a. [vous - déjeuner] [passé composé] Avez-vous déjeuné ?

b. [tu - regarder le match de tennis] [futur proche]
....

c. [ils - apprendre cette chanson] [passé récent]
....

d. [vous - bien dormir] [passé composé]
....

e. [elle - aller au marché] [futur proche]
....

f. [vous - demander l'autorisation de sortir] [passé composé]
....

g. [nous - prendre un parapluie] [passé composé]
....

5. Écrivez les questions avec *est-ce que* ou *qu'est-ce que*.

a. – [tu - aimer le chocolat] Est-ce que tu aimes le chocolat ?
– Oui, j'adore le chocolat !

b. – [Pedro - être en France] ....
– Non, il est retourné au Mexique.

c. – [vous - faire] ....
– Nous allons au théâtre.

d. – [les enfants - regarder à la télé] ....
– Un film d'horreur.

e. – [tu - voyager pendant les vacances] ....
– Oui, je vais voyager en Allemagne.

f. – [vous - partir à l'étranger] ....
– Oui, nous sommes partis au Sénégal.

6. Associez la question et la réponse.

a. Qui est-ce que tu regardes ? ○ → ○ Un couple qui se dispute.
Qu'est-ce que tu regardes ? ○ → ○ La photo d'un couple.

b. Qu'est-ce que vous avez préféré dans ce film ? ○ ○ L'acteur Omar Sy.
Qui est-ce que vous avez préféré dans ce film ? ○ ○ Le jeu des acteurs.

c. Qu'est-ce qui vous attire ? ○ ○ Le calme de la campagne.
Qui est-ce qui vous attire ? ○ ○ Un homme calme.

d. Qu'est-ce qui passe ce soir ? ○ ○ Sarah, et elle dîne avec nous.
Qui est-ce qui passe ce soir ? ○ ○ Le film *Le dîner de cons*.

7. Complétez les phrases avec *qui est-ce qui, qu'est-ce qui, qui est-ce que* ou *qu'est-ce que*.

a. – Qui est-ce qui nous rend visite ce week-end ? – Élise et François.
b. – .... vous allez faire en août ? – Nous allons partir en Turquie !
c. – Les enfants, ... se passe ? – Luis n'arrête pas de m'embêter !
d. – .... elles ont mangé ? – Du melon et des tomates.
e. – .... vous allez voir en concert ? – Ibrahim Maalouf.
f. – .... tu penses de cette idée ? – Je la trouve excellente !

8. Complétez le dialogue avec une expression interrogative.

– Salut Paul, qu'est-ce que tu deviens ? .... tu es toujours banquier ?
– Oui, toujours ! Et toi, ... tu continues de travailler à Paris ?
– Non, j'ai déménagé à Nantes. Mais je suis toujours traducteur.
– Et parmi Guillaume, Ludovic et Cédric, ... travaille encore à Paris ?
– Seulement Cédric. Et il va être papa dans 4 mois.
– Et la maman, ... c'est Lara ?
– Oui. Tu te souviens d'elle ?
– Bien sûr. .... tu as leur adresse électronique ? J'aimerais les féliciter !

9. Rédigez un dialogue entre Alban et Flavien (10 répliques au total) avec les mots proposés et les expressions interrogatives.

[être musicien - être marié - avoir deux enfants - aimer le cinéma et le rock - vivre à Paris]

[être étudiant - être célibataire - voyager en Italie - vivre à Lyon - aimer cuisiner et faire de la natation]

– Salut Flavien, qu'est-ce que tu deviens ?

PRENEZ LA PAROLE !

10. Vous avez perdu la mémoire ! Vous posez des questions à vos amis au sujet de leurs activités et de leur vie personnelle. Utilisez le maximum d'expressions interrogatives.

Ex. : – Est-ce que tu es marié ?

41

qui ? quand ? où ? quoi ? comment ? pourquoi ? combien ?

Où est-ce que vous allez ? Elle en a combien?

OBSERVEZ PISTE 116

RÉFLÉCHISSEZ

1. Écrivez.

On peut construire les questions de trois manières différentes. Complétez.

est-ce que + sujet + verbe + ? → Où est-ce que vous allez? ....

inversion sujet-verbe + ? → ....

intonation + ? → ....

2. Associez chaque pronom à sa signification.

comment ○	○ le lieu (*à côté de Lisbonne*)
où ○	○ la manière (*en avion*)
quoi ○	○ le temps (*cette année*)
pourquoi ○	○ la cause (*parce que...*)
quand ○	○ quelque chose (*les vacances*)
qui ○	○ la personne (*mon mari*)
combien (de) ○	○ la quantité (*deux*)

INTERROGATION (2)

MÉMORISEZ

Quels mots interrogatifs choisir ?

avec *est-ce que* (ou *qu'*)* (à l'oral surtout)	avec inversion sujet-verbe (à l'écrit surtout)*	avec intonation montante (en français familier)
Qui est-ce que tu vois ?	*Qui vois-tu ?*	*Tu vois qui ?*
Qu'est-ce que vous faites ?	*Que faites-vous ?*	*Vous faites quoi ?*
Où est-ce que vous allez ?	*Où allez-vous ?*	*Vous allez où ?*
Quand est-ce que vous partez ?	*Quand partez-vous ?*	*Vous partez quand ?*
Comment est-ce qu'ils s'appellent ?	*Comment s'appellent-ils ?*	*Ils s'appellent comment ?*
Pourquoi est-ce que vous restez ici ?	*Pourquoi restez-vous ici ?*	*Vous restez ici pourquoi ?*
Combien est-ce qu'elle en a ?	*Combien en a-t-elle ?*	*Elle en a combien ?*
Combien de temps est-ce que vous partez ?	*Combien de temps partez-vous ?*	*Vous partez combien de temps ?*

* **Attention !** → leçon 40, page 167

Remarque On peut ajouter les mots interrogatifs à d'autres mots (*à qui, avec quoi, d'où, depuis quand...*) :
Avec qui est-ce que vous partez ? / Depuis quand est-ce qu'elle est malade ?

Prononciation → leçon 40, page 167

EXERCICES

1. Écoutez et écrivez le mot interrogatif utilisé dans chaque phrase. PISTE 117

a. où .... d. .... g. ....
b. .... e. .... h. ....
c. .... f. .... i. ....

2. Transformez les questions en utilisant un mot interrogatif + *est-ce que*.

a. Tu vas où ? → Où est-ce que tu vas ?
b. Ça finira quand ?
→ ....
c. Pourquoi ils ne m'ont pas répondu ?
→ ....
d. Ce film dure combien de temps ?
→ ....
e. Comment allez-vous payer ?
→ ....
f. On fait quoi ce soir ?
→ ....
g. Vous avez vu qui au marché ?
→ ....
h. Elles vont venir quand ?
→ ....

EXERCICES

3. Écrivez les questions avec un mot interrogatif + *est-ce que*.

a. – Quand est-ce que vous partez en vacances ?

– Nous partons en vacances en juillet.

b. – ……………………

– Ils vont voir un match de rugby.

c. – ……………………

– Ce voyage a coûté 566 €.

d. – ……………………

– Ils sont allés à Lyon en train.

e. – ……………………

– Nous ne venons pas parce que nous sommes malades.

f. – ……………………

– Elle va dormir à l'hôtel.

g. – ……………………

– Les enfants ne regarderont pas ce film.

4. Transformez les questions en utilisant l'inversion sujet-verbe.

a. Elles arriveront quand à la gare ? → Quand arriveront-elles à la gare ?

b. Vous employez combien de personnes ?

→ ……………………

c. Pourquoi tu pleures ?

→ ……………………

d. Elle sort quand de l'hôpital ?

→ ……………………

e. On va où samedi prochain ?

→ ……………………

f. Tu diras quoi à la réunion ?

→ ……………………

g. Elle va comment ?

→ ……………………

5. À l'oral, à partir des réponses proposées, imaginez les questions. Utilisez l'inversion sujet-verbe.

Ex. : – J'ai voyagé en Guinée-Bissau.
→ – Où avez-vous voyagé ?

a. – Je suis allée **en avion** en Guinée-Bissau.

b. – Je suis restée **cinq semaines**.

c. – J'ai mangé **du caldo**.

d. – J'ai choisi la Guinée-Bissau **parce que j'aime l'Afrique**.

e. – Je viens d'aller **à l'ambassade de Guinée-Bissau**.

f. – Je vais repartir en Afrique **le mois prochain**.

INTERROGATION (2)

EXERCICES

6. Remettez les mots dans l'ordre.

a. [nos invités / ? / Quand / est-ce que / arrivent] Quand est-ce que nos invités arrivent ?
b. [il / va / - / Où / ? / t / - / dormir]
c. [? / Que / - / tu / regardes]
d. [combien de / reste / ? / Elle / temps]
e. [Pourquoi / n' / pas / êtes / vous / est-ce que / à l'heure / ?]
f. [vous / le journal / Avez / ? / - / lu]
g. [venez / de / Qui / vous / - / rencontrer / ?]
h. [soif / As / tu / - / ?]

7. Complétez avec les mots interrogatifs qui conviennent.

a. – De qui est-ce que vous parlez ? – Du directeur !
b. – Vous n'êtes pas allés au cinéma .... temps ? – Depuis 6 mois.
c. – Tu pars au Pérou .... ? – Avec Adina et Olivier.
d. – .... est-ce que vous avez parlé ? – De nos projets de vacances.
e. – .... pouvons-nous vous contacter ? – À partir de dimanche.
f. – .... me téléphones-tu ? – De Séoul.
g. – .... est-ce qu'elle vit à Paris ? – Depuis 2010.

8. Écoutez et, oralement, posez des questions avec les éléments proposés et les mots interrogatifs qui conviennent. PISTE 118

Ex. : [vous travaillez ici] [inversion sujet-verbe] → – Depuis quand travaillez-vous ici ?

a. [tu vas voir] [est-ce que]
b. [vous partez] [inversion sujet-verbe]
c. [elles ont visité] [intonation montante]
d. [il a payé] [inversion sujet-verbe]
e. [ils ne se sont pas vus] [est-ce que]
f. [tu en parleras] [intonation montante]
g. [on prend le train] [inversion sujet-verbe]
h. [ils achètent des fleurs] [est-ce que]

9. Rédigez les questions que vous posez à Sophie (avec *est-ce que*) et à Marcello (avec inversion sujet-verbe).

a. à Sophie
[est arrivée à Paris en 2010 - est actrice depuis 4 ans - a tourné avec Romain Duris - est mariée avec un chanteur québécois]
– Quand est-ce que vous êtes arrivée à Paris ?

b. à Marcello
[a fait ses études à Milan - lit deux livres en ce moment - aime faire de la randonnée - va voyager en Mauritanie]

PRENEZ LA PAROLE !

10. Imaginez une interview entre vous et une personne célèbre de votre pays (chanteur, actrice, homme politique…). Interrogez cette personne en utilisant un maximum de questions avec des mots interrogatifs.

Ex. : – Bénabar, quand avez-vous commencé à chanter ?

quel ? quelle ? lequel ? laquelle ?…

Quelles sont vos disponibilités ? Lequel préférez-vous ?

OBSERVEZ PISTE 119

RÉFLÉCHISSEZ

1. Écrivez.

un niveau → quel niveau ?
des disponibilités → .... *disponibilités ?*
une heure → .... *heure ?*
des documents → .... *documents ?*

2. Cochez masculin (M) ou féminin (F), singulier (S) ou pluriel (P).

quel	☒ M	☐ F	☒ S	☐ P
quels	☐ M	☐ F	☐ S	☐ P
quelle	☐ M	☐ F	☐ S	☐ P
quelles	☐ M	☐ F	☐ S	☐ P

3. Écrivez et cochez.

Dans *Il y a deux cours : un cours à 10 h et un autre à 19 h. Lequel préférez-vous ?*
- *lequel* remplace quels mots ? ....
- ces mots sont ☐ M ☐ F ☐ S ☐ P

MÉMORISEZ

Les adjectifs et les pronoms interrogatifs *quel(s), quelle(s), lequel, laquelle* et *lesquel(le)s*

- **L'emploi**

  - ***Quel*** est un adjectif. Il s'accorde en genre (masculin / féminin) et en nombre (singulier / pluriel) avec le nom qu'il accompagne.
  Quelles sont vos disponibilités ?

  - ***Lequel*** est un pronom. Il remplace l'adjectif interrogatif *quel* (*quelle,...*) et le nom qu'il accompagne et s'accorde de la même façon.
  Lequel préférez-vous ? (= Quel cours préférez-vous ?)

- **La formation**

	singulier	
	masculin	**féminin**
adjectifs	***quel*** *Quel est votre niveau ?*	***quelle*** *Quelle ville préférez-vous ?*
pronoms	***lequel*** *Lequel préférez-vous ?* (= Quel cours préférez-vous ?)	***laquelle*** *Tu prends laquelle ?* (= Tu prends quelle robe ?)

	pluriel	
	masculin	**féminin**
adjectifs	***quels*** *Quels documents dois-je remplir ?*	***quelles*** *Quelles sont vos disponibilités ?*
pronoms	***lesquels*** *Lesquels sont les meilleurs ?* (= Quels stylos sont les meilleurs ?)	***lesquelles*** *Lesquelles est-ce que vous regardez ?* (= Quelles photos est-ce que vous regardez ?)

Remarques

- *quel(s)* et *quelle(s)* peuvent aussi être des adjectifs exclamatifs (pour exprimer la surprise,...) : *Quelle belle fille !*
- On utilise *quel, lequel...* avec les trois formes de la phrase interrogative :
  - avec *est-ce que* : *Lesquels est-ce que tu préfères ?*
  - avec inversion sujet-verbe : *Quel fruit veux-tu ?*
  - avec intonation montante : *Tu prends lesquelles ? / Lesquelles tu prends ?*
  - On peut ajouter d'autres mots à *quel, lequel...* : *à quel, dans quelles, de quels, avec quelle, chez quelles...* :
  À quelle heure pouvez-vous venir ? / Dans lequel avez-vous vu cet homme ? (= Dans quel magasin avez-vous vu cet homme ?)

Attention !

à + lequel = auquel — *à + lesquels / lesquelles = auxquels / auxquelles*
de + lequel = duquel — *de + lesquels / lesquelles = desquels / desquelles*

Prononciation Faites bien attention aux liaisons : *Quels enfants voyez-vous ?*

→ Interrogation (1), page 166

EXERCICES

1. Écoutez et cochez le mot interrogatif utilisé dans chaque phrase. PISTE 120

	a.	b.	c.	d.	e.	f.	g.	h.	i.	j.
quel, quelle	☒	☐	☐	☐	☐	☐	☐	☐	☐	☐
quels, quelles	☐	☐	☐	☐	☐	☐	☐	☐	☐	☐
lequel	☐	☐	☐	☐	☐	☐	☐	☐	☐	☐
laquelle	☐	☐	☐	☐	☐	☐	☐	☐	☐	☐
lesquels, lesquelles	☐	☐	☐	☐	☐	☐	☐	☐	☐	☐

EXERCICES

2. Complétez avec *quel, quelle, quels* ou *quelles* (M pour masculin, F pour féminin).

a. Quelle heure F est-il ?
b. .... âge M est-ce que vous avez ?
c. Tu lis .... journaux M ?
d. .... chaussures F porte-t-elle ?
e. .... animaux M ont-ils chez eux ?
f. .... jour M êtes-vous venu ?
g. Tu veux regarder .... émission F ?
h. .... villes F voulez-vous visiter ?

3. Associez (plusieurs possibilités).

a. Quel est
b. Quelle est
c. Quels sont
d. Quelles sont

1. ton nom M ?
2. tes loisirs M ?
3. ta nationalité F ?
4. ton adresse F ?
5. tes goûts M ?
6. tes qualités F ?
7. ta ville préférée F ?
8. tes rêves M ?
9. ton numéro de téléphone M ?
10. tes fleurs préférées F ?

a.	1
b.	
c.	
d.	

4. Écrivez les questions avec *quel(s)* ou *quelle(s)* et les mots proposés.

a. Éva est pâtissière. [la profession] Quelle est la profession d'Éva ?
b. Cette baguette coûte 0,90 €. [le prix]
c. Les sœurs de Lucas s'appellent Zoé et Manon. [les prénoms]
d. Marco est italien. [la nationalité]
e. Tu peux appeler Salim au 07 88 87 32 11. [le numéro de téléphone]
f. Le drapeau français est bleu, blanc, rouge. [les couleurs]

5. À l'oral, imaginez les questions à poser à un futur colocataire avec *quel(le)(s)*.

Ex. : [tu as - âge] → – Tu as quel âge ?

a. [tu fais - études]
b. [tu rentres - en - année]
c. [tu manges - type de nourriture]
d. [tu te lèves - à - heure]
e. [tu fais - tâches ménagères]
f. [tu écoutes - style de musique]
g. [tu regardes - films au cinéma]
h. [tu rentres chez tes parents - jour]

6. Rédigez les questions à partir des mots proposés.
Écrivez *quel* aux formes qui conviennent.

a. [quel - le film - préférez-vous] Quel film préférez-vous ?
b. [dans - quel - la ville - avez-vous passé de bonnes vacances]
c. [quel - est - votre couleur préférée]
d. [avec - quel - une personne connue - aimeriez-vous parler]
e. [quel - les objets - vous prendriez sur une île déserte]
f. [à - quel - une époque - souhaiteriez-vous vivre]

7. Transformez avec *lequel, laquelle, lesquels* ou *lesquelles*.

a. Quel livre avez-vous acheté ? → Lequel avez-vous acheté ?
b. Quelles langues est-ce que tu parles ? → ……
c. Quelle chaîne de télévision vous préférez ? → ……
d. Quels parfums de glace aimez-vous ? → ……
e. Quel train a-t-elle pris ? → ……
f. Quels voyages allez-vous faire ? → ……

8. Complétez avec *lequel, laquelle, lesquels* ou *lesquelles*.

a. Excusez-moi, lequel de ces deux bus passe par là : le n° 2 ou le n° 8 ?
b. Je dois acheter une télé. …… me conseilles-tu ?
c. J'aimerais lire deux livres. …… me recommandez-vous ?
d. Parmi ces appartements, …… est le moins cher ?
e. J'aime bien ces deux paires de lunettes. À ton avis, …… me vont le mieux ?
f. …… de ces hôtels est le plus confortable ?

9. Complétez les dialogues avec *quel, lequel*...

– Bonjour, je souhaiterais acheter un beau bijou.
– Et quel type de bijou recherchez-vous ?
– Un collier.
– Pour …… occasion ?
– Un anniversaire.
– …… bonne idée !
– J'hésite entre ces deux-là. …… me conseillez-vous ?
– Je ne sais pas. …… est la couleur de ses yeux ?
– Marron.
– …… est son style : classique ou décontracté ?
– Classique.
– Et …… est sa pierre préférée ?
– Le diamant.
– Alors, je vous conseille de prendre celui-là.
– Très bien, merci. Je suis sûr que ma petite chienne Cookie sera ravie de son cadeau !

PRENEZ LA PAROLE !

10. Formez un cercle. Un objet permet de passer la parole. Une personne pose une question en utilisant un pronom ou un adjectif interrogatif. Elle passe l'objet à une autre personne du groupe qui répond et pose une question à son tour, etc. Si la formulation de la question est incorrecte, la personne est éliminée du jeu.

Ex : – Quelle est ta couleur préférée ?
– Le rouge. Quel âge as-tu ?

43

il dit que… il me demande où…

Il veut savoir si on offre des cadeaux.

OBSERVEZ

PISTE 121

1 *Mon ami japonais dit* ***qu'****il est content de passer Noël en France.*
2 *Il me demande souvent* ***ce qu'****on fait à Noël.*
3 *Il aimerait savoir* ***ce qui*** *se passe le 25 décembre.*
4 *Il demande* ***si*** *on offre des cadeaux.*
5 *Il voudrait savoir* ***quels*** *plats traditionnels on mange ce jour-là.*
6 *Il me demande* ***où*** *il peut trouver des cadeaux originaux.*
7 *Il me souhaite* ***de*** *passer un joyeux Noël.*

RÉFLÉCHISSEZ

1. Cochez.

Indiquez chaque fois laquelle des deux phrases (au discours direct) correspond à celle du texte (au discours indirect) ?

1 ☐ « Je suis content de passer Noël en France. »
☐ « Est-ce que tu es content de passer Noël en France ? »

3 ☐ « Qu'est-ce qui se passe à Noël ? »
☐ « Je sais que Noël se passe le 25 décembre. »

4 ☐ « Je t'offre un cadeau. »
☐ « Est-ce que vous offrez des cadeaux ? »

2. Associez. 2 3 4 5 6

discours direct		discours indirect
est-ce que	o	o *ce que*
qu'est-ce que	o	o *si*
qu'est-ce qui	o	o *quels*
quels	o	o *ce qui*
où	o	o *où*

3. Cochez. 7

Laquelle de ces deux phrases (au discours direct) correspond à celle du texte (au discours indirect) ?

☐ « Est-ce que tu as passé un joyeux Noël ? » ☐ « Passe un joyeux Noël ! »

4. Complétez. 7

Quand une phrase à l'impératif est transformée au discours indirect, on ajoute .... avant l'infinitif (*passer*).

MÉMORISEZ

Comment transformer un dialogue au discours indirect ?

On utilise le discours indirect pour rapporter des paroles.

- **Pour les phrases déclaratives**
  - Les verbes introducteurs sont : *dire, annoncer, expliquer, déclarer, répondre, ajouter...*
  - On écrit ***que*** après le verbe introducteur.
  « Je suis content de passer Noël en France. » → Il dit qu'il est content de passer Noël en France.
  Attention ! Il faut changer les sujets, les possessifs et les pronoms : « *Je suis content de te voir.* »
  → *Il dit qu'il est content de me voir.*
- **Pour les phrases interrogatives**
  - Les verbes introducteurs sont : *demander, vouloir savoir, aimer savoir...*
  - On écrit le mot interrogatif **(*où, quand, comment...*)** après le verbe introducteur.
  « Où est-ce que je peux trouver des cadeaux ? » → Il me demande où il peut trouver des cadeaux.
  - Pour les questions avec ***est-ce-que,*** on écrit ***si**** après le verbe introducteur.
  « Est-ce qu'on offre des cadeaux ? » → Il demande si on offre des cadeaux.
  * **Attention !** Devant *il* et *ils*, si devient *s'* : *Je veux savoir s'il vient ce soir.*
  - Pour les questions avec ***qu'est-ce que*** ou ***qu'est-ce qui,*** on écrit ***ce que*** ou ***ce qui*** après le verbe introducteur*.
  « Qu'est-ce qu'on fait à Noël ? » → Il me demande ce qu'on fait à Noël.
  « Qu'est-ce qui se passe le 25 décembre ? » → Il aimerait savoir ce qui se passe le 25 décembre.
  * **Attention !** Pour les questions avec *qui est-ce qui* et *qui est-ce que*, on écrit toujours *qui* après le verbe introducteur :
  Qui est-ce qui vient ? → Elle veut savoir qui vient. / Qui est-ce que tu as invité ? → Il demande qui j'ai invité.
- **Pour les phrases à l'impératif**
  - Les verbes introducteurs sont : *dire, souhaiter, conseiller, ordonner...*
  - On place ***de*** après le verbe introducteur et on met le verbe qui suit à l'infinitif sans répéter le sujet.
  « Passe un joyeux Noël ! » → Il me souhaite de passer un joyeux Noël.
  « Ne t'inquiète pas ! » → Il me dit de ne pas m'inquiéter.

EXERCICES

1. Écoutez et cochez le type de discours utilisé dans chaque phrase. PISTE 122

	a.	b.	c.	d.	e.	f.	g.	h.
discours direct	☐	☐	☐	☐	☐	☐	☐	☐
discours indirect	☒	☐	☐	☐	☐	☐	☐	☐

2. Associez les deux parties de phrase.

a. Elle dit qu' (→ 2)	1. se trouve le bureau des relations internationales.
b. Elle demande où	2. elle vient de Munich.
c. Elle demande si	3. elle peut avoir une aide au logement.
d. Elle demande ce qui	4. va se passer si elle ne réussit pas les examens.
e. Elle demande ce que	5. la corriger quand elle fait des erreurs.
f. Elle demande de	6. signifie « RU » en français.

EXERCICES

3. Transformez les phrases au discours indirect.

a. L'entraîneur dit aux joueurs : « Vous avez très bien joué. »
→ L'entraîneur dit aux joueurs qu'ils ont très bien joué.

b. Les adversaires disent : « Nous sommes très déçus. »
→ ……………………………………

c. Un journaliste annonce : « Les joueurs ont fait un bon match. »
→ ……………………………………

d. Les supporters disent : « Vous allez gagner la coupe. »
→ ……………………………………

e. Le capitaine déclare : « C'est la meilleure équipe française. »
→ ……………………………………

f. Les joueurs disent : « Nous sommes contents d'avoir gagné. »
→ ……………………………………

4. À l'oral, transformez les phrases au discours indirect (votre ami vous expose les questions que l'on va vous poser lors d'un entretien d'embauche).

Ex. : Est-ce que vous pouvez vous présenter ?
→ – Le directeur va te demander si tu peux te présenter.

a. Où avez-vous étudié l'année dernière ?
b. Pourquoi avez-vous choisi de postuler dans notre entreprise ?
c. Est-ce que vous avez des expériences professionnelles ?
d. Quelles sont vos motivations ?
e. Parlez-vous plusieurs langues ?
f. Comment avez-vous connu notre entreprise ?

5. Soulignez la proposition qui convient.

a. Xinyi me demande [ce qui / <u>pourquoi</u> / comment] je ne vais pas lui rendre visite à Pékin.
b. Ma voisine veut toujours savoir [si / quel / ce que] on part en vacances et [si / ce qui / combien] de temps on s'absente.
c. Quand je rentre chez moi, ma mère me demande [ce qui / si / est-ce-que] j'ai passé une bonne journée et [ce que / si / où] j'ai fait.
d. Akiko me demande [pourquoi / ce que / comment] elle peut rencontrer des Français et [où / pourquoi / ce qui] elle peut sortir le soir.
e. Mon amie colombienne me demande toujours [ce qui / ce que / que] se passe en France et [si / que / comment] le pays a connu des changements importants.

EXERCICES

6. Transformez les phrases au discours indirect.

a. Paul dit à son fils : « Range ta chambre ! »
→ Paul dit à son fils de ranger sa chambre.
b. Le patron dit à ses ouvriers : « Soyez ponctuels ! »
c. Un commerçant demande à son client : « Fermez la porte ! »
d. Mon ami me conseille : « Accepte cette proposition ! »
e. Le médecin ordonne à son patient : « Faites un régime ! »
f. Un directeur dit à son employé : « Reposez-vous bien pendant les vacances ! »

7. À l'oral, rapportez les propos de Jennifer.

> Élodie,
> Je vais bien. Et toi, comment vas-tu? Je suis d'accord pour venir chez vous demain soir. Tu veux que j'apporte le dessert? À quelle heure tu veux que je vienne? J'ai téléphoné à Ben mais il n'a pas répondu. J'essaierai de le rappeler ce soir. Passe le bonjour à Manu!
> Jennifer

Ex. : – J'ai reçu un courriel de Jennifer. Elle dit qu'elle va bien. Elle demande…

8. Remettez les mots dans l'ordre.

a. [il / veut / aller / Il / dit / qu' / cinéma / au] Il dit qu'il veut aller au cinéma.
b. [voudrais / Je / mon / message / savoir / vous / si / écouté / avez]
c. [d' / la / Mathilde / nous / demande / aller / chercher]
d. [demande / Il / quelle / heure / on / arrive / à]
e. [ce / Elle / vas / demande / que / tu / faire / demain]
f. [quel / aimerions / veulent / Ils / savoir / livre / nous / lire]

9. Rédigez le compte-rendu à partir de ces notes de réunion.

M. CHRAÏBI	qu'est-ce qu'on va faire pour communiquer sur nos nouveaux produits ?
MME NDIAYE	un courrier envoyé à nos clients et une publicité par voie postale
MME JABER	une publicité sur notre site Internet, avec une vidéo
M. CHRAÏBI	quand ?
MME JABER	problème pour la vidéo - deux semaines pour la réaliser
M. CHRAÏBI	demander à une autre entreprise
MME NDIAYE	qui a une idée pour la publicité ?
MME JABER	contacter Mme Barreau au service communication

M. Chraïbi demande ce qu'on va faire pour communiquer sur nos nouveaux produits.

PRENEZ LA PAROLE !

10. Vous [A] êtes au téléphone avec votre ami(e) [B] et lui posez des questions sur ses projets du week-end. Votre ami(e) rapporte vos questions à [C].

Ex. : [A] – Qu'est-ce que vous faites ce week-end ?
[B] – Il demande ce qu'on fait ce week-end.

44

parce que, donc, pour, mais…

Il reste en France à cause d'un problème de santé.

OBSERVEZ PISTE 123

RÉFLÉCHISSEZ

1. Associez.

parce que *je pars* ○	
à cause d'*un problème* ○	
grâce à *mon frère* ○	○ introduit la cause (= une explication)
alors *j'ai eu envie d'y aller* ○	○ introduit la conséquence (= un résultat)
donc*, tu pars tout seul* ○	○ introduit le but (= un objectif)
pour *faire du tourisme* ○	○ introduit l'opposition (= une contradiction)
mais *il y retournera* ○	
par contre*, j'irai en Chine* ○	

2. Cochez.

a. On utilise *parce que* devant	☐ un verbe	☐ un adjectif	☐ un nom.
b. On utilise *à cause de* devant	☐ un verbe	☐ un adjectif	☐ un nom.
c. On utilise *grâce à* devant	☐ un verbe	☐ un adjectif	☐ un nom.
d. *à cause de* introduit une cause	☐ positive	☐ négative.	
e. *grâce à* introduit une cause	☐ positive	☐ négative.	

MÉMORISEZ

Quels articulateurs logiques pour exprimer la cause, la conséquence, l'opposition, le but ?

- **La cause**
Pour introduire une explication à une situation.
  - Une cause (positive ou négative) :
  parce que / qu'* + sujet + verbe à l'indicatif
  Je suis joyeux parce que je pars en Tanzanie.
  - Une cause positive :
  - ***grâce à*** + déterminant + nom
  J'ai eu cette idée grâce à mon frère.
  J'ai réussi grâce au professeur.
  - ***grâce à*** + pronom
  J'ai réussi grâce à toi.
  - Une cause négative :
  - ***à cause de / d'**** + déterminant + nom
  Il reste en France à cause d'un problème.
  Nous ne sommes pas partis à cause du travail.
  - ***à cause de / d'**** + pronom
  Je suis tombé à cause de lui.

  * devant un mot qui commence par une voyelle (*a, e, i, o, u, y*) ou un *h* muet.

- **La conséquence**
Pour indiquer un résultat : ***donc*** ou ***alors***
Donc, tu pars avec lui ? / Tu pars donc avec lui ? / Il en garde un très bon souvenir, alors j'ai eu envie d'y aller aussi. / Alors, tout va bien ?
Remarque Au passé composé, on peut écrire *donc* et *alors* entre l'auxiliaire et le participe passé :
Il est donc allé tout seul au cinéma. / Je suis alors parti.

- **Le but**
Pour exprimer un objectif : ***pour*** + infinitif
Tu y vas pour faire du tourisme ?

- **L'opposition**
Pour mettre en relation deux idées contraires :
mais ou ***par contre***
Il reste en France cette année, mais il y retournera l'année prochaine. / Par contre, moi, j'irai en Chine.

EXERCICES

1. Écoutez et écrivez l'articulateur logique utilisé dans chaque phrase. PISTE 124

a. parce que
b. ....
c. ....
d. ....
e. ....
f. ....
g. ....
h. ....
i. ....

2. Associez.

a. Nous avons compris la leçon
b. Ils ne sont pas sortis
c. Je ne prends pas de dessert
d. Nous avons marché vite,
e. Elles travaillent dur
f. On va souvent au cinéma
g. Je sais que vous ne m'écrirez pas,
h. Ils sont en colère contre nous,

1. pour obtenir leur diplôme.
2. grâce aux explications du professeur.
3. parce qu'on aime regarder des films.
4. à cause du mauvais temps.
5. par contre vous me téléphonerez ?
6. mais je veux bien du fromage.
7. donc nous sommes arrivés à l'heure.
8. alors ils ne nous parlent plus.

a.	b.	c.	d.	e.	f.	g.	h.
2							

EXERCICES

3. Soulignez la proposition qui convient.

a. Il a appris la musique [grâce à / à cause de / parce que] ses parents.
b. Je porte des lunettes [grâce à / à cause de / parce que] je vois mal.
c. J'ai mal dormi [grâce à / à cause de / parce que] j'avais trop chaud.
d. Le train a du retard [grâce à / à cause de / parce que] la neige.
e. Nous buvons de l'eau [grâce à / à cause de / parce que] nous avons soif.
f. Elle a fait des progrès en français [grâce à / à cause de / parce que] moi.

4. Écrivez les phrases *avec grâce à, à cause de* et *parce que*.

a. [j'ai appris à être patiente – les enfants] J'ai appris à être patiente grâce aux enfants.
b. [il ne peut pas courir – il s'est cassé la jambe] ……
c. [beaucoup d'arbres sont tombés – la tempête] ……
d. [elle est fatiguée – elle a conduit toute la nuit] ……
e. [M. Mauger est absent – un rendez-vous chez le dentiste] ……
f. [elle a obtenu son diplôme – ses efforts] ……

5. Complétez avec *parce que* (attention à *que*) ou *donc* (n'oubliez pas la virgule).

a. Il a des mauvaises notes à l'école, donc il doit travailler plus.
b. Ils sont fatigués …… ils se couchent trop tard.
c. Elle ne portait pas de manteau …… elle est tombée malade.
d. L'entreprise va fermer …… elle ne fait plus de bénéfices.
e. Je suis en colère …… je ne veux plus lui parler.
f. Nous n'avons pas pu rentrer dans le restaurant …… nous avions un chien.

6. À l'oral, faites des phrases à partir des causes et des conséquences proposées (plusieurs possibilités).

Ex. : – Tours est une ville agréable parce qu'il y a beaucoup d'espaces verts. / Il y a beaucoup d'espaces verts, donc Tours est une ville agréable.

	causes	conséquences
a.	Il y a beaucoup d'espaces verts.	Tours est une ville agréable.
b.	Les bars de la ville ferment à minuit.	Il y a moins de bruit la nuit.
c.	La pollution des voitures.	On a construit des tramways.
d.	Les étudiants n'ont pas d'argent.	Quelques musées sont gratuits.
e.	La rentrée scolaire.	Les villes sont plus animées.
f.	Il y a des cinémas en ville.	Les étudiants sortent le soir.
g.	Les aides de la mairie.	Des quartiers se sont développés.

EXERCICES

7. Écrivez des phrases à partir des mots proposés (plusieurs possibilités).

a. [J'ai froid – le mauvais temps (cause). J'allume le chauffage (conséquence).]
J'ai froid à cause du mauvais temps. J'allume donc le chauffage.
b. [Je suis en forme – le sport (cause). J'en fais moins qu'avant (opposition).]
c. [J'ai mal au ventre – j'ai trop mangé (cause). Je vais prendre un médicament (conséquence).]
d. [Je suis inquiet – les examens (cause). Je dors bien (opposition).]
e. [J'ai tout compris – le professeur (cause). Je vais lui écrire pour le remercier (conséquence).]
f. [Je suis content – mes amis viennent ce week-end (cause). Je travaille samedi (opposition).]

8. Complétez avec *pour* ou *parce que*.

a. Je travaille beaucoup pour gagner de l'argent.
b. Je travaille beaucoup .... j'ai besoin d'argent.
c. Je vais au cinéma .... j'aime les films sur grand écran.
d. Je vais au cinéma .... voir des films sur grand écran.
e. Je nage tous les dimanches .... rester en forme.
f. Je nage tous les dimanches .... ça me détend.

9. Complétez le courriel avec des articulateurs logiques (plusieurs possibilités).

Cher Arlequin,
Je vous écris pour vous remercier. Hier, ... vous, mes enfants ont passé un excellent moment. Mon fils n'aimait plus les clowns .... des blagues qu'il ne comprenait pas, ... vous, on vous trouve très drôle. .... ce n'est pas le cas de Pierrot, ... il pleure trop ! Ma fille est très sensible, ... elle est très triste quand elle le voit. Et dites aussi à Philomène de faire attention quand elle marche sur un fil. Moi, j'ai toujours très peur, ... je ferme les yeux ! .... félicitez tous les autres comédiens !
Colombine

10. Rédigez un courriel (environ 80 mots) pour remercier des amis qui vous ont invité à dîner hier soir. Utilisez les articulateurs logiques et les idées proposées.

[votre excellent accueil – le vin et le repas étaient délicieux – j'ai beaucoup ri – je n'ai pas vu le temps passer – je n'ai pas entendu mon réveil ce matin – je suis arrivé en retard au travail – je souhaite vous inviter chez moi la prochaine fois]
Mes chers amis,
Je vous écris pour vous remercier de votre excellent accueil hier soir…

PRENEZ LA PAROLE !

11. Vous téléphonez à votre meilleur(e) ami(e) qui vous a accueilli(e) hier soir et qui vous a aidé(e) à trouver des solutions à vos problèmes. Utilisez les articulateurs logiques.

Ex. : – Salut Gaël, je t'appelle pour te remercier encore de ton accueil hier soir.

45

si tu veux, s'il y a...

Si tu es disponible, viens avec nous !

OBSERVEZ   PISTE 125

RÉFLÉCHISSEZ

1. Cochez.

Dans les phrases du dialogue :

☐ l'action s'est réalisée dans le passé.

☐ l'action peut se réaliser dans le présent ou dans le futur.

2. Cochez.

Dans la première partie des phrases du dialogue (après *si*), le temps utilisé est

☐ le présent de l'indicatif.

☐ le futur simple.

☐ le conditionnel présent.

☐ l'impératif.

Dans la deuxième partie de ces phrases, les temps utilisés sont :

viens avec nous → l'impératif

on mangera ensemble → ....

il va faire très chaud → ....

vous avez 10 % de réduction → ....

CONDITION

MÉMORISEZ

Comment exprimer la condition ?

La condition indique une probabilité qu'un fait se réalise.

- **Quand la condition concerne le futur et l'action est possible**
  Si + présent de l'indicatif + futur simple ou futur proche
  Si tu veux, on mangera ensemble avant d'aller au concert.
  S'il y a beaucoup de monde, il va faire vraiment très chaud dans la salle.
- **Quand la condition est une généralité ou quand l'action possible est immédiate**
  Si + présent de l'indicatif + présent de l'indicatif
  Si vous avez moins de 25 ans, vous avez 10 % de réduction.
  Si tu veux, je peux venir maintenant.
- **Quand l'action possible est un ordre, un conseil, une instruction**
  Si + présent de l'indicatif + impératif
  Si tu es disponible, viens avec nous !

Attention ! *Si* devient *s'* devant *il* et *ils* : *Ils viendront s'ils sont disponibles.*

→ Le présent de l'indicatif, pages 90 à 106
→ Le futur simple, page 130
→ Le futur proche, page 110
→ L'impératif, page 134

EXERCICES

1. Écoutez et cochez le temps utilisé après « *si* + présent de l'indicatif ». PISTE 126

	a.	b.	c.	d.	e.	f.	g.	h.
présent de l'indicatif	☐	☐	☐	☐	☐	☐	☐	☐
futur simple	☒	☐	☐	☐	☐	☐	☐	☐
futur proche	☐	☐	☐	☐	☐	☐	☐	☐
impératif	☐	☐	☐	☐	☐	☐	☐	☐

2. Associez les deux parties de chaque phrase.

a. Si vous avez du temps, ○ (→ 2)	○ 1. ils pourront revenir.
b. Si nous nous perdons, ○	○ 2. passez nous voir !
c. S'ils sont sympas, ○	○ 3. nous vous téléphonons.
d. Si je peux, ○	○ 4. elle achètera une voiture.
e. Si elle trouve un travail, ○	○ 5. j'irai aux sports d'hiver.
f. Si tu es triste, ○	○ 6. ne reste pas tout seul !

3. Complétez avec *si* ou *s'*.

a. Nous partirons à la mer ...si... nous n'avons pas trop de travail.
b. ....il fait beau, nous irons en vacances.
c. .... tu ne me dis pas la vérité, je le saurai.
d. Elles peuvent m'en parler .... elles ne sont pas contentes !
e. .... on ne vous rappelle pas, c'est que tout va bien.
f. Ils travailleront plus efficacement .... ils achètent un nouvel ordinateur.
g. .... vous n'êtes pas satisfait, envoyez-nous un courriel.

EXERCICES

4. Soulignez la condition puis reliez les phrases avec *si*.

a. Je suis malade. Je ne sortirai pas. Si je suis malade, je ne sortirai pas.

b. Ils sont sympas. Nous les inviterons.

....

c. N'hésitez pas à nous contacter ! Vous avez besoin de nous.

....

d. Ils sont fatigués. Ils doivent se coucher plus tôt.

....

e. Elles vont organiser une fête. Elles ont assez d'argent.

....

f. Préviens-moi ! Tu es disponible le week-end du 18 octobre.

....

g. Nous partons dans une heure. Nous allons être en retard.

....

5. Écrivez les phrases avec *si* + présent de l'indicatif + présent de l'indicatif.

a. [tu - avoir son diplôme - je - t'offrir un beau voyage]

Si tu as ton diplôme, je t'offre un beau voyage.

b. [vous - aimer danser - je - vous conseiller d'aller à La Plage]

....

c. [on - avoir de l'argent - on - pouvoir tout faire]

....

d. [vous - s'ennuyer - je - vous proposer de venir au parc avec moi]

....

e. [le film - ne pas finir tard - on - pouvoir aussi aller au restaurant]

....

f. [il - faire beau - tu - aller à la piscine]

....

g. [tu - avoir du retard - nous - te demander de nous prévenir]

....

6. À l'oral, donnez des conseils en utilisant *si* + présent de l'indicatif + impératif.

Ex. : – Mon voisin fait trop de bruit ! [déménager]

→ – Si ton voisin fait trop de bruit, déménage.

a. – Je suis toujours en retard ! [t'acheter un réveil]

b. – Je veux faire un régime ! [commencer par faire du sport]

c. – Je ne suis pas d'accord avec mes parents ! [leur écrire]

d. – Je m'ennuie le week-end ! [aller au bord de la mer]

e. – J'ai de mauvaises notes ! [travailler plus]

f. – Je suis célibataire ! [t'inscrire à un club de rencontre]

g. – J'ai mal à la tête ! [prendre des médicaments]

EXERCICES

7. Complétez avec les verbes à conjuguer au futur simple.

Si vous vous levez à 6h pour lui préparer son petit-déjeuner, votre femme [être] sera de bonne humeur pour toute la journée. Mais si elle voit qu'il pleut dehors, elle [vous faire] .... remarquer que vous avez de la chance de ne pas travailler !
Si vous emmenez les enfants à l'école, faites les courses et le ménage, vous [avoir] .... la chance de vous reposer entre 11h30 et 11h40. Mais si vous vous endormez et que vous avez 5 minutes de retard à la sortie des classes, les autres mamans [penser] .... que les hommes ne sont jamais à l'heure !
Si vous cuisinez pour offrir un bon dîner à vos enfants, ils [vous dire] .... que ce n'est pas toujours meilleur quand c'est fait maison. Mais si vous répondez que la prochaine fois, vous [leur acheter] .... des pizzas, ils [vouloir] .... du foie gras !
Et si vous dites que vous êtes très fatigué à la fin de la journée, tout le monde [se demander] .... comment cela se fait…

8. Écrivez les phrases avec *si* et les mots proposés.

a. [je - gagner 500 000 € à la loterie - je - acheter une maison] [futur simple]
Si je gagne 500 000 € à la loterie, j'achèterai une maison.
b. [mon mari et moi - avoir le temps - nous - partir en vacances] [futur proche]
c. [les enfants - ne pas être fatigués - nous - aller faire des courses] [futur simple]
d. [vous - aimer cuisiner - ce livre - être parfait pour vous] [futur simple]
e. [on - ne pas travailler assez - on - ne pas avoir notre diplôme] [futur proche]
f. [tu - ne pas faire attention - tu - faire des erreurs] [futur proche]
g. [ils - avoir faim - ils - manger plus tôt] [futur simple]
h. [nous - pouvoir - nous - vous téléphoner] [futur simple]

9. Rédigez des phrases avec *si* et les mots proposés (plusieurs possibilités).

[avoir plus de responsabilités - ne plus se voir très souvent - avoir un meilleur salaire - être moins stressé - ne plus avoir de contacts avec les autres - déménager - se rendre visite pendant les vacances - acheter une valise - ne plus aller au supermarché]
a. Vous changez de travail. Si je change de travail, j'aurai plus de responsabilités…
b. Votre famille et vous partez sur une île déserte.
c. Votre meilleur ami part vivre à l'étranger.

PRENEZ LA PAROLE !

10. Vous partez en voyage la semaine prochaine et vous téléphonez à un(e) ami(e) pour lui demander des conseils car il / elle voyage souvent. Vous lui proposez de lui rapporter quelques souvenirs. Utilisez au maximum *si*.

Ex. : – Est-ce que tu connais des villes sympas en Espagne ?
– Si tu veux profiter de la mer et du soleil, va à Malaga.

Bilans

LES NOMS, LES DÉTERMINANTS, LES ADJECTIFS

1. Soulignez la proposition qui convient. ...... /5

a. Carmen, c'est une [musicien / musicienne].
b. Jeanne, c'est une [infirmier / infirmière].
c. Ben et Paul, ce sont des [danseurs / danseuses].
d. Alice, c'est une [directeur / directrice].
e. Louis, c'est un [boulanger / boulangère].

2. Complétez avec les noms au pluriel. ...... /5

a. Tu connais les [château] .... de la Loire ?
b. Léo a mal aux [œil] ....
c. Où sont les [clé] .... de la salle 212 ?
d. Vous avez des [animal] .... ?
e. Tu aimes les [œuf] .... au lait ?

3. Transformez les phrases au féminin. ...... /5

a. Mon ami est grand, brun et sportif.
→ ....
....
b. Son petit frère est mignon et gentil.
→ ....
....
c. Ton père est un homme cultivé mais fier.
→ ....
....
d. Leur petit-fils est italien et espagnol.
→ ....
....
e. Votre oncle est finlandais ou suédois ?
→ ....
....

4. Soulignez la proposition qui convient. ...... /6

Dimanche, c'est [la / une / de la] fête des écoles. On cherche [les / des / de] parents pour nous aider à installer [les / des / de] stands. Nous n'avons pas assez [des / des / de] bénévoles pour organiser [l' / une / de l'] événement dans [les / des / de] bonnes conditions.

5. Formez des groupes nominaux. ...... /5

a. [mari – directrice]
→ ....
b. [clés – voiture]
→ ....
c. [porte – garage]
→ ....
d. [ordinateur – enseignant]
→ ....
e. [livres – étudiants]
→ ....

6. Associez. ...... /4

a. Ce — 1. album est original.
b. Cette — 2. pièce est merveilleuse.
c. Cet — 3. film est triste.
d. Ces — 4. chansons sont belles.

a	b	c	d

7. Remettez les mots dans l'ordre. ...... /5

a. [joli / un / rouge / chemisier]
→ ....
....
b. [une / ville / petite / animée]
→ ....
....
c. [japonais / repas / bon / un]
→ ....
....
d. [étudiant / un / roumain / nouvel]
→ ....
....
e. [de / yeux / bleus / beaux]
→ ....
....

8. Soulignez la proposition qui convient. ...... /5

a. Tu fais du judo [chaque / tous les] mardis ?
b. On a [un peu de / quelques] travail.
c. Vous avez [la même / plusieurs] solutions.
d. On n'a [aucun / un peu de] problème.
e. Je vais à la poste [chaque / tous les] jour.

TOTAL
.... /40

BILAN 2

LES PRONOMS (1)

1. Associez. ...... /5

a. Je ○ ○ 1. allons bien.
b. On ○ ○ 2. venez à quelle heure ?
c. Nous ○ ○ 3. suis canadienne.
d. Vous ○ ○ 4. travaillent dur.
e. Elles ○ ○ 5. part en Turquie.

2. Transformez les phrases en utilisant le pronom *on*. ...... /5

a. Quelqu'un t'appelle.
→ ....
b. Nous partons en Corée.
→ ....
c. Au Québec, les habitants parlent français.
→ ....
d. Quelqu'un t'a envoyé des fleurs.
→ ....
e. Nous allons prévenir les étudiants.
→ ....

3. Complétez avec un pronom tonique. ...... /5

a. – C'est toi qui m'as téléphoné ?
– Oui, c'est ....
b. – Ce sont tes parents qui ont écrit ?
– Oui, ce sont ....
c. – C'est François qui t'a donné des conseils ?
– Oui, c'est ....
d. – Ce sont tes sœurs qui t'ont rendu visite ?
– Oui, ce sont ....
e. – C'est vous les deux nouvelles étudiantes ?
– Oui, c'est ....

4. Remplacez les mots en gras par un pronom sujet ou tonique. ...... /5

a. Je pars avec **ton frère et toi** ?
....
b. **Maëva et moi** adorons le surf.
....
c. On va chez **Mme Cros et ses enfants**.
....
d. **Tania** va avoir 30 ans.
....
e. **Julien et vous** habitez à Monaco.
....

5. Soulignez le pronom qui convient. ...... /5

a. Tu connais la femme [qui / que] est à côté de Diane ?
b. Où est le croissant [qui / que] tu as acheté ?
c. Voici la maison [que / où] j'ai passé mon enfance.
d. On va dans le restaurant [qui / où] est rue Foch.
e. J'ai aimé le musée [que / où] j'ai visité.

6. Complétez avec *qui, que, où*. ...... /5

Nous habitons un quartier .... nous aimons beaucoup. C'est un quartier .... il y a beaucoup de magasins mais aussi des parcs. Il y a un centre culturel .... propose des activités variées : de la danse, des cours de théâtre, de la musique, etc. Il y a aussi un centre de loisirs pour les enfants .... ont moins de 12 ans. C'est un quartier .... nous nous sentons bien.

7. Associez. ...... /5

a. Celui que 1. Julia sont plus jeunes.
b. Ceux de 2. argent sont plus chères.
c. Celles en 3. j'aime est verte.
d. Celle que 4. on a déjeuné est meilleur.
e. Celui où 5. tu as acheté est plus beau.

a	b	c	d	e

8. Complétez les réponses avec les pronoms *celui, celle, ceux, celles* et *qui, que, où*. ...... /5

a. – Dans quel restaurant veux-tu dîner ?
– Dans .... on est allés samedi.
b. – J'aime bien cette bague et toi ?
– Oui, c'est .... je préfère.
c. – Elles sont excellentes ces pâtisseries.
– Moi, je préfère .... je fais.
d. – Tu as de nouveaux vêtements ?
– Non, ce sont .... je portais l'année dernière.
e. – Qui est le meilleur cuisinier ?
– Boris est ....cuisine le mieux.

TOTAL .... /40

LES PRONOMS (2)

1. Soulignez la proposition qui convient. .... / 5

a. Tu parles à Jean ?
→ Tu [lui / leur] parles ?
b. Elles saluent John et Lola.
→ Elles [les / leur] saluent.
c. Il appelle souvent son frère.
→ Il [l' / les] appelle souvent.
d. Vous écrivez à vos amis ?
→ Vous [lui / leur] écrivez ?
e. On ne regarde pas la télévision.
→ On ne [la / lui] regarde pas.

2. Complétez avec un pronom complément. .... / 5

a. Où est Sophie ? Je ne .... vois pas !
b. Nous sommes en retard. Tu peux .... attendre ?
c. Si vous voyez Pablo, vous .... direz bonjour !
d. Leurs voisins ? Elles ne .... connaissent pas !
e. Tristan, je .... demande de t'assoir !

3. Soulignez la proposition qui convient. .... / 5

a. Voilà du gâteau. Tu [le / en] veux ?
b. J'adore Paris. J' [y / en] vais souvent.
c. Piotr et Xénia ? Nous [en / les] aimons bien.
d. Elle adore les chats, elle [les / en] a deux.
e. Nos examens ? On [y / leur] pense beaucoup.

4. Remplacez les mots en gras par un pronom complément. .... / 5

a. Tu as acheté **du pain** ?
....
b. Vous prendrez **le bus** à 7 h 15.
....
c. Elle est montée **au grenier**.
....
d. On ne regardait pas **la télé**.
....
e. Elle écrira **à ses parents** ?
....

5. Répondez avec un pronom complément. .... / 5

a. – Tu as peur des araignées ?
– Oui, je ....
b. – Il s'intéresse à l'actualité ?
– Non, il ....
c. – Vous vous souvenez de mes enfants ?
– Oui, nous ....
d. – Tu reparleras de ce problème ?
– Non, je ....
e. – Elle pense beaucoup à sa famille ?
– Oui, elle ....

6. Remettez les mots dans l'ordre. .... / 5

a. [ne / l' / pas / elle / a / pris]
....
b. [disputer / on / se / de / vient]
....
c. [téléphonerai / je / vous / demain]
....
d. [réfléchir / allons / nous / y]
....
e. [demander / vas / lui / tu / pas / ne]
....

7. Écrivez les phrases à l'impératif en remplaçant les mots en gras par un pronom complément. .... / 5

a. [Tu - ne pas regarder - **ce film** !]
....
b. [Nous - ne pas aller - **dans cette ville** !]
....
c. [Vous - prendre - **du thé** !]
....
d. [Vous - ne pas manger - **ces bonbons** !]
....
e. [Tu - aller - **dans ce musée** !]
....

8. Complétez avec le pronom complément qui convient. .... / 5

Salut Sandro,
Tu te souviens de .... ? On a parlé cinéma et tu .... as donné ton courriel. Ce soir, je vais voir le dernier Dolan. Si tu ne .... as pas encore vu, on peut .... aller ensemble. Je .... donne mon numéro : c'est le 06 87 43 21 35.
À plus !

TOTAL .... / 40

LE PRÉSENT

1. Écrivez les terminaisons du présent. ...... / 5

a. Tu cherch...... la rue d'Alsace ?
b. Nous nous réveill...... tôt.
c. Vous habit...... loin ?
d. Je ne travaill...... pas beaucoup.
e. Elles se dépêch...... .

2. Associez. ...... / 5

a. On — 1. finis tôt.
b. Je — 2. nous sentons bien.
c. Ils — 3. venez avec nous ?
d. Vous — 4. lui offre des fleurs.
e. Nous — 5. partent demain.

a	b	c	d	e

3. Soulignez la proposition qui convient. ...... / 5

a. Je [veux / veut] dormir.
b. Nous [peuvent / pouvons] venir.
c. Elles [doivent / doit] travailler.
d. Je ne [sait / sais] pas.
e. Vous [voulez / veulent] du pain ?

4. Cochez la proposition qui convient. ...... / 5

a. On … heureux.
☐ suis
☐ est
☐ es

b. Nous … du temps.
☐ ont
☐ avons
☐ ai

c. Ils ne … pas de sport.
☐ faisons
☐ font
☐ faites

d. Il … à la piscine.
☐ va
☐ vas
☐ vont

e. Vous … allemand ?
☐ es
☐ est
☐ êtes

5. Conjuguez les verbes au présent. ...... / 5

a. Ils [prendre] .... l'avion.
b. On [attendre] .... nos amis.
c. Vous [boire] .... un café ?
d. Tu [vendre] .... ta voiture ?
e. Nous [vivre] .... en ville.

6. Complétez la grille en conjuguant les verbes au présent. ...... / 5

a. [être - nous]
b. [savoir - je]
c. [sortir - on]
d. [mettre - je]
e. [aller - tu]

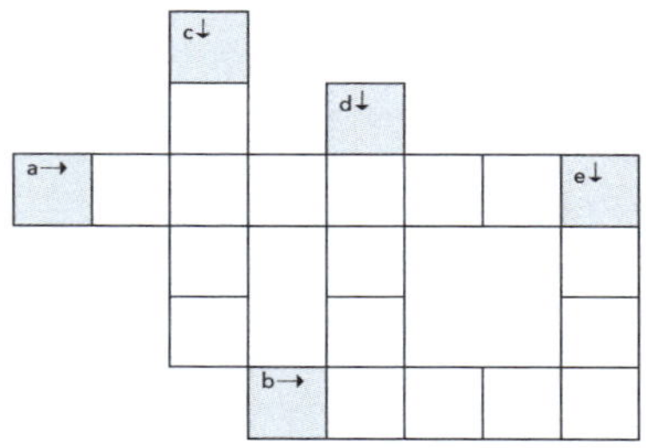

7. Complétez avec les verbes au présent. ...... / 5

Le samedi, je [ne jamais se lever] .... avant 10 h. Je [prendre] .... mon petit-déjeuner puis, avec ma femme, nous [se promener] .... souvent en centre-ville jusqu'à 14 h. Nos enfants [ne pas aimer] .... venir avec nous. Ils [se reposer] .... ou ils sortent avec leurs amis.

8. Transformez les phrases. ...... / 5

a. Tu connais Istanbul ?
→ Vous ....
b. Tu ne réfléchis pas assez.
→ Ils ....
c. Ils ne doivent pas sortir.
→ Nous ....
d. Nous dormons mal.
→ On ....
e. Je vous crois.
→ Nous ....

TOTAL
.... / 40

L'IMPARFAIT ET LE PASSÉ COMPOSÉ

1. Cochez l'auxiliaire qui convient. ...... /5

a. Il s' … couché à minuit.
☐ a ☐ est

b. Nous … marché dans la forêt.
☐ avons ☐ sommes

c. Ils … revenus de Caracas.
☐ ont ☐ sont

d. Vous … pris le bus ?
☐ avez ☐ êtes

e. Tu … été contente de le voir ?
☐ as ☐ es

2. Complétez la grille avec le participe passé des verbes. ...... /5

a. [ouvrir]
b. [sortir]
c. [descendre]
d. [comprendre]
e. [perdre]

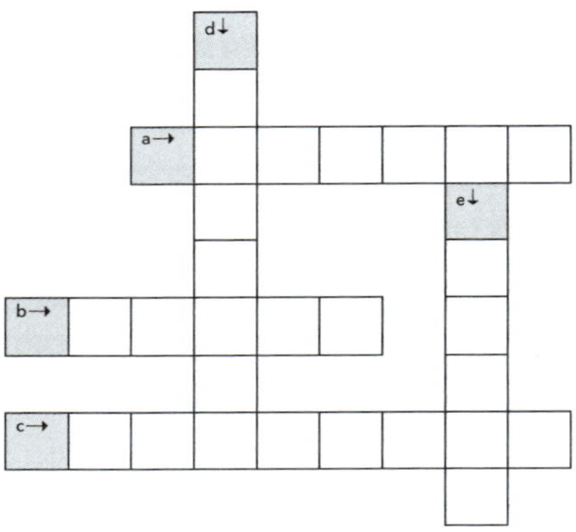

3. Soulignez la proposition qui convient. ...... /5

a. Elles sont [allé / allés / allées] à la piscine.
b. J'ai [reçu / reçus / reçues] trois lettres.
c. La nouvelle est [arrivé / arrivée / arrivées] hier.
d. Ils ont [divorcé / divorcés / divorcées].
e. Elle n'a pas [fini / finis / finies] son jeu.

4. Associez. ...... /5

a. Elles ont
b. Elles sont
c. M. Faure et elle sont
d. Carla est
e. On s'est

1. restée chez elle.
2. beaucoup amusées.
3. partis hier matin.
4. fermé les portes.
5. rentrées très tôt.

a	b	c	d	e

5. Conjuguez les verbes au passé composé. ...... /5

a. Elle [se réveiller] .... à 4 h.
b. Tu [grossir] ...., non ?
c. Qu'est-ce que tu lui [offrir] .... ?
d. Ils [s'assoir] .... par terre.
e. Tout [se passer] .... sans problème.

6. Remettez les mots dans l'ordre. ...... /5

a. [à Florian / parler / a / il / n' / pas / pu]
....
....

b. [pas / nous / nous / perdus / ne / sommes]
....
....

c. [on / ne / pas / s' / amusées / est / chez Lola]
....
....

d. [je / voulu / ai / la déranger / n' / pas]
....
....

e. [ne / pas / vus / s' / est / on / depuis le lycée]
....
....

7. Récrivez les phrases à l'imparfait. ...... /5

a. Oh là là, nous sommes inquiets !
....

b. Pardon, on ne sait pas.
....

c. Qu'est-ce que tu bois ?
....

d. Les voisins font du bruit.
....

e. Il commence à faire froid.
....

8. Écrivez les verbes au passé composé ou à l'imparfait. ...... /5

Quand Mme Guérin [rentrer] ...., vers 21 h, elle [ne pas voir] .... de lumière. Étrange… La porte d'entrée [être ouverte] .... et elle [ne pas entendre] .... de bruit. Puis, tout à coup, ses amis [crier] .... « surprise » !

TOTAL
.... /40

LES MODES

1. Écrivez avec les terminaisons du conditionnel. ...... /5

a. Nous voudr.................. lui parler.
b. J'aimer.................. que tu viennes.
c. Ils souhaiter.................. nous voir.
d. Il faud.................. le prévenir.
e. Vous pourr.................. lui téléphoner ?

2. Transformez les phrases au conditionnel. ...... /5

a. Nous pouvons passer par là.
→ ....
b. On veut venir avec toi.
→ ....
c. Est-ce que vous avez l'heure ?
→ ....
d. Je souhaite aller à New-York.
→ ....
e. Ils préfèrent aller à l'hôtel.
→ ....

3. Associez. ...... /5

a. Je veux qu'elle
b. Il faut que tu
c. On voudrait que vous
d. J'aimerais que nous
e. Je souhaite qu'ils

1. fermes la porte.
2. allions au cinéma.
3. nous aidiez.
4. étudie plus.
5. soient heureux.

a	b	c	d	e

4. Faites des phrases avec les mots proposés. ...... /5

a. [je ne veux pas - tu - sortir]
....
b. [il faudrait - on - partir à 7 h]
....
c. [je souhaite - ils - venir me voir]
....
....
d. [elle voudrait - je - lui faire un gâteau]
....
....
e. [on aimerait - vous - nous accompagner]
....
....

5. Complétez avec les verbes au subjonctif ou à l'infinitif. ...... /5

Steph,
Samedi, c'est mon anniversaire. Je voudrais que tu [m'aider] .... à organiser la soirée. Est-ce que tu pourrais [demander] .... à Fanny de nous rejoindre ? J'aimerais qu'elle [être] .... là. Il faudrait que tu [venir] .... tôt pour m'aider à installer les tables. Tu peux [me retrouver] .... vers 18 h ? Merci beaucoup ! Jennifer

6. Complétez la grille en conjuguant les verbes à l'impératif. ...... /5

a. [savoir - tu]
b. [venir - tu]
c. [prendre - tu]
d. [avoir - vous]
e. [être - tu]

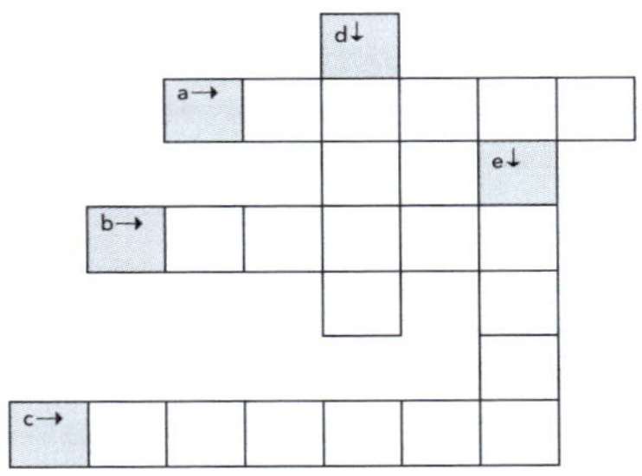

7. Transformez à l'impératif affirmatif ou négatif. ...... /5

a. Dis-lui la vérité !
→ ....
b. N'y va pas !
→ ....
c. Téléphonez-moi ce soir !
→ ....
d. N'en achète pas !
→ ....
e. Regarde-le !
→ ....

8. Conjuguez les verbes à l'impératif. ...... /5

a. On est fatigués. [partir] .... !
b. Léo, [ne pas rentrer] .... tard !
c. Lola et Fred, [venir] .... me voir !
d. Madame, [ne pas prendre] .... à droite !
e. Isa, [s'amuser] .... bien !

TOTAL .... /40

LES PRÉPOSITIONS

1. Complétez avec *à* ou *de*. ...... / 5

a. Je suis né .... Paris.
b. Il revient .... Alger samedi.
c. Le train part .... Lyon à 8 h.
d. Tu travailles .... Montréal ?
e. Elle va étudier .... Osaka.

2. Cochez la proposition qui convient. ...... / 5

a. Elle rentre … Canada.
☐ de
☐ du
☐ en
b. On va déménager … Autriche.
☐ au
☐ de
☐ en
c. Le vol CX 902 arrive … Philippines.
☐ de
☐ des
☐ en
d. On revient … Thaïlande.
☐ de
☐ de la
☐ du
e. Je pars une semaine … Mexique.
☐ au
☐ de
☐ en

3. Associez. ...... / 4

a. Je suis au — 1. agence.
b. Il est parti aux — 2. banque.
c. Elle vient de la — 3. bureau.
d. On sort de l' — 4. toilettes.

a	b	c	d

4. Soulignez la proposition qui convient (Ø = pas de préposition). ...... / 6

a. Tu as coché [Ø / à / de] la mauvaise case.
b. Il a peur [Ø / aux / des] araignées.
c. J'ai demandé [Ø / à / au] Mme Lopez.
d. Dis merci [Ø / à / au] monsieur !
e. J'ai envie [Ø / à / d'] un voyage au Japon.
f. Vous connaissez [Ø / à / de] M. Morel ?

5. Récrivez la phrase en remplaçant le mot en gras par le verbe proposé. ...... / 5

a. On a réussi **la réparation**. [réparer le vélo]
....
....
b. Ma fille apprend **la natation**. [nager]
....
....
c. Il veut arrêter **son travail**. [travailler]
....
....
d. Elle va commencer **la lecture**. [lire]
....
....
e. Vous devez éviter **la marche**. [marcher]
....
....

6. Complétez avec *à* ou *de*. ...... / 5

Il s'excuse .... arriver en retard et dit qu'il a oublié .... nous prévenir. Mais je n'arrive pas .... comprendre pourquoi il a décidé .... venir et pourquoi il tient .... être présent !

7. Soulignez les éléments qui conviennent. ...... / 5

a. J'ai vu [une fille / à une fille - courir / de courir].
b. J'ai promis [Alka / à Alka - l'inviter / de l'inviter].
c. Il a obligé [son fils / à son fils - à venir / de venir].
d. Dites [M. Leroy / à M. Leroy - entrer / d'entrer].
e. Invitez [les clients / aux clients - s'inscrire / à s'inscrire].

8. Complétez avec des prépositions ou le signe Ø. ...... / 5

J'ai rencontré un touriste indien .... aéroport. C'était la première fois qu'il venait .... Paris. J'ai aidé .... ce monsieur .... prendre le train. Il m'a remercié .... l'avoir aidé.

TOTAL
.... / 40

BILAN
8

LES ADVERBES

1. Récrivez les phrases en plaçant l'adverbe. ...... /5

a. Vous ne mangez pas ? [assez]

....

b. Elle travaille trop. [beaucoup]

....

c. Vous n'habitez pas loin. [très]

....

d. Nous ne lisons pas. [bien]

....

e. Tu parles vite. [trop]

....

2. Transformez aux temps indiqués. ...... /5

a. Tu dors assez ? [passé composé]

→ ....

b. Nous déménageons loin. [passé récent]

→ ....

c. Je m'amuse bien ! [futur proche]

→ ....

d. Vous rêvez toujours de voyager ? [passé composé]

→ ....

....

e. Elle vit vraiment en Inde ? [futur proche]

→ ....

3. Soulignez la proposition qui convient (Ø = pas d'adverbe). ...... /5

a. Elle est [très / beaucoup] bonne, cette soupe !
b. Pourquoi es-tu [très / beaucoup] joyeuse ?
c. Ce gâteau est [Ø / très] délicieux.
d. J'ai [très / trop] mangé. Je me sens mal !
e. Allez voir ce film qui est [Ø / très] excellent.

4. Remettez les mots dans l'ordre. ...... /5

a. [assez / nous / n' / avons / parlé / pas]

....

....

b. [travaille / de la gare / loin / je / ne / pas]

....

c. [la leçon / pas / n' / bien / ont / ils / compris]

....

....

d. [va / Matilda / se coucher / ne / pas / tard]

....

....

e. [beaucoup / vous / pas / n' / avez / dansé]

....

....

5. Complétez avec les adverbes proposés. ...... /5

[jamais - très - bien - assez - loin]

– Tu ne te sens pas .... ?
– Si, ça va, mais je suis .... inquiet : je n'ai pas .... étudié pour le test et je l'ai raté ce matin.
– On ne réussit .... tous les tests.
– Tu as raison ! En plus, ce matin, je suis arrivé en retard : j'habite trop .... de l'école !

6. Cochez la proposition qui convient. ...... /5

a. Pablo est un ... étudiant que Yusuke.
☐ mieux ☐ meilleur

b. Moi, j'aime ... les fraises que les framboises.
☐ mieux ☐ meilleures

c. Ce livre est ... que le précédent.
☐ moins bien ☐ meilleure

d. Tu dors ... qu'avant ?
☐ aussi bon ☐ mieux

e. Elle danse ... que sa sœur.
☐ moins bonne ☐ moins bien

7. Faites des phrases avec un comparatif. ...... /5

a. [+] [Je suis - grande - toi.]

....

b. [-] [Elle parle - bien - son frère.]

....

....

c. [+] [Léa téléphone - régulièrement - Marta.]

....

....

d. [=] [La tour Eiffel est - célèbre - Notre-Dame.]

....

....

e. [-] [La campagne est - stressante - la ville.]

....

....

8. Complétez avec le comparatif qui convient. ...... /5

J'adore l'Italie ! Premièrement, je trouve que la cuisine italienne est [+ / bonne] .... que la cuisine française. Ensuite, pour moi, Rome est une ville [+ / historique] .... et [= / agréable] .... que Paris. Et en été, les rues sont [= / animées] .... qu'en hiver ! Enfin, je me détends [- / facilement] .... en France qu'en Italie !

TOTAL
.... / 40

BILAN 9

LES PHRASES INTERROGATIVES

1. Cochez la réponse qui convient. ..... /5

a. Qui est-ce que tu écoutes ?
☐ Un rappeur célèbre. ☐ Du rap.

b. Est-ce que tu peux m'aider ?
☐ Oui, bien sûr ! ☐ Si, bien sûr !

c. Qu'est-ce qui passe au théâtre ?
☐ Une pièce de Molière. ☐ Un humoriste.

d. Qui est-ce qui vous a plu dans ce film ?
☐ Le jeu des acteurs. ☐ L'acteur principal.

e. Tu n'aimes pas cet écrivain ?
☐ Si, je l'aime bien. ☐ Oui, je l'aime bien.

2. Complétez avec un pronom interrogatif. ..... /5

a. – .... enfants avez-vous ?
– Deux : Paul et Luna.

b. – .... est-ce que tu pars en vacances ?
– Fin juillet.

c. – .... vient ce gâteau ?
– De la pâtisserie du centre-ville.

d. – .... est-ce que tu es inquiet ?
– Parce que j'ai trop de travail !

e. – .... est-il malade ?
– Depuis mardi dernier.

3. Écrivez des questions avec les éléments proposés. ..... /5

a. [il vient avec nous] [est-ce que]
....

b. [tu as du temps] [inversion sujet-verbe]
....

c. [ils sont en colère] [inversion sujet-verbe]
....

d. [je peux vous téléphoner] [est-ce que]
....
....

e. [on peut vous aider] [inversion sujet-verbe]
....

4. Transformez avec l'inversion sujet-verbe. ..... /5

a. Est-ce que tu es allée au cinéma hier ?
→ ....

b. Elle va prendre le train ?
→ ....

c. Vous venez d'arriver ?
→ ....

d. Est-ce qu'il a payé le taxi ?
→ ....

e. Tu vas acheter le journal ?
→ ....

5. Remettez les mots dans l'ordre. ..... /5

a. [est / il / ? / - / quand / venu]
....

b. [ce / est / - / qu' / qui / se / ? / passe]
....

c. [pas / ? / vous / n' / allez / au bureau]
....

d. [allons / ce / - / que / ? / où / est / nous]
....

e. [? / s'/ - / appellent / ils / comment]
....

6. Transformez en deux phrases interrogatives différentes. ..... /5

a. Vous pouvez parler ?
→ ....
→ ....

b. Qu'est-ce que vous souhaitez savoir ?
→ ....
→ ....

c. Vous avez décidé de les aider quand ?
→ ....
....
→ ....
....

d. Combien d'enfants est-ce qu'elle a ?
→ ....
→ ....

e. Ont-ils trouvé du travail ?
→ ....
→ ....

7. Soulignez la proposition qui convient. ..... /5

a. Dans [quel / lequel] magasin l'as-tu acheté ?
b. Deux jupes ! [Laquelle / Quelle] veux-tu ?
c. Dans [quel / lequel] film joue cet acteur ?
d. Cinq cd ! [Lesquels / Quels] souhaites-tu écouter ?
e. En [quelle / laquelle] année est-elle née ?

8. Complétez avec *quel (quelle...)* ou *lequel (lesquels...)* ..... /5

– Je voudrais un roman suédois, ... me conseillez-vous ?
– .... type de roman lisez-vous et .... sont vos auteurs préférés ? Vous connaissez Indridason ?
– Non, il est de .... nationalité ?
– Suédoise aussi. Voilà ses deux romans.
– .... avez-vous préféré ?
– Celui-ci !

TOTAL .... /40

BILAN 10

LES PHRASES COMPLEXES

1. Associez (plusieurs possibilités). ..... / 5

a. Il me demande si
b. Il me demande ce que
c. Il me demande comment
d. Il me demande ce qui
e. Il me demande de

1. fermer la porte.
2. elle peut venir.
3. je m'appelle.
4. ce mot veut dire.
5. se passe.

a	b	c	d	e

2. Transformez au discours indirect. ..... / 5

a. Ella dit à sa fille : « Mange des légumes ! »
→ .....

b. Juan demande à Fanny : « Tu pars quand ? »
→ .....

c. Le directeur déclare : « L'entreprise va fermer. »
→ .....

d. Lou demande à Elie : « Quel est l'âge de Sara ? »
→ .....

e. La chanteuse annonce : « C'est mon dernier disque. »
→ .....

3. Soulignez la proposition qui convient. ..... / 5

a. Tu veux savoir [si / ce que] j'ai fait hier ?
b. Zhou me demande [où / ce que] nous allons.
c. Il demande [si / ce que] il peut nous aider.
d. Ils veulent savoir [ce qui / où] nous étudions.
e. Je ne sais pas [si / ce qui] j'ai réussi.

4. Cochez la proposition qui convient. ..... / 5

a. J'ai bien compris … ton aide.
☐ parce que ☐ grâce à ☐ à cause de
b. On économise de l'argent …. voyager.
☐ parce que ☐ pour ☐ donc
c. Il aime la viande … il déteste le poisson.
☐ mais ☐ parce que ☐ donc
d. Nous ne viendrons pas … la neige.
☐ parce que ☐ grâce à ☐ à cause de
e. Je ne fais pas de sport. …, je joue du piano.
☐ Par contre ☐ Donc ☐ Parce que

5. Écrivez les phrases avec un articulateur logique (plusieurs possibilités). ..... / 10

a. [Je suis inquiet - mes mauvaises notes (cause)]
.....

b. [Il mange bien - il est maigre (opposition)]
.....

c. [Nous faisons du sport - rester en forme (but)]
.....

d. [On sort tard - on est fatigués (conséquence)]
.....

e. [Tu ne dors pas - tu bois du café (cause)]
.....

6. Transformez les phrases avec *si*. ..... / 5

a. Vous avez plus de 60 ans. Vous avez une réduction.
→ .....

b. Téléphone-moi. Tu as un problème.
→ .....

c. Je gagne au loto. Je ferai un beau voyage.
→ .....

d. Elles n'iront pas à la plage. Il pleut.
→ .....

e. Nous sommes en retard. Nous ne verrons pas le concert.
→ .....

7. Conjuguez aux temps et modes indiqués. ..... / 5

a. [impératif] Si tu es malade, [se reposer] ..... !
b. [futur simple] Si je peux, je [aller] ..... à ta fête.
c. [impératif] Si vous avez faim, [se servir] ..... !
d. [futur simple] S'ils ne sont pas sympas, je [ne pas les inviter] ..... .
e. [futur proche] Si nous sommes en retard, nous [prendre] ..... un taxi.

TOTAL …. / 40

Grammaire contrastive

▸ Leçon 2

Masculine or Feminine?

*Il y a **un** livre et **une** feuille sur la table.*
*There is **a** book and **a** sheet of paper on the table.*

1. What is it?

When you look up a word in a French dictionary, you will see that it is followed by either «nm» (meaning *nom masculin* = masculine noun) or «nf» (meaning *nom féminin* = feminine word). This is because nouns in French whether referring to people or objects have a grammatical gender: masculine or feminine.

2. Does it exist in English?

No, English nouns do not have a grammatical gender even if some nouns refer to male or female people or creatures.

Example:

a student, **a** nurse
→ **un** étudiant / **une** étudiante,
un infirmier / **une** infirmière

3. How does it work in French?

- **Nouns referring to male or female people or creatures (animate nouns) will be masculine or feminine accordingly:**
  - *un père → a father* — *une mère → a mother*
  - *un frère → a brother* — *une soeur → a sister*

  Tip: As you can see above, French nouns are always preceded by an article (*un* for masculine and *une* for feminine nouns). Learning the article associated with the noun is a very good way to memorize the gender.

- **For nouns referring to objects, ideas etc. (inanimate nouns) gender is arbitrary and needs to be learnt :**
  - *une table (a table) = feminine noun*
  - *un livre (a book) = masculine noun*

  Tip: - The gender of a noun is fixed and does not change: for example, *une chemise* (shirt) is a feminine noun whether worn by a man or a woman.
  - It is not linked to male or female attributes and there is no logic behind it: for example, *un chemisier* (a blouse) is a masculine noun in French.

- **Word endings and gender:**
  Some word endings can help to classify words in the masculine or feminine but you will come across exceptions as well.

masculine	feminine	
-isme: socialisme *-ment: changement*	*-ude: solitude* *-ette: recette* *-ille: fille*	*-aison: maison* *-tion: explication* *-sion: conclusion*

Watch out! A small group of words have both genders but their meaning changes accordingly:
un livre (a book) ≠ une livre (a pound sterling)
un mode (a method) ≠ une mode (a fashion)
un tour (a turn) ≠ une tour (a tower)

EXERCISES

1. *Un* or *une*? Underline the appropriate article as in the example.

Example: [un / <u>une</u>] civilisation → une civilisation

a. [un / une] certitude
b. [un / une] chemisier
c. [un / une] révolution
d. [un / une] grille
e. [un / une] saison
f. [un / une] remplacement

2. Complete the following poem using the appropriate article *un* or *une*.

.... fille
dans .... ville ;
.... solitude
dans .... multitude ;
.... problème
dans .... système.
Je cherche .... solution,
.... explication.

▸ Leçon 4

Indefinite Articles

*Je voudrais **un** concombre et **une** courgette.*
*I'd like **a** cucumber and **a** courgette/zucchini.*

1. What is it?

When you wish to refer to a noun which is not previously specified or known, you will use the indefinite article: "a" or "an" in English.

2. Does it exist in English?

In English the indefinite article is the same for both masculine and feminine forms.

Example: I have **a** dog / **a** car
→ J'ai **un** chien / **une** voiture

3. How does it work in French?

As with all articles in French, you will have a masculine and a feminine form:

- ***Un* indicating a masculine singular noun:**
  - *J'achète **un** concombre. (nm)* - *I am buying **a** cucumber.*
- ***Une* indicating a feminine singular noun:**
  - *J'achète **une** courgette. (nf)* - *I am buying **a** courgette/zucchini.*

Watch out! When stating your profession or religion, the indefinite article is used in English but not in French:
- *Je suis étudiant.* - *I am **a** student.*

EXERCISE

Put *un* ou *une* in front of the following nouns.

Example: ....une.... maison (nf)

a. .... train (nm)
b. .... recette (nf)
c. .... hôtel (nm)
d. .... adresse (nf)
e. .... restaurant (nm)
f. .... examen (nm)

▸ Leçon 4

Definite Articles

*La cantine est fermée mais **le** restaurant est ouvert.*
*The canteen is closed but **the** restaurant is open.*

1. What is it?

Contrary to English, all nouns in French need to be preceded by an article (or other type of determiners such as numbers, possessive adjectives, etc.). The article indicates if the noun is masculine or feminine, singular or plural. It also tells you if you are referring to a specific or general thing.

2. Does it exist in English?

As in English, the definite article "the" indicates a specific noun.

Example: I watch **the** match.
→ Je regarde **le** match.

In English you don't use the article "the" to indicate generalities while in French the articles ***le***, ***la*** and ***l'*** are used.

Example:
I like chocolate. → J'aime **le** chocolat.
wine → **le** vin

3. How does it work in French?

Because of grammatical gender, the definite article "the" in English will take several forms in French.

- ***Le* indicates the masculine singular:**
  - *Où est **le** restaurant ?* - *Where is **the** restaurant?*
- ***La* indicates the feminine singular:**
  - ***La** cantine est fermée.* - ***The** canteen is closed.*
- ***L'* is found in front of a masculine or feminine singular noun starting with a vowel or a mute "h":**
  - ***L'**addition, s'il vous plaît !* - ***The** bill, please!*
  - ***L'**hôtel est complet.* - ***The** hotel is fully booked.*

EXERCISE

Put *le*, *la* or *l'* in front of the following nouns.

Example: ....le.... cinéma (nm)

a. .... camping (nm)
b. .... banque (nf)
c. .... hôtel (nm)
d. .... poste (nf)
e. .... anorak (nm)
f. .... short (nm)

▸ Leçons 3 et 4

Plural of Nouns and Articles

*L'été, j'achète **des** concombres et **des** courgettes sur **les** marchés.*
*In the summer, I buy cucumbers and courgettes in **the** markets.*

1. What is it?

When talking about more than one thing, you will use the plural form of the nouns and articles. To choose between *les* and *des*, you will have to determine if the noun is specified or not. *Les* indicates specific nouns while *des* is for unspecified nouns.

2. Does it exist in English?

The article *des* is often omitted while it is compulsory in French:

Example: I eat bananas.
→ Je mange **des** bananes.

It is the same for *les* when talking about generalities:

Example: I like holidays.
→ J'aime **les** vacances.

You add an "s" at the end of a noun in English to indicate the plural.

Pronunciation Tip: The final "s" in English is sounded which is not the case in French.

3. How does it work in French?

You have to use the article in its plural form and add an "s" at the end of the noun.

- **In the plural *le, la* and *l'* become *les* with no distinction of gender:**
  *l'hôtel → **les** hôtel**s*** — *the hotel → the hotel**s***
- **In the plural *un, une* become *des* with no distinction of gender:**
  un** concombre → **des** concombre**s — *a cucumber → some cucumbers/cucumbers*
  une** courgette → **des** courgette**s — *a courgette → some courgettes/courgettes*
- **There are very few exceptions to the rule of adding an "s" at the end:**
  - Words ending in *-au, -eau* and *-eu* take an *x*:
    le jeu → les jeux — *the game → games*
  - Words ending in *-al* become *-aux*:
    *un hôpit**al** → des hôpit**aux*** — *an hospital → hospitals*

EXERCISE

Change the following sentences from singular to plural.

Example: Faire **des** excursions.

Holiday To Do list

a. Visiter le monument historique.
b. Acheter un souvenir.
c. Manger la spécialité locale.
d. Observer un animal sauvage.
e. Prendre une photo.
f. Regarder le bateau dans le port.

▸ Leçons 5 et 6

Partitive Articles

- Du vin ? - Non de la bière, s'il vous plaît.
- Some wine? - No, beer please.

1. What is it?

You use the partitive article in front of a noun to indicate an unspecified quantity: a part of something. It is often used with food and drink.

2. Does it exist in English?

The partitive article is equivalent to "some" but is often omitted in English. It is compulsory in French.

Example: I eat meat/some meat.
→ Je mange de la viande.

3. How does it work in French?

- ***Du* precedes a masculine singular noun:**
  - Du lait, s'il vous plaît ! — *- Some milk, please.*
- ***De la* precedes a feminine singular noun:**
  - De la moutarde, s'il vous plaît ! — *- Some mustard, please.*
- ***De l'* precedes a masculine or feminine noun starting with a vowel or mute "h":**
  - De l'eau, s'il vous plaît ! — *- Some water, please.*
- **To form negative sentences, you use *pas de* at the masculine and feminine form or *pas d'* in front of a noun starting with a vowel or mute "h":**
  - Pas de lait / moutarde, merci ! — *- No milk/mustard, thanks.*
  - Pas d'eau, merci ! — *- No water, thanks.*

EXERCISE

Complete the following dialogue using *du, de la, de l'* and *pas de*.

Example: - **De la** viande (nf)? → - Non, **pas de** viande, merci.

a. - .... parmesan (nm) ? - Non, ... parmesan, merci.
b. - .... limonade (nf) ? - Non, ... limonade, merci.
c. - .... eau ? - Oui, ... eau s'il vous plaît !

Possessive Adjectives

*Mon oncle et **ses** enfants habitent chez **mes** grands-parents.*
*My uncle and **his** children live at **my** grand-parents'.*

1. What is it?

A possessive adjective indicates what is possessed and precedes a masculine, feminine, singular or plural noun. It has to agree with it. This means that you will have more forms of possessive adjectives in French than in English.

2. Does it exist in English?

There is a big difference in the way possessive adjectives work in French and in English.

In English, the possessive is determined by the gender of the possessor and not the grammatical gender of the noun. This is particularly confusing when using "his" and "her".

Example: his father, her father
→ son père (à lui), son père (à elle)
his mother, her mother.
→ sa mère (à lui), sa mère (à elle)

As you can see, the translation is the same in French as the noun *père* is masculine and *mère* is feminine and we don't know whether we are talking about a man's or a woman's father or a man's or woman's belongings. If you want to emphasise the gender of the person the item belongs to, you can add *à lui* or *à elle*.

3. How does it work in French?

Because of grammatical gender, possessive adjectives will take several forms in French.

- **"My" will take three forms (mon, ma, mes):**

	masculine	feminine
singular	*mon père → my father*	*ma mère → my mother*
plural	*mes parents → my parents*	

- **"Your" will take different forms when used in a formal or informal context:**

		masculine	feminine
informal (tu)	**singular**	*ton père → your father*	*ma mère → your mother*
	plural	*tes parents → your parents*	
formal (vous)	**singular**	*votre père → your father*	*votre mère → your mother*
	plural	*vos parents → your parents*	

- **"His, her" and "its" will all take the same three forms *(son, sa, ses)*:**

	masculine	feminine
singular	*son panier → his/her/its basket*	*sa maison → his/her/ its house*
plural	*ses jouets → his/her/its toys*	

- **"Our" will take two forms *(notre, nos)*:**

	masculine	feminine
singular	*notre père → our father*	*notre mère → our mother*
plural	*nos parents → our parents*	

- **"Their" will take the following two forms (*leur, leurs*):**

	masculine	feminine
singular	*leur père → their father*	*leur mère → their mother*
plural	*leurs grands-parents → their grands-parents*	

Watch out! *Mon, ton* and *son* are exceptionally used in front of a feminine word when this noun starts with a vowel or a mute "h".
mon amie (nf) → my female friend
ton école (nf) → your school
son apparence (nf) → her/his appearance

EXERCISES

1. Complete the text below with the appropriate possessive adjectives.

Example: ma famille

.... amie Julie a deux frères, une sœur et un chien. .... chien s'appelle Nestor et il aime beaucoup .... jouets. Il n'habite pas dans .... maison mais dans .... jardin .... parents ont aussi un chien, mais il habite dans .... maison.

2. Complete the poem below with the appropriate possessive adjectives.

Solidarité

.... petit sac sur les genoux,
.... canne à la main,
.... lunettes sur le nez.
Elle attend…
Lui donneras-tu de .... temps ?
Partageras-tu .... ressources ?
.... amitié ?

▸ Leçons 11 et 12

Adjective Agreement and Position

*Il y a **un petit** livre sur **une grande** table.*
*There is a **little** book on a **large** table.*

1. What is it?

You will use an adjective to describe someone or something. Adjectives need to agree in gender and number with the noun and its article.

2. How is it in English?

Adjectives in English are genderless and you cannot add an "s" at the plural. In French, adjectives take the gender and number of the noun.

Example:

a blue T-shirt / a blue dress
→ **un** T-shirt bleu / **une** robe bleue
Blue T-shirts / Blue dresses
→ **des** T-shirts bleus / **des** robes bleues

In English, adjectives are always before the noun while in French they are mostly after the noun.

Example:

a blue T-shirt → un T-shirt bleu

3. How does it work in French?

- **Agreement: because of grammatical gender and number, adjectives will have different forms:**

	masculine	feminine
singular	*bleu*	*bleue*
plural	*bleus*	*bleues*

- **All adjectives at the feminine singular form end with an *-e*:**
  - *Elle est grande, jolie et intelligente.* - *She is tall, pretty and intelligent.*

  Pronunciation tip: At the masculine, you don't pronounce the last consonant of the adjective: *Il est gran[d], joli et intelligen[t].* But you do at the feminine form.
- **Position: most adjectives follow the noun but there is a small number (*petit, grand, bon, beau, joli...*) which usually appear before the noun.**

EXERCISE

Complete the description below with the adjective at the correct form and put it in the right position.

Example: une .... robe .... [petites / petit / petite / petits] → une **petite** robe
a. un .... sac .... [grand / grands / grande / grandes]
b. une .... robe .... [court / courts / courte / courtes]
c. des .... pantalons .... [bleu / bleus / bleue / bleues]
d. une .... chemise .... [joli / jolis / jolie / jolies]

▸ Leçons 26 et 31

Expressing the Future

*L'année prochaine, j'**achèterai** une voiture.*
*Next year, I **will** buy a car.*

1. What is it?

There are different ways of expressing a future event in French or talking about what is going to happen.

2. How is it in English?

Expressing a future event or occurrence is very straightforward in English: you use the modal verb "will" and add the main verb.

Example:

I will go to Paris. → J'irai à Paris.

3. How does it work in French?

- **To express the future you can use a verb in the future tense.**
  (Formation: full form of the verb + the following endings: -ai, -as, -a, -ons, -ez, -ont)
  - *Je regarderai le match demain.* - *I will watch the match tomorrow.*
- **There are some irregular forms of verbs but the endings never change. Among these are frequently used verbs such as *aller, être, avoir*:**
  J'irai. → *I will go.* *J'aurai.* → *I will have.* *Je serai.* → *I will be.*
- **To express something that is going to happen soon, you can use the near-future. You use the present tense of the verb *aller* followed by the verb in the infinitive:**
  - *Je vais regarder un DVD.* - *I am going to watch a DVD.*

EXERCISE

Put the verbs below in the correct form at the future tense.

Example: Que [visiter] .... -vous au Népal ? Que visiterez-vous au Népal ?
a. Je [retourner] .... au Népal avec des amis.
b. Que [faire] .... -vous là-bas ?
c. Nous [travailler] .... avec une association et [construire] .... une école.
d. Nous espérons que votre organisation nous [donner] .... des fonds.

▸ Leçons 21 - 25

Verb Endings, Regular and Irregular Verbs

*Je **regarde** la télévision, tu **finis** ton travail.*
I am watching TV, you are finishing your work.

1. What is it?

In a sentence the verb is the word which tells you what is happening. It is sometimes called the "action word". It is always preceded by a word called "the subject". It indicates who is doing the action. In the example above, the verbs are: *regarde* and *finis*. The subject pronouns are: *je* and *tu*.

2. How is it in English?

In the present tense, verbs have only two forms while French verbs has five forms or endings.

Example:
I/You/We/They watch TV.
He / She watch**es** TV.
→ Je /Il / Elle /On regard**e** la télévision.
Tu regard**es**. Ils / Elles regard**ent**.
Nous regard**ons**. Vous regard**ez**.
You may notice that there are fewer subject pronouns in English.

3. How does it work in French?

Subject pronouns

- **There are seven subject pronouns (I, you, he, she, it, we, they) in English but nine in French *(je, tu, il, elle, on, nous, vous, ils, elles)*.**
- **There are two ways of saying "you":**
  - *tu*, when addressing someone you are familiar with.
  - *vous*, when addressing someone in a formal way or when addressing a group of people.
- **There are two ways of saying "they":**
  - *elles* refers to a group of female people or feminine nouns.
  - *ils* refers to a group of male people or masculine nouns as well as a mixed group.
- **The subject pronoun *on* can replace "we" and is more informal. It is very frequently used. The verb will have the same ending as *il / elle* in the singular form:** *- On regarde la télévision. - We are watching TV.*

Verb Endings

French verbs can be classified in "regular" or "irregular" verbs. There are different groups among regular verbs classified according to their endings: *-er*, *-ir* and *-re*.

- **Verbs ending in *-er*: *regarder* (to watch), *aimer* (to like / to love), *arriver* (to arrive)**
  The endings at the present tense of regular *-er* verbs are always the same and can be applied to all verbs in the same category minus the *-er* ending. They are: *-e, -es, -ons, -ez, -ent*.

*- Je regard**e**.*	*- I watch.*	*- Nous regard**ons**.*	*- We watch.*
*- Tu regard**es**.*	*- You watch.*	*- Vous regard**ez**.*	*- You watch.*
*- Il / Elle / On regard**e**.*	*- He / She watch**es**.*	*- Ils regard**ent**.*	*- They watch.*

- **Verbs ending in *-ir*: *finir* (to finish), *rougir* (to blush)**
  After removing the *-ir*, you can apply the following ending: *-is, -it, -issons, -issez, -issent*.

*- Je / Tu fin**is**.*	*- I / You finish.*	*- Nous fin**issons**.*	*- We finish.*
*- Il / Elle / On fin**it**.*	*- He / She finish**es**.*	*- Vous fin**issez**.*	*- You finish.*
		*- Ils fin**issent**.*	*- They finish.*

- **Verbs ending in *-re*: *répondre* (to answer), *vendre* (to sell)**
  After removing the *-re*, you can apply the following ending: *-s*, *- ø* (nothing), *-ons, -ez, -ent*.

*Je / Tu répond**s**.*	*- I / You answer.*	*- Nous répond**ons**.*	*- We answer.*
Il / Elle / On répond.	*- He / She answer**s**.*	*- Vous répond**ez**.*	*- You answer.*
		*- Ils répond**ent**.*	*- They answer.*

Note: There are also irregular verbs and their endings or forms need to be learned separately. Among these are: *aller* (to go), *être* (to be), *avoir* (to have), *faire* (to do), *savoir* (to know).

Pronunciation Tip: The final *-s* of *nous*, *vous*, *ils* and *elles* is not pronounced when the verb following it starts with a consonant: but it is pronounced as a [z] sound if the verb starts with a vowel.

EXERCISE

Put the following verbs in the correct form at the present tense.

Example: Julie [finir] .... son travail. → Julie **finit** son travail.
Anne et Julie [habiter] .... dans une petite maison. Anne [regarder] .... souvent la télévision et ne [choisir] .... pas ses programmes. Julie n' [aimer] .... pas les séries. Elle [préférer] .... le cinéma.
Et vous, que [regarder] ....-vous ? Que [préférer] ....-vous ?

▸ Leçon 1

C'est / Il est

C'est ma sœur, elle est dentiste.
Es mi hermana, es dentista.

1. ¿De qué se trata?

En francés, el verbo *être* se utiliza, entre otras cosas, para presentar o describir. Según el caso recurrimos a un pronombre sujeto diferente: *c'* o *il*

2. ¿Cómo es en español?

En español a menudo el sujeto del verbo es elíptico. Por eso tendemos a olvidar especificar el sujeto en la frase y se hace más difícil saber cuándo utilizar *c'est* o *il est*.

3. ¿Cómo es en francés?

En francés siempre se pone el sujeto del verbo y se distingue entre **presentar** *(c'est)* y **describir** *(il est)*.

- **Presentar las personas y los objetos:** *c'est / ce sont* + sustantivo o grupo nominal
  - *C'est l'assistant du docteur.* - *Es el asistente del doctor.*
  - *C'est Noémie, c'est la fille de Raymond.* - *Es Noémie, es la hija de Raymond.*

  ¡Ojo! *C'est* puede ir seguido de un adjetivo o de un adverbio cuando se trata de describir una situación, en general con una exclamación:
  - *C'est vraiment bien !* - *¡Está realmente bien!*
- **Describir a personas y objetos:** *il / elle est, ils / elles sont* + adjetivo o oficio
  - *Il est belge.* - *Es belga.*
  - *Elles sont toutes infirmières dans la famille.*
  - *Son todas enfermeras en la familia.*

  Truco: *Il / elle est, ils / elles sont* no van nunca seguidos de un artículo.

EJERCICIO

Substituir las palabras subrayadas por *c'est, ce sont, il est, ils sont, elle est, elles sont*.

Ejemplo: Marine est éditrice. → **Elle est** éditrice.

a. Judith est la fille du champion du monde d'échecs.
b. Cet homme est très grand. Oui, cet homme est un géant.
c. Ces enfants sont les miens.
d. Le gâteau est bon !

▸ Leçon 9

Los adjetivos posesivos

*Ce sont **ses** chats. Ce sont **leurs** enfants.*
*Son **sus** gatos. Son **sus** niños.*

1. ¿De qué se trata?

Los posesivos "su" y "sus" se pueden traducir por *son, sa, ses, leur* o *leurs*.

2. ¿Cómo es en español?

En la tercera persona del singular (él/ella) y del plural (ellos/ellas), el adjetivo posesivo concuerda en número con lo poseído.

Ejemplos: He arreglado **su** coche.
→ J'ai réparé **sa** voiture.
He visto a **su** bebé. **(de Angel y María)**
→ J'ai vu **leur** bébé.

3. ¿Cómo es en francés?

Para elegir el adjetivo posesivo adecuado en la tercera persona del singular *(il / elle)* y del plural *(ils / elles)*, hay que fijarse en el número de poseedores y el número y género de lo poseído en el singular, y solamente en el número de lo poseído en el plural.

poseedores	singular	plural
il / elle / on	*son / sa → su*	*ses → sus*
ils / elles	*leur → su*	*leurs → sus*

Pronunciación: Hay que distinguir entre *leur* y *leurs*, aunque se pronuncien igual.
- *C'est **leur** chambre.* - *Es **su** habitación.*
- *Ce sont **leurs** chanteurs préférés.* - *Son **sus** cantantes favoritos.*

¡Ojo! Cuando un sustantivo femenino empieza por vocal, se utiliza *son* para facilitar la pronunciación y se hace la *liaison*.
- *C'est **son** amie.* - *Es **su** amiga.*

EJERCICIO

Completar las frases con *son, sa, ses, leur* o *leurs*.

a. Ma sœur laisse .... fille faire .... exercices de maths toute seule.
b. A-t-elle pensé à prendre .... lunettes de soleil ?
c. Marc et Angèle nous invitent dans .... maison de campagne.
d. Elle a laissé .... numéro et .... adresse.
e. Airbus et Boeing sont de grandes entreprises, ... avions sont les meilleurs.

▸ Leçons 4-6 et 37

Los artículos partitivos

*À la maison il y a **du** sel, **de la** sauce tomate, **de l'**huile, mais pas **d'**œufs.*
En casa hay sal, salsa de tomate, aceite, pero no hay huevos.

1. ¿De qué se trata?

Du, de la y *de l'* son artículos partitivos que se utilizan para expresar cantidades imprecisas, indefinidas o incontables. En una frase negativa estos artículos se transforman en *de*.

2. ¿Cómo es en español?

En español, cuando se habla de una cantidad imprecisa o indefinida, el sustantivo no lleva artículo. Por lo tanto, estos artículos no tienen traducción. Cuando en español el sustantivo lleva un artículo, en francés se utiliza el mismo tipo de artículo.

Ejemplos:
Me gusta **el** chocolate.
→ J'aime **le** chocolat.
Quiero **un** café.
→ Je veux **un** café.

3. ¿Cómo es en francés?

En francés, los sustantivos llevan siempre artículo. Para expresar una cantidad imprecisa o incontable, se utilizan los artículos *du, de la* y *de l'*.

- **Según el genero y número de la palabra, se coloca el artículo siguiente.**

masculino singular	femenino singular
du / de l' (delante de una vocal)	*de la*

- **Con una negación se utiliza la preposición *de* o *d'*, excepto con el verbo *être*.**

con una negación	con una negación y el verbo *être*
- *Je n'ai **jamais de** chance !* - *¡Nunca tengo suerte!* - *Je n'ai **plus de** beurre à la maison.* - *Ya no me queda mantequilla en casa.*	- *Ça ce n'est pas **de l'**eau, c'est de la limonade.* - *Eso no es agua, es limonada.*

- **Con un adverbio de cantidad o un adjetivo, también se utiliza la preposición *de* o *d'*.**

con un adverbio de cantidad	con un adjetivo
- *J'ai fait **beaucoup d'**efforts pour réussir.* - *He hecho muchos esfuerzos para tener éxito.* - *J'ai **assez** de livres pour l'été.* - *Tengo bastantes libros para el verano.*	- *J'ai vu **de belles** pommes au marché.* - *He visto buenas manzanas en el mercado.*

¡Ojo! Estos artículos también se utilizan **en singular** para las actividades de ocio:
- *Je fais **du** karaté et **de la** danse.* - *Hago kárate y danza.*

EJERCICIOS

1. Elegir el artículo que conviene.

Ejemplo: Je mange [de l' / du / de la] pain.
a. Tu mets [du / de l' / l'] ail ou [du / de / le] piment dans ta sauce tomate ?
b. Tu vas à Tahiti ? Tu as [de / de la / la] chance !
c. Tu as déjà vu [du / le / un] spectacle de cirque ?
d. Je n'aime pas trop [le / du / de] poisson et je ne mange pas beaucoup [la / du / de] viande.
e. C'est [de la / une / du] bouteille de jus de fruit ça ? Non, c'est [de / une / de l'] eau.
f. Je fais [de / le / du] bateau en été chez mon père.
g. Elle a [du / un / le] appartement près de l'université.

2. Completar las frases con *du, de la* o *de*.

a. Tu auras un peu .... temps la semaine prochaine ?
b. Il fait froid aujourd'hui. Tu as .... courage de sortir !
c. Je suis parti vite, je n'ai pas bu .... café ce matin.
d. Chouette ! C'est la saison .... raisin. J'adore ça !
e. Je voudrais coller cette image, est-ce que tu as .... colle ?
f. Il y avait beaucoup .... monde au concert.
g. N'oublies pas d'acheter .... beurre, il n'y en a plus.

▸ Leçon 12

¿Dónde colocar los adjetivos?

*Je préfère les **petites** voitures.*
*Prefiero los coches **pequeños**.*

1. ¿De qué se trata?

Se trata de saber cuándo el adjetivo se coloca delante del sustantivo y cuándo se coloca detrás.

2. ¿Cómo es en español?

En general, el adjetivo se coloca detrás del sustantivo pero se puede colocar delante si se quiere resaltar una apreciación subjetiva.

Ejemplo: Es una mesa **antigua**.
→ C'est une table **ancienne**.

3. ¿Cómo es en francés?

- **En la mayoría de los casos los adjetivos se colocan en el mismo orden que en español:**
  - *Un pantalon **noir**.* - *Unos pantalones **negros**.*
  - *C'est la **première** fois que je viens ici.* - *Es la **primera** vez que vengo aquí.*
- **Algunos adjetivos cambian de sentido según donde se coloquen (*grand, pauvre, cher, propre, curieux, différent, drôle*):**
  - *C'est une personne **drôle**.* - *Es una persona **divertida**.*
  - *C'est une **drôle** de personne.* - *Es una **extraña** persona.*
- **Ciertos adjetivos frecuentes y más bien cortos se colocan delante del sustantivo cuando en español se colocarían detrás (*bon, mauvais, petit, grand, gros, beau, joli, nouveau, jeune, vieux, autre, même, double, demi*):**
  - *C'est un gros bébé.* - *Es un bebé gordo.*
- **Los adjetivos *prochain* y *dernier* se colocan detrás del sustantivo cuando se trata de una expresión de tiempo y delante del sustantivo en los demás casos:**
  - *Le mois **prochain**.* - *El **próximo** mes.*
  - *La **prochaine** fête.* - *La **próxima** fiesta.*

EJERCICIO

Subrayar el adjetivo que está correctamente colocado en las frases.

Ejemplo: J'ai trouvé un **bon** travail **bon**. → J'ai trouvé un **bon** travail **bon**.

a. Mon fils a besoin d'un nouveau pull nouveau pour l'hiver.
b. À la télé, je ne regarde que les économiques programmes économiques.
c. Il a une grande armoire grande dans sa chambre.
d. À quelle heure arrive le prochain train prochain ?
e. C'était l'anniversaire de ma tante la dernière semaine dernière.

▸ Leçons 13 et 14

Los pronombres tónicos

Moi, j'aime les gâteaux.
A mí me gustan los pasteles.

1. ¿De qué se trata?

En francés, los pronombres personales sujeto (*je, tu, il...*), solamente se utilizan como sujeto de un verbo. Si queremos sustituir una persona, un animal o un objeto por un pronombre, sin que sea un sujeto o un complemento del verbo, tenemos que utilizar un pronombre personal tónico (*moi, toi, soi, lui / elle, nous, vous, eux / elles*).

2. ¿Cómo es en español?

Los pronombres tónicos franceses se traducen por otros pronombres personales (yo, mí, contigo...).

Ejemplo: Iré a la playa **contigo**.
→ J'irai à la plage avec **toi**.

Soy **yo** quien limpió la cocina.
→ C'est **moi** qui ai nettoyé la cuisine.

3. ¿Cómo es en francés?

Los pronombres tónicos se usan en francés:

- **Para poner énfasis en el sujeto del verbo:**
  - *Moi, je ne suis pas d'accord.* - *Yo no estoy de acuerdo.*
- **Con la expresión *c'est*:**
  - *C'est **toi** qui as réparé ma voiture ?* - *¿Eres **tú** el que ha arreglado mi coche?*
- **Después de una preposición:** - *Elle est partie **sans lui**.* - *Se fue sin **él**.*
- **Con *aussi, non plus* y *pas* o en las respuestas sin verbos:**
  - ***Moi aussi** je veux de la glace.* - ***Yo también** quiero helado.*
  - *Qui a mangé le chocolat? - **Pas moi**.* - *Quién se ha comido el chocolate? - **Yo no**.*
- **Para comparar:** - *Ils ont mangé plus **que nous**.* - *Han comido más que nosotros.*

EJERCICIO

Subrayar el pronombre correcto para completar las frases.

Exemple: Nous avons acheté du pain pour [il / lui].

a. C'est [moi / je] qui vais faire les courses demain.
b. [Ils / Eux] sont venus la semaine dernière.
c. – Marc est étudiant en médecine. – [Lui / Il] aussi ?
d. [Tu / Toi], tu veux venir avec [nous / ils] dans notre maison de campagne ?

▸ Leçon 26

El futuro próximo

Je vais passer l'aspirateur tout de suite.
Voy a pasar el aspirador enseguida.

1 ¿De qué se trata?

Se trata de un futuro inmediato o cercano, menos lejano que el futuro simple. Se construye con el verbo *aller* conjugado en presente seguido del verbo que indica la acción en infinitivo.

2 ¿Cómo es en español?

En español se utiliza "ir" en presente + "a" + infinitivo.

Ejemplo: Voy a hacer la compra.
→ **Je vais faire** les courses.

3 ¿Cómo es en francés?

En francés funciona como en español, excepto que el sujeto no es elíptico y no se utiliza la preposición *à*: sujeto + *aller* en presente + infinitivo.

- *Je vais voir un film.* - *Voy a ver una película.*

¡Ojo! Cuando se trata de una negación, esta afecta al verbo *aller*:

- *Je **ne** vais **pas** faire mes exercices.* - *No voy a hacer mis ejercicios.*

Si queremos añadir un adverbio o un pronombre, se tiene que colocar entre los dos verbos:

- *Je vais **beaucoup** étudier.* - *Voy a estudiar mucho.*

EJERCICIO

Conjugar los verbos entre paréntesis en futuro próximo. Colocar el adverbio en su lugar si es necesario.

a. N'oublie pas ton manteau, il [faire] .... froid.
b. Prenez vos papiers sinon vous [avoir] .... des problèmes.
c. On a besoin de vacances, on [partir] .... bientôt à la mer.
d. La semaine prochaine, je [aller] .... en Grèce pour le travail.

▸ Leçons 27 et 28

Le passé composé

Je suis allé à Paris cet été.
He ido a París este verano.

1 ¿De qué se trata?

El pasado compuesto es un tiempo verbal compuesto porque lleva un auxiliar conjugado en presente y un participio. En francés se utiliza mucho este tiempo verbal porque corresponde en español al pretérito perfecto simple y al pretérito perfecto compuesto.

2 ¿Cómo es en español?

El pretérito perfecto compuesto se forma únicamente con el auxiliar "haber". Por eso cuesta acordarse de utilizar el auxiliar *être* cuando se necesita en francés.

Ejemplo: He hecho la compra.
→ **J'ai fait** les courses.

3 ¿Cómo es en francés?

Se utilizan dos auxiliares *avoir* o *être* según el caso. Cuando el auxiliar es *être* hay que acordarse de concordar el sujeto con el participio.

- *Elles sont allées au Costa Rica.* - *Se han ido a Costa Rica.*

Hay dos situaciones en las cuales se recurre al auxiliar *être* en el *passé composé*:

- **Con los verbos pronominales (*se réveiller, se lever...*):**
  - *Il s'est endormi pendant le cours.* - *Se ha dormido durante la clase.*
- **Con ciertos verbos:**

Se trata de una lista de 16 verbos y sus variantes con el prefijo *re-*:
arriver, partir (repartir), entrer (rentrer), sortir (ressortir), aller, venir (revenir), devenir, naître (renaître), mourir, monter (remonter), descendre (redescendre), tomber (retomber), passer (repasser), retourner, rester, apparaître

- *Ils **sont** venus et ils **sont** repartis.* - *Han venido y se han vuelto a ir.*

¡Ojo! Con un objeto directo, los verbos *entrer, sortir, monter, descendre, passer* se conjugan con el auxiliar *avoir*.

- *Alice, tu as sorti la poubelle ?* - *Alicia, ¿has sacado la basura?*
- *J'ai sorti la clé de ma poche.* - *He sacado la llave del bolsillo.*

EJERCICIO

Conjugar los verbos que están entre paréntesis en *passé composé*.

a. Martine [prendre] .... ses vacances en août cette année.
b. D'abord elle [aller] .... à Marseille.
c. Et elle [passer] .... quelques jours à la montagne.
d. Elle [se promener] .... beaucoup dans la forêt.
e. C'est sa voisine qui [sortir] .... son chien pendant son absence.

▸ Leçon 36

Los verbos y sus preposiciones

J'appelle Eva.
*Llamo **a** Eva.*

1 ¿De qué se trata?

Aquí veremos los verbos franceses con los cuales se utilizan las preposiciones *à* o *de* y los que no necesitan preposición.

2 ¿Cómo es en español?

Las preposiciones más comunes como "de", "a" o "en" dependen del régimen del verbo.

Ejemplo: Pienso en mi madre.
→ **Je pense à** ma mère.

3 ¿Cómo es en francés?

En francés, como en español, las preposiciones dependen del verbo y no hay otra solución que aprender los verbos con la preposición que le corresponde.
En francés, las más comunes son ***de*** y ***à***.
Los verbos más comunes cuya preposición es diferente en francés y en español son:

verbos sin preposición		**verbos seguidos de la preposición *à***		**verbos seguidos de la preposición *de***	
rencontrer / connaître	conocer (**a**)	penser **à**	pensar **en**	penser **de**	pensar **de**
aider	ayudar **a**	réussir **à**	conseguir	refuser **de**	negarse **a**
aimer	amar (**a**)	servir **à**	servir **para**	promettre **de**	prometer
inviter	invitar **a**	faire confiance **à**	confiar **en**	être obligé **de**	estar obligado **a**
remercier	agradecer **a**	participer **à**	participar **en**	avoir besoin **de**	necesitar
appeler	llamar **a**	mettre du temps **à**	tardar **en**	manquer **de**	faltar
oser	atreverse **a**	avoir du mal **à**	costar hacer	rêver **de**	soñar **con**
influencer	influenciar **en**			remercier **de**	agradecer
				essayer **de**	intentar
				jouer **de**	tocar (un instrumento)

- *J'ai du mal à faire mes devoirs.* - *Me cuesta hacer mis deberes.*
- *Je manque de temps pour faire du sport.* - *Me falta tiempo para hacer deporte.*

¡Ojo! El verbo *continuer* se utiliza con *à* o *de* si está seguido de un infinitivo, pero hay un matiz entre las dos preposiciones: con *à* la acción ha empezado y continúa ahora; con *de* la acción es una costumbre.
- *Je continue **de** jouer du piano.* - *Sigo tocando el piano (este año).*
- *Je continue **à** jouer du piano.* - *Sigo tocando el piano (ahora).*

EJERCICIOS

1. Completar las frases con [à / au / aux /de / d'/] **si es necesario.**

a. Elle a essayé .... faire du sport, mais elle pense que cela ne sert .... rien.
b. J'ai rencontré .... mon mari quand j'étais très jeune, nous participions .... un cross régional.
c. La nuit dernière, Hugo a rêvé .... quelque chose d'horrible, mais il a refusé .... raconter les détails.
d. Ma sœur a du mal .... trouver une baby-sitter, elle ne fait confiance .... personne pour garder ses enfants.
e. Martine invite .... ses cousins à dîner pour les remercier .... l'avoir aidée.
f. Ça ne sert .... rien d'insister, tu ne réussiras jamais .... faire de bons macarons.
g. Il m'avait promis .... essayer .... réparer mon vélo et maintenant il refuse .... le faire.
h. Il a mis du temps .... se décider, mais il a enfin osé .... appeler .... cette fille.

2. Unir los dos elementos de la oración.

a. Lucie fait ○
b. Ils ont besoin ○
c. Raphaël joue ○
d. Nous avons finalement réussi ○
e. J'appelle ○
f. Elle a rencontré ○
g. Pascal aide beaucoup ○

○ 1. à aller au musée.
○ 2. ma grand-mère tous les dimanches.
○ 3. son mari au travail.
○ 4. de la danse depuis 3 ans.
○ 5. d'une baby-sitter pour leurs enfants.
○ 6. ses enfants dans leurs études.
○ 7. du violon dans un orchestre.

▸ Leçon 39

¿Dónde colocar la negación?

*Je n'ai **pas** le temps.*
No tengo tiempo.

1. ¿De qué se trata?

En francés la negación se compone de dos elementos (*ne* + *pas* / *plus*...) y tendemos a olvidarnos el segundo elemento. Al hablar, podemos prescindir del *ne*, pero sin el segundo elemento, la frase pierde su sentido negativo.

2. ¿Cómo es en español?

Para obtener una frase negativa basta con colocar "no" delante del verbo.

Ejemplo: No quiero leche.
→ Je **ne** veux **pas** de lait.

3. ¿Cómo es en francés?

La oración negativa tiene dos elementos: *ne* y una partícula negativa: *pas, plus, rien, jamais, personne*. Estos elementos de negación se colocan de la siguiente forma según si el verbo es:

- **Un tiempo simple (*ne* + verbo conjugado + *pas / plus / rien / jamais / personne*):**
  - *Je **ne** lis **pas** la presse.* - *No leo la prensa.*
  - *Je **ne** vais **plus** au club de gym.* - ***Ya no** voy al gimnasio.*
  - *Je **ne** veux **rien** boire.* - *No quiero beber nada.*
  - *Je **ne** fais **jamais** de sport.* - ***Nunca** hago deporte.*
  - *Je **n'**invite **personne** à dîner.* - *No invito a **nadie** a cenar.*

  ¡Ojo! En el caso de un verbo pronominal, el pronombre reflexivo no se separa nunca del verbo.
  - *Je ne **me lave** pas les mains.* - *No me lavo las manos.*
- **Un tiempo compuesto (*ne* + auxiliar *être* o *avoir* + *pas / rien / jamais* + participio):**
  - *Je **ne** me suis **pas** bien préparée pour le concours.*
  - *No me he preparado bien para el concurso.*
  - *Je **n'**ai **rien** trouvé sur ce marché.* - *No he encontrado nada en este mercado.*
  - *Je **ne** suis **jamais** allé à l'étranger.* - ***Nunca** he ido al extranjero.*

  ¡Ojo! *Personne* no es un adverbio, así que se coloca después del participio.
  - *Je **n'**ai vu **personne** dans le parc.* - *No he visto a **nadie** en el parque.*
- **Un infinitivo (*ne* + *pas / plus / rien / jamais* + infinitivo):**
  - *Il est préférable de **ne pas** utiliser le portable en classe.*
  - *Es mejor **no** usar el móvil en clase.*
  - *Il vaut mieux **ne plus** manger de bonbons.* - *Mejor **no** comer más caramelos.*
  - *J'espère **ne rien** avoir oublié.* - *Espero **no** haberme olvidado nada.*
  - ***Ne jamais** se pencher par la fenêtre !* - *¡**Nunca** asomarse por la ventana!*

  ¡Ojo! *Rien* y *personne* también pueden ser sujeto de un verbo. En este caso el orden de las palabras cambia y no se añade *pas* porque ya hay dos elementos de negación: ***rien / personne* + *ne*** + verbo conjugado:
  - ***Personne ne** vient dans ce quartier.* - ***Nadie** viene a este barrio.*
  - ***Rien ne** me fait peur.* - ***Nada** me da miedo.*

EJERCICIOS

1. Contestar a las preguntas como en el ejemplo.

Ejemplo: Delphine est contente de son nouveau travail ? → Non, Delphine n'est pas contente de son nouveau travail.

a. Ton cousin a eu la varicelle ?
b. Quelque chose a changé ?
c. Elle va encore à la mer ?
d. Il y a quelqu'un dans le bureau ?
e. Elle s'est toujours levée tôt ?
f. Quelque chose le gêne ?
g. Elle espère encore partir ?
h. Elle est partie en Australie ?

2. Colocar las palabras en el orden adecuado para formar oraciones.

Ejemplo: n' - Je - faim - ai - plus →Je n'ai plus faim.

a. Je - rien - ce - ai - n' - fait - week-end
b. mari - faire - jamais - n' - aimé - Mon - la - a - vaisselle
c. ont - enfants - le - jamais - d'Orsay - visité - Mes - n' - musée
d. Juliette - promis - ne - rentrer - a - plus - de - tard
e. est - Presque - n' - à - conférence - personne - la - venu

Corrigés

1. les présentatifs

pages 11, 12, 13

1 PISTE 3

Transcription :

1. *Elle est française.*
2. *C'est ma meilleure amie.*
3. *Ils sont jeunes.*
4. *Il est belge.*
5. *Voici Arthur.*
6. *Il y a un nouveau professeur.*
7. *Ce sont mes filles.*
8. *Voilà Fred.*

a. 4 **b.** 1 **c.** 3 **d.** 2 **e.** 7 **f.** 5 **g.** 8 **h.** 6

2

b. 5 **c.** 1, 4, 6, 7 **d.** 1, 4 **e.** 2 **f.** 1, 4, 6, 7 **g.** 6, 7

3

b. Elle est **c.** Elle est **d.** Il est **e.** C'est **f.** C'est **g.** Il est **h.** C'est **i.** Elle est **j.** Il est / Elle est

4

b. Elle est coiffeuse. C'est une coiffeuse.
c. Il est musicien. C'est un musicien.
d. Elle est boulangère. C'est une boulangère.
e. Elle est danseuse. C'est une danseuse.
f. Il est médecin. C'est un médecin.
g. Il est facteur. C'est un facteur.

5

b. Ce sont **c.** C'est **d.** C'est **e.** Ce sont **f.** Ce sont **g.** C'est **h.** C'est **i.** Ce sont **j.** C'est

6

b. Il est drôle. **c.** Il y a un ordinateur. **d.** Elles sont chinoises. **e.** C'est mon ami.

7

Il y a cinq étudiants - Elle est chinoise - Elle est étudiante - Il y a un garçon - Il est étudiant - C'est un garçon

8 PISTE 4

Transcription :

Ex. : – Gaëtan est allemand. Et Marie ?
– Elle est française.
a. *– Léon est belge. Et Pauline ?*
– Elle est suisse.
b. *– C'est un collègue. Et Delphine ?*
– C'est une amie.
c. *– Laura et Saïda sont deux étudiantes. Et Pierre ?*
– Il est étudiant.
d. *– Paula, c'est une amie. Et Pablo et Louise ?*
– Ce sont des collègues.
e. *– Martin est célibataire. Et Antoine ?*
– Il est marié.
f. *– Patricia est médecin. Et Marco ?*
– Il est infirmier.
g. *– Arnaud est musicien. Et Anna ?*
– Elle est actrice.
h. *– Ce sont des amis du lycée. Et Luc et Fred ?*
– Ce sont des cousins.

9

a. C'est ma sœur - Elle est mariée **b.** C'est l'ami - Il est étudiant **c.** il y a une jeune femme - C'est ma tante **d.** Ce sont mes meilleurs amis **e.** Elle est coiffeuse **f.** Il est turc - elle est irakienne **g.** C'est Vladimir - Il est russe **h.** Voici mon mari - C'est un homme

10

Elle est française - elle est marocaine - Elle est médecin - C'est sa sœur - Elle est jeune - Elle est étudiante - c'est son mari - elle est célibataire - C'est Mohamed - il y a deux enfants - ce sont les enfants

11

– C'est Takafumi. Il est japonais. Il est étudiant. C'est mon ami. Il est marié. Il est drôle. Il est sympathique.
– C'est Jillian. Elle est américaine. Elle est traductrice. C'est ma sœur. Elle est célibataire. Elle est dynamique.

12

Proposition de réponse :

Voici Marco. Il est italien. C'est un ami. C'est un journaliste. Il est célibataire. Il y a quatre personnes dans sa famille : son père, sa mère et ses deux sœurs.

2. masculin / féminin des noms

pages 15, 16, 17

1 PISTE 6

Transcription :

a. *étudiante*
b. *Bretonne*
c. *directrice*
d. *danseur*
e. *invité(e)*
f. *infirmière*
g. *informaticien*
h. *pianiste*
i. *ami(e)*
j. *princesse*
k. *championne*
l. *épicier*

masculin : d, e, g, h, i, l
féminin: a, b, c, e, f, h, i, j, k

2

b. une pianiste c. une dentiste d. une amie - e. une voisine f. une invitée g. une collègue h. une étudiante i. une Française j. une journaliste

3

b. un retraité c. un avocat d. un malade e. un marié f. un employé g. un marchand h. un gagnant

4 PISTE 7

Transcription :

a. *Raphaëlle est étudiante à Paris.*
b. *Frédéric est enseignant d'italien.*
c. *Gaëlle est avocate à Angers.*
d. *Aimé est commerçant à Lyon.*
e. *Dominique n'est pas allemande.*
f. *Emmanuel est client dans cette banque.*
g. *Axelle est assistante de direction.*
h. *Gabriel est président de son association.*

masculin : b, d, f, h
féminin : a, c, e, g

5

a. C'est une Mexicaine très sympa. b. C'est une Belge d'origine française. c. C'est une jeune Américaine de New York. d. C'est une Chinoise qui habite à Pékin. e. C'est une jeune Sénégalaise de 18 ans. f. C'est une Russe très drôle.

6

C	H	A	N	T	E	U	S	E	I	I
B	O	U	C	H	È	R	E	S	N	D
O	N	M	Z	E	Z	Z	T	U	F	I
U	A	I	É	Z	Z	I	Z	E	I	R
L	Z	Z	Z	D	Z	Z	Z	S	R	E
A	A	C	T	R	I	C	E	N	M	C
N	F	Z	Z	N	Z	E	Z	A	I	T
G	E	Z	Z	R	O	M	N	D	È	R
È	Z	C	Z	Z	N	Z	Z	N	R	I
R	V	E	N	D	E	U	S	E	E	C
E	E	S	U	E	F	F	I	O	C	E

Mot à créer : informaticienne

7

b. 7 c. 1 d. 5 e. 3 f. 2 g. 6

8

a. écolier - ouvrier - bijoutier - fermier
b. lion - politicien - technicien - mécanicien - Parisien - champion
c. chanteur
d. directeur - amateur - spectateur

9

a. technicien b. agriculteur - actrice c. caissier - chanteuse d. serveur - boulangère e. traductrice - musicienne f. danseur - coiffeur

10

Moi aussi, je voudrais être championne de tennis, boulangère, actrice, bijoutière, coiffeuse, princesse…

11

Salut Antoine,
J'ai une super nouvelle à t'annoncer ! J'ai trouvé un travail comme traductrice à Paris, dans ton entreprise. Incroyable ! Je vais donc être parisienne et aussi la collègue de Max pendant un an ! Après avoir travaillé comme vendeuse, serveuse, comédienne, factrice, je vais réaliser enfin mon rêve d'adolescente.
Hélène

3. singulier / pluriel des noms

pages 19, 20, 21

1 PISTE 9

Transcription :

a. *J'aime les chevaux.*
b. *Tu veux un gâteau ?*
c. *Il y a des choux.*
d. *Bonjour Messieurs.*
e. *J'adore le bal.*
f. *Enchantée Madame !*
g. *Tu connais les prix ?*
h. *Les nez des clowns sont rouges.*
i. *Tu manges une pomme ?*
j. *Zora préfère les gâteaux au chocolat.*
k. *Tu veux un bijou pour ton anniversaire ?*

singulier : b, e, f, i, k
pluriel : a, c, d, g, h, j

2

b. Alice a des problèmes.
c. Ils écrivent des cartes.
d. Il y a des réunions.
e. Vous voulez des chocolats ?
f. J'ai des chats.
g. Je voudrais des roses.
h. Ils ont des ordinateurs.
i. Tu veux des bonbons ?

3

a. Pour mon anniversaire, je voudrais avoir des jeux de société, des ballons, des bateaux, des voitures, des gâteaux au chocolat.
b. Au zoo, je voudrais voir des animaux, des éléphants, des tigres, des oiseaux, des girafes.

4

b. bijoux c. choux d. cous e. bisous f. kangourous g. fous h. trous

5

b. les cadeaux c. les bals d. les jeux e. les bijoux

6

b. les jeux c. les journaux d. des oiseaux e. deux animaux f. les bijoux g. les châteaux

7

Sur la table, il y a des assiettes, des verres, des fourchettes, des couteaux, des cuillères, des plateaux et des serviettes.

8

b. un prix c. un nez d. un mois e. un bus f. un bras g. un choix h. un dos i. un cours

9

a. messieurs b. des œufs - des gâteaux c. les prix - deux articles d. aux yeux - des médicaments e. quatre pays - cinq villes f. Les châteaux - les musées

10

des romans - des fruits - des gâteaux - des voyages - des courriels - des chansons - des animaux - des cadeaux

11

a. À la gare, je vais acheter des billets de train.
b. Au supermarché, je vais acheter des serviettes, des gâteaux, des bouteilles d'eau, des sacs à dos et des brosses à dents.
c. À la pharmacie, je vais acheter des médicaments et des brosses à dents.
d. À la poste, je vais acheter des colis, des timbres et des enveloppes.
e. Dans la boutique de vêtements, je vais acheter des chapeaux, des écharpes, des manteaux et des chemises.

4. articles définis / indéfinis

pages 23, 24, 25

1 PISTE 11

Transcription :

a. *Je cherche une banque.*
b. *Tu connais les voisins ?*
c. *J'ai un problème.*
d. *L'exercice est facile.*
e. *Tu veux des fraises ?*
f. *Je ne comprends pas la phrase.*
g. *Où sont les toilettes ?*
h. *J'ai acheté le journal.*
i. *Vous avez des questions ?*

un, une : a, c
des : e, i
le, la, l' : d, f, h
les : b, g

2

b. un kiwi **c.** des fraises **d.** des oranges **e.** un avocat **f.** une banane **g.** une cerise **h.** des abricots **i.** un citron

3

b. la chambre **c.** les toilettes **d.** l'entrée **e.** la cuisine **f.** le garage **g.** les fenêtres **h.** la porte

4

b. des personnes **c.** les ordinateurs **d.** des avions **e.** les clés **f.** les messages **g.** les maisons **h.** des idées

5

b. un vêtement **c.** l'enfant **d.** un chèque **e.** une erreur **f.** l'information

6

b. Tu as pris les sacs ? **c.** Je vais lui offrir des écharpes. **d.** On va manger des pizzas. **e.** Je vais acheter des croissants. **f.** Ils n'ont pas compris les questions. **g.** Où tu as mis les clés ? **h.** Je voudrais rencontrer les voisins.

7

b. un stylo **c.** une maison - un jardin **d.** un message **e.** des nouvelles **f.** un café

8

b. le petit-déjeuner **c.** le château **d.** l'entrée **e.** le métro - la tour Eiffel **f.** les valises **g.** la chambre

9 PISTE 12

Transcription :

a. *J'ai fait des erreurs.*
b. *Les enfants sont dans le jardin.*
c. *On va visiter des appartements.*
d. *Je viens avec un ami.*
e. *Les exercices sont difficiles.*
f. *Où sont les autres personnes ?*
g. *Elle a peur des araignées.*
h. *Tu connais un hôtel à Lyon ?*

10

b. des enfants **c.** une voiture **d.** l'adresse **e.** un restaurant **f.** l'ordinateur

11

b. Tom et Zoé veulent acheter une maison en Normandie. - Jules et Éva vont venir à la maison.
c. Tu veux voir les photos du mariage ? - Est-ce que vous avez pris des photos en Turquie ?
d. Moi, j'adore les croissants français. - Tu peux rapporter des croissants de la boulangerie ?

12

des amis - une petite fête - Les amis - un cadeau - une idée - une boutique - des chaussures - les voyages - un billet d'avion - un week-end - la lecture - des livres

13

un bon roman - un livre - d'un écrivain connu - l'auteur - Le livre - une histoire - des étudiants - des professeurs - des Allemands - la guerre - un homme - des recherches - le livre - des lettres - des articles - des photographies

5. articles partitifs

pages 27, 28, 29

1 PISTE 14

Transcription :

a. *Je vais à la boulangerie chercher du pain.*
b. *Il va au Brésil, il a de la chance.*
c. *Tu prends du sucre dans ton café ?*
d. *Cette année, on a eu de la neige à Nantes.*
e. *J'ai trouvé une enveloppe avec de l'argent à l'intérieur.*
f. *Elle aimerait faire du piano, mais ça coûte cher, non ?*

du : c, f
de la : b, d
de l' : e

2

b. du café **c.** de la salade **d.** de l'eau **e.** du poisson **f.** de l'alcool **g.** du sucre

3

a. du violon **b.** de l'escalade **c.** de la gymnastique **d.** de l'escrime **e.** du ski **f.** de la natation

4

b. du soleil **c.** du succès **d.** de la neige **e.** de l'humour **f.** de l'argent

5

b. du pain - de la confiture **c.** de la chance **d.** du poulet **e.** de l'argent **f.** de la fièvre **g.** du foot **h.** de la neige

6

b. le temps **c.** l'art - de la peinture **d.** du temps **e.** de la chance - du travail - de l'argent **f.** Le séjour - de la pluie **g.** du théâtre - le théâtre **h.** Le riz

7

b. un excellent champagne **c.** du sport - un vélo **d.** un vent **e.** un verre - du jus **f.** du bruit

8 PISTE 15

Transcription :

Ex. : – Qu'est-ce qu'on produit beaucoup en France ?
– Du parfum.
a. *– Qu'est-ce qu'il y a dans votre sac ?*
– De l'argent.
b. *– Quelle est la boisson préférée au Japon ?*
– Le thé.
c. *– Quel est votre sport préféré ?*
– La natation.
d. *– Qu'est-ce que vous allez acheter au marché ?*
– Du fromage.
e. *– Qu'est-ce que tu prends au petit déjeuner ?*
– Du café.
f. *– De quel instrument de musique est-ce que tu voudrais jouer ?*
– Du piano.
g. *– Qu'est-ce qui est blanc et qui tombe sur les hautes montagnes ?*
– La neige.
h. *– Qu'est-ce qu'on peut toujours donner à ses amis ?*
– De l'amitié.

9

b. Oui, du basket-ball. - Je fais du vélo. **c.** Du sport et je lis. **d.** Du poisson avec de la purée. - Une pizza au fromage.

10

b. football / vent **c.** eau / argent **d.** temps / courage **e.** volonté / patience **f.** salade / crème **g.** aviron / escrime **h.** sucre / beurre **i.** tennis / vélo

11

Proposition de réponse :

Vous voulez boire : un café, un chocolat, un thé, un jus d'orange
Vous voulez manger : du fromage, du jambon, du pain, de la confiture, du beurre, quatre croissants

6. l'articles et la négation

pages 31, 32, 33

1 PISTE 17

Transcription :

a. Nous ne voulons pas de gâteau au chocolat. b. Elle fait de l'équitation. c. Il ne cherche pas de travail. d. Tu ne veux pas de sucre ? e. Vous voulez un chocolat ? f. C'est un long voyage. g. Tu prends du lait dans ton café ? h. Je n'ai pas le temps aujourd'hui. i. On a du thé japonais.

forme affirmative : b, e, f, g, i

forme négative : a, c, d, h

2

b. Tu ne veux pas de yaourt ? c. Il n'a pas d'argent. d. Elle ne mange pas de fruits. e. Coralie n'a pas de travail. f. Elle ne fait pas de natation. g. Je n'ai pas de temps demain. h. Ils n'ont pas de chance ! i. Il n'y a pas de questions ? j. Je ne veux pas de pomme.

3 PISTE 18

Transcription :

Ex. – Vous avez un couteau dans votre valise ?
– Non, je n'ai pas de couteau

a. – Vous transportez des cigarettes ?
– Non, je ne transporte pas de cigarettes.

b. – Vous avez de l'argent ?
– Non, je n'ai pas d'argent.

c. – Vous avez une bouteille d'eau ?
– Non, je n'ai pas de bouteille d'eau.

d. – Vous avez acheté du parfum ?
– Non, je n'ai pas acheté de parfum.

e. – Des cadeaux pour votre famille ?
– Non, pas de cadeaux pour ma famille.

f. – Des fruits ?
– Non, pas de fruits.

g. – Du chocolat ?
– Non, pas de chocolat.

4

b. Oui, mais pas d'amis. c. Oui, mais pas de billets de train. d. Oui, mais pas de fromage italien. e. Oui, mais pas le thé. f. Oui, mais pas d'imprimante. g. Oui, mais pas de baignoire. h. Oui, mais pas d'appartements. i. Oui, mais pas de boulangerie. j. Oui, mais pas la région.

5

b. Non, ils n'ont pas de fille. c. Non, ce ne sont pas les bonnes réponses. d. Non, je n'ai pas de carte bancaire. e. Non, Manu n'a pas de travail. f. Non, ce n'est pas une question facile. g. Non, je ne bois pas de vin. h. Non, il ne porte pas de lunettes.

6

b. Non, je n'ai pas d'ordinateur. c. Non, ce n'est pas de l'or. d. Non, je n'aime pas le lait. e. Non, je ne veux pas de sauce. f. Non, je ne lis pas le journal. g. Non, on n'aime pas le théâtre. h. Non, ils n'ont pas de jardin.

7 PISTE 19

Attention ! La prononciation des phrases correspond à l'usage oral, avec élision du *e* : je ne bois pas = je *n'* bois pas / je n'ai pas = *j' n'*ai pas.

Transcription :

*a. – Non, je **n'**bois pas **d'**thé b. – Non, **j'n'**ai pas d'ordinateur portable. c. – Non, **c'n'**est pas **d'**l'or. d. – Non, **j'n'**aime pas le lait. e. – Non, je **n'**veux pas **d'**sauce tomate. f. – Non, **j'n'**ai pas lu le journal ce matin. g. – Non, on n'aime pas le théâtre. h. – Non, ils n'ont pas **d'**jardin.*

8 PISTE 20

Attention ! La prononciation des phrases correspond à l'usage oral, avec élision du *e* : je ne veux pas de salade = je *n'* veux pas *d'* salade.

Transcription :

*Ex. : – Tu veux de la salade ? – Non, **j'n'**veux pas **d'**salade.*

*a. – Tu as du temps ? – Non, **j'n'**ai pas **d'**temps.*

*b. – Tu bois du café ? – Non, je **n'**bois pas **d'**café.*

*c. – Tu manges du poisson ? – Non, je **n'**mange pas **d'**poisson.*

*d. – Tu as de la chance ? – Non, **j'n'**ai pas **d'**chance.*

*e. – Tu veux du fromage ? – Non, **j'n'**veux pas **d'**fromage.*

*f. – Tu prends du sucre ? – Non, je **n'**prends pas **d'**sucre.*

*g. – Tu as des questions ? – Non, **j'n'**ai pas **d'**questions.*

*h. – Tu portes des lunettes ? – Non, je **n'**porte pas **d'**lunettes.*

9

b. les chèques bancaires c. de message d. d'amis e. de lait f. des pommes de terre g. le café

10

b. Elle ne porte pas de chapeau. c. Elle ne porte pas de robe blanche. d. Elle n'a pas de sac. e. On ne vend pas de pain. f. Elle n'a pas acheté de carottes. g. On n'accepte pas de carte bancaire. h. Il n'y a pas de bouteille d'eau.

11

Proposition de réponse :

Mon / Ma chéri(e), je te quitte parce que :

- tu n'as pas d'argent quand on va au restaurant ;
- tu ne m'offres pas de bijoux en or quand c'est mon anniversaire ;
- tu n'aimes pas le théâtre et tu n'as pas de temps pour visiter les musées ;
- tu ne portes pas de jolis vêtements et tu ne fais pas de sport ;
- tu ne cherches pas de travail ;
- tu n'aimes pas les chats ;
- tu ne m'envoies jamais de messages ;
- et surtout tu n'as pas de sentiments pour moi !

7. articles contractés

pages 35, 36, 37

1 PISTE 22

Transcription :

a. *Nous visitons le Louvre.*
b. *Ce livre parle de l'origine de l'homme.*
c. *Nous sommes à la banque.*
d. *Vous allez au cinéma ?*
e. *On pratique la danse.*
f. *Ils dorment à l'hôtel.*
g. *Elle regarde les bateaux.*
h. *J'écoute de la musique.*

a. le Louvre b. de l'homme c. à la banque d. au cinéma e. la danse f. à l'hôtel g. les bateaux h. de la musique

2

a. – Il pratique l'équitation. b. – Ils vont au théâtre. c. – Je vais à la gare du Nord. d. – Elle visite le château de Pau. e. – Nous aimons le judo. f. – On va à la plage. g. – Vincent sort de la piscine. h. – Il est au restaurant.

3

b. de l'école c. de la salle d. du restaurant e. de la plage f. du lycée g. de l'hôtel h. du train

4

a. 1, 4 b. 2, 5 c. 3, 6

5

b. le téléphone du directeur c. la clé de la moto d. l'appartement du père de Mélanie e. la voiture de la voisine f. le costume de l'acteur g. les amis du serveur

6

b. de l'avion c. du Japon d. des toilettes e. du sport f. de l'école g. de la bibliothèque

7

b. au club c. à l'office d. à l'école e. à la pâtisserie f. aux enseignants

8

b. à l'hôpital c. à la mer d. Aux toilettes e. au concert f. au commissariat g. au château

9 PISTE 23

Transcription :

Ex. : – Est-ce que Benjamin va au concert de Zaz ?
– Non, il va au théâtre.
a. *– Est-ce que Paul part à la mer?*
– Non, il part à la montagne.
b. *– Est-ce que Marie va au bar ?*
– Non, elle va au restaurant.
c. *– Est-ce qu'ils vont au marché demain ?*
– Non, ils vont au supermarché.
d. *– Est-ce qu'elle va à la bibliothèque ?*
– Non, elle va à la librairie.
e. *– Est-ce que tes enfants vont au lycée ?*
– Non, ils vont à l'université.
f. *– Est-ce qu'il veut aller au théâtre ?*
– Non, il veut aller au cinéma.
g. *– Est-ce qu'elle va à l'école ?*
– Non, elle va à la garderie.
h. *– Est-ce qu'il est allé au cabinet médical ?*
– Non, il est allé à l'hôpital.

10

b. au commissariat c. de la gare d. de l'hôpital e. à l'hôtel – au camping f. du billet g. aux enfants

11

Samedi, à 9 h, Julie va voir l'exposition « Trésors des musées de France » au musée des beaux-arts.
Samedi, à 14 h, Julie va aller au cinéma pour voir le film *Dans la cour.*
Samedi, à 19 h, Julie va aller à la crêperie avec Stéphanie et Anthony.
Dimanche, à 15 h, Julie va aller voir les tapisseries de l'Apocalypse au château d'Angers.
Dimanche, à 18 h, Julie va aller au bar.
Lundi, à 9 h, Julie va aller à l'université pour suivre un cours de littérature.
Lundi, à 12 h, Julie va aller au restaurant universitaire.
Lundi, à 14 h, Julie va aller à la bibliothèque.
Lundi, à 17 h, Julie va aller à la salle de sports pour faire un cours de yoga.

12

a. – Elle peut aller au cabinet médical et à la pharmacie. b. – Il peut faire de la natation, du football et aller à la patinoire. c. – Il peut aller au musée, au cinéma, à la bibliothèque, au théâtre. d. – Elle peut aller à la bibliothèque.

8. adjectifs démonstratifs

pages 39, 40, 41

1 PISTE 25

Transcription :

a. *Peux-tu me prêter ce DVD ?*
b. *J'ai habité avec cette fille pendant 2 ans.*
c. *Est-ce que je t'ai montré ces tableaux ?*
d. *Cette femme parle très bien japonais.*
e. *Tu as oublié ces livres dans ma voiture.*
f. *Cet étudiant a beaucoup de capacités.*
g. *Cet homme habite à côté de chez moi.*
h. *À qui est ce sac ?*

ce : a, h
cet : f, g
cette : b, d
ces : c, e

2

a. 3 b. 4, 5 c. 2, 6

3

b. ce stylo c. ces femmes d. cet homme e. cet enfant f. cette chambre g. cet adulte h. cette table i. ces cahiers j. cet hôtel k. cette étudiante l. ces poupées

4

b. Cet hôtel c. Ces appartements d. ce film e. cette paire f. Cet artiste

5

b. Cet ordinateur c. Ce travail d. Cet immeuble e. ce garçon f. cet exercice g. Cet hôpital

6

a. – Est-ce que tu veux adopter cet adorable chien ? b. – C'est vrai, tu es le directeur de cet immense magasin ? c. – Il est à toi cet horrible pantalon gris ? d. – Tu as lu cet incroyable roman ? e. – Combien coûte cet ancien garage ? f. – Tu as vu cet extraordinaire monument ? g. – Qu'est-ce que tu penses de cet étrange comportement ?

7

b. cet étudiant c. cet interprète d. ce patient e. cet athlète f. ce lycéen

8

A	C	E	T	T	E	B	I	N	O
C	H	A	U	S	S	U	R	E	S
E	I	V	O	I	T	U	R	E	C
C	E	S	P	A	H	O	M	M	E
M	N	E	N	T	P	O	I	R	T

b. ces chaussures
c. cet homme
d. ce chien

9 PISTE 26

Transcription :

Ex. : – Il a déjà mangé une choucroute ?
– Non, il n'a jamais mangé ce plat.
a. *– Il connaît M. Baumard ?*
– Non, il ne connaît pas cet homme.
b. *– Elle a déjà mangé un macaron ?*
– Non, elle n'a jamais mangé ce gâteau.
c. *– Ils ont déjà regardé* La Tour de Babel *?*
– Non, ils n'ont jamais regardé ce film.
d. *– Il parle arabe ?*
– Non, il ne parle pas cette langue.
e. *– Elles ont écouté le CD de Yannick Noah ?*
– Non, elles n'ont pas écouté cet album.
f. *– Elle étudie l'histoire de l'art?*
– Non, elle n'étudie pas cette matière.
g. *– Il a visité l'Arc de Triomphe ?*
– Non, il n'a pas visité ce monument.
h. *– Ils ont acheté la bague ?*
– Non, ils n'ont pas acheté ce bijou.

10

b. ce parfum c. ces chaussures d. ces chaussons e. cet argent f. ce gilet

11

a. – Pour Ilhame, je vais acheter ces boucles d'oreilles.
b. – Pour Sofia, je vais acheter cette écharpe et ce bonnet.
c. – Pour Tonio et Inès, je vais acheter cette plante verte.
d. – Pour mon fils, je vais acheter cet ordinateur.

12

a. ces framboises - ces abricots - ces fruits b. ce pantalon - cette veste - cette veste - ce chemisier - ces chaussures

13

Proposition de réponse :

– Vous connaissez cet homme ?
– Non, je ne le connais pas.
– Et cette femme ?
– Ah oui, je la reconnais. Elle va souvent dans cette bijouterie.
– Et ces enfants étaient avec elle ?
– Non. Vous pensez qu'elle a volé ces bijoux ?

9. adjectifs possessifs

pages 43, 44, 45

1 PISTE 28

Transcription :

a. *Tu as laissé ton parapluie chez moi.*
b. *Leur maison est très belle.*
c. *Notre nouveau canapé est gris.*
d. *Leurs enfants sont vraiment beaux !*
e. *Tes parents sont vraiment accueillants.*
f. *Mon amie est très amusante !*
g. *Tu as oublié ton livre de grammaire !*
h. *Sa robe est vraiment originale !*

b. féminin, singulier c. masculin, singulier d. masculin, pluriel e. masculin, pluriel f. féminin, singulier g. masculin, singulier h. féminin, singulier

2

a. 1, 5 b. 4, 6 c. 2, 3

3

b. votre fille, F S c. ton amie, F S d. son mari, M S e. nos frères, M P

4

a. mon père b. vos papiers c. mon parapluie - votre boutique d. Leurs amis e. ton adresse f. sa sœur

5

b. son téléphone c. ton numéro d. ma bague e. mon livre f. sa proposition

6

b. ses grands-parents c. sa cousine d. leurs filles e. leur oncle f. leurs fils

7

b. ta voiture c. ton invitation d. son absence - ses parents e. vos lunettes f. son actrice

8

b. ta meilleure amie c. ma merveilleuse école d. ton incroyable nouvelle e. sa grosse erreur f. ta petite auto g. ton ancienne voisine h. mon adorable fille

9 PISTE 29

Transcription avec propositions de réponses :

Ex. : – C'est le livre d'Arthur ?
– Oui, c'est son livre.
a. *– C'est le sac de Léo ?*
– Oui, c'est son sac.
b. *– Ce sont les parents de Gaëlle ?*
– Oui, ce sont ses parents.
c. *– C'est le copain de Marta ?*
– Oui, c'est son copain.
d. *– C'est la voiture de Virginie et Antoine ?*
– Oui, c'est leur voiture.
e. *– Ce sont les fils de Richard ?*
– Oui, ce sont ses fils.
f. *– C'est le dictionnaire de Natsumi ?*
– Oui, c'est son dictionnaire.
g. *– C'est la maison de Lisa et Sam ?*
– Oui, c'est leur maison.
h. *– Ce sont les chaussures de Tristan ?*
– Oui, ce sont ses chaussures.

10

a. – Son adresse électronique est robertino@gmail.fr.
b. – Ses parents s'appellent Béatrice et Rémi. c. – Son frère s'appelle Hidefumi. d. – Son mari est avocat. e. – Sa sœur a 25 ans.

11

mes voisins - leur santé - leur petits-fils - ma fille - mes vêtements - mon mari - sa chemise - ses chaussons

12

Proposition de réponse :

Mon père s'appelle Gabriel et ma mère s'appelle Viviane. Mes parents habitent à Saint-Malo avec ma petite sœur de 20 ans, Mélusine. Mon frère a 33 ans, il habite avec sa femme à Lille. Mon grand-père a 85 ans et ma grand-mère a 89 ans.

10. quantité indéterminée

....pages 47, 48, 49

1 PISTE 31

Transcription :

a. *Je connais tous les étudiants.*
b. *Nous avons les mêmes amis.*
c. *Elle a d'autres activités.*
d. *Il n'y a aucun problème !*
e. *Je travaille chaque matin.*
f. *On ira une autre fois.*
g. *J'ai beaucoup de travail.*
h. *Vous avez quelques choix.*

2

b. plusieurs ☒ **c.** un peu de **d.** le même **e.** un autre **f.** chaque **g.** l'autre **h.** tout le **i.** beaucoup de ☒ **j.** toute la

3

b. Tout le monde **c.** toute la journée **d.** tous les types **e.** Toutes les idées **f.** tous les week-ends **g.** tout le travail **h.** tous les bonbons

4

a. tous les matins **b.** tous les monuments - toute la ville **c.** chaque matin - tous les soirs **d.** chaque continent - toutes les cuisines **e.** Tous les aliments - Chaque fruit

5

Ils ont la même profession. Ils n'ont pas les mêmes passions. Ils ne lisent pas le même journal. Ils ne regardent pas les mêmes films. Ils aiment le même dessert. Ils n'écoutent pas la même chanson.

6

a. – Vous avez les mêmes chaussures en 38 ?
b. – Vous avez le même manteau en taille 40 ? **c.** – Vous avez les mêmes chaussettes en taille 39 ? **d.** – Vous avez la même veste en taille 38 ? **e.** – Vous avez la même robe en taille 40 ? **f.** – Vous avez les mêmes bottes en 41 ?

7

b. Mathias a d'autres choix. **c.** Tu vois d'autres possibilités ? **d.** Vous avez vu les autres films de Klapisch ? **e.** Ils veulent avoir d'autres enfants. **f.** Vous connaissez les autres solutions ?

8

c. – Non, Patrick ne mange aucun gâteau. **d.** – Non, aucun chien n'est autorisé. **e.** – Non, les Dupont n'ont aucune activité sportive. **f.** – Non, elles n'aiment aucun type de musique. **g.** – Non, aucune étudiante ne va au cinéma ce soir.

9 PISTE 32

Transcription avec propositions de réponses :

Ex. : – Ils ont quelques amis ?
– Non, ils n'ont aucun ami.
a. *– Marie a beaucoup de photos ?*
– Non, elle n'a aucune photo.
b. *– Noé et Tristan, ils lisent beaucoup de livres ?*
– Non, ils ne lisent aucun livre.
c. *– Tu as beaucoup de travail ?*
– Non, je n'ai aucun travail.
d. *– Lou, elle achète beaucoup de vêtements ?*
– Non, elle n'achète aucun vêtement.
e. *– Tu écoutes beaucoup de musique ?*
– Non, je n'écoute aucune musique.
f. *– Vos enfants mangent beaucoup de gâteaux ?*
– Non, ils ne mangent aucun gâteau.

10

b. plusieurs fois **c.** beaucoup de temps **d.** beaucoup de natation **e.** un peu de jardinage **f.** quelques romans **g.** quelques musées

11

Proposition de réponse :

Pour ma recette du bonheur, je dois mélanger un peu d'argent, beaucoup d'amis, quelques voyages, un peu de sport, beaucoup de musique, quelques chansons, un peu de soleil, quelques sourires, plusieurs glaces, beaucoup de tasses de café et quelques livres.

11. accord de l'adjectif

pages 51, 52, 53

1 PISTE 34

Transcription :

a. *Ce film est intéressant.*
b. *C'est un vieil artiste.*
c. *Cet enfant est mignon.*
d. *J'ai mis ma robe blanche.*
e. *J'ai acheté un nouvel ordinateur.*
f. *Ta fille est vraiment mignonne.*
g. *Hiroko est japonaise.*
h. *Votre maison est charmante.*

masculin : a, b, c, e
féminin : d, f, g, h

2

b. charmante **c.** intéressante **d.** américain **e.** meilleur **f.** passante

3

E	N	E	S	I	A	L	G	N	A
D	A	O	A	L	C	O	L	O	U
N	M	U	I	U	T	U	E	U	U
A	O	E	U	R	U	D	T	O	M
R	U	U	A	O	E	R	I	I	S
G	R	N	O	F	L	Ô	T	T	P
G	E	N	T	I	L	L	E	A	O
U	U	D	U	È	E	E	P	L	R
O	S	U	O	R	O	U	O	I	T
H	E	U	R	E	U	S	E	E	I
C	H	È	R	E	O	E	U	N	V
U	O	M	I	G	N	O	N	N	E
É	T	R	A	N	G	È	R	E	O

Mot à créer : allemande

4

a. – une rue calme **b.** – une femme gentille **c.** – une étudiante sérieuse **d.** – une femme exceptionnelle **e.** – une fille vive **f.** – une femme bretonne

5

b. nouveau roman **c.** grosse araignée **d.** belle chemise **e.** nouvelle secrétaire **f.** vieille carte

6

b. des écoliers sérieux **c.** des langues internationales **d.** des revues régionales **e.** des danseuses célèbres

7

b. Mes collègues sont travailleuses, optimistes, organisées et patientes. **c.** Mes meilleures amies sont grandes et sportives. Elles sont drôles, cultivées mais elles ne sont pas toujours courageuses. **d.** Je déteste mes voisines. Elles sont compliquées, menteuses et désagréables. **e.** J'aime bien ces étudiantes. Elles sont sérieuses, dynamiques et agréables en cours. Par contre, elles sont un peu timides.

8

b. Non, ils sont nerveux. **c.** Non, elles sont drôles. **d.** Non, ils sont gentils. **e.** Non, elles sont bruyantes. **f.** Non, elles sont cubaines.

9

Proposition de réponse :

– Elles ont les yeux bleus et les cheveux longs. Audrey a les cheveux bruns et bouclés et Mélissa a les cheveux blonds et raides. Elles ont un petit nez, il est mignon. Elles sont sportives. Elles sont belles.

10

Proposition de réponse :

Je m'appelle Linda. Je suis un peu timide, sérieuse mais je suis dynamique et très sportive aussi. Je cherche un homme drôle et sportif comme moi. Il doit être patient et sérieux, surtout avec les enfants. En général, j'aime les personnes cultivées, sincères et optimistes.

12. place de l'adjectif

....pages 55, 56, 57

1 PISTE 36

Transcription :

a. *J'adore ta robe rouge.*
b. *Il a les yeux bleus.*
c. *Elle porte une jolie jupe.*
d. *Hum, c'est du chocolat noir !*
e. *J'habite au premier étage.*
f. *C'est un étudiant japonais.*
g. *Est-ce que tu as un autre pull ?*
h. *Je viens de lire une belle histoire.*

avant le nom : c, e, g, h
après le nom : a, b, d, f

2

les adjectifs en général : ouvertes, culturelles, colorés, âgées - ☒ après le nom
les adjectifs de couleur : verts, bleues, rouges, violets - ☒ après le nom
les adjectifs de nationalité : argentins, cubains, turcs - ☒ après le nom
les adjectifs numéraux : dix, quinze - ☒ avant le nom
les adjectifs courts : petites, belles - ☒ avant le nom

3

b. une jolie plage **c.** une grande ville **d.** des quartiers industriels **e.** des acteurs charmants

4

b. J'aime travailler avec des collègues sérieux. **c.** Est-ce que tu as une autre proposition ? **d.** Il t'a offert une jolie bague. **e.** Tu peux me raconter des histoires amusantes ? **f.** J'ai passé de bons moments avec toi.

5 PISTE 37

Transcription :

a. *Quel bel homme !*
b. *Tu habites dans un nouvel appartement ?*
c. *C'est un vieil ami.*
d. *Regarde, c'est le nouvel étudiant !*
e. *C'est un vieil appareil-photo.*
f. *Quelle belle photo !*
g. *J'ai retrouvé cette vieille carte postale.*
h. *C'est ta nouvelle adresse ?*

nouvel : b, d	belle : f
nouvelle : h	vieil : c, e
bel : a	vieille : g

6

b. vieil homme **c.** bel étudiant **d.** vieux pull **e.** nouveau collègue **f.** vieux livre

7

b. au cinquième étage **c.** la semaine dernière **d.** le mois prochain **e.** la dernière fois **f.** le prochain vol

8

b. Ce sont de jeunes touristes indiens. **c.** Je travaille avec des collègues turcs. **d.** Tu peux faire les deux autres exercices. **e.** J'ai vu un beau film espagnol. **f.** Ce sont de jolies chansons françaises. **g.** Elle a mis son beau chemisier blanc. **h.** Il a préparé un bon plat mexicain.

9

b. Bien sûr, j'ai des photos récentes de mes enfants. **c.** Oui, je connais un bon restaurant près d'ici. **d.** Oui, j'ai fait un gâteau au chocolat blanc. **e.** Oui, il y a un bel hôtel dans ce quartier. **f.** Oui, c'était le dernier métro pour venir ici.

10

Ce matin, dans ma belle cuisine, Meubléa, la cuisine moderne des couples heureux, je prépare le petit-déjeuner pour mes deux enfants. Je leur donne des céréales, Vitablé, de délicieuses céréales pour des enfants dynamiques, et un grand verre de chocolat chaud, avec du lait Candide, le lait frais de votre région. Ma femme vient se préparer un café, Café Ruiz, le café mexicain pour une bonne journée.

11

Proposition de réponse :

– Elle a les cheveux longs. Elle a un petit nez et des yeux très bleus. Elle a un joli sourire et des dents très blanches. Elle porte de belles robes noires en général et des chaussures élégantes.

12

Proposition de réponse :

Mon appartement est moderne. Il est au dernier étage d'un immeuble ancien. Il est petit mais confortable grâce à son grand salon. Il a trois fenêtres qui donnent sur un magnifique jardin vert. C'est un endroit lumineux et agréable.

13. pronoms sujets

pages 59, 60, 61

1 PISTE 39

Transcription :

a. *Anastasia, elle est déjà partie ?*
b. *Nous sommes infirmières à l'hôpital de Brest.*
c. *Allez les enfants, on y va.*
d. *Tes frères, ils sont étudiants ?*
e. *Qu'est-ce qu'il fait là ?*
f. *Est-ce que tu vas bien ?*
g. *Les étudiantes, là-bas, elles sont américaines ?*
h. *Vous avez rendez-vous chez le médecin à 14 h.*
i. *Je suis disponible à 20 h.*

a. elle b. nous c. on d. ils e. il f. tu g. elles h. vous i. je

2

b. J'apprends c. J'étudie d. J'ai e. Je vais f. Je veux g. J'adore h. Je fais

3

b. 6 c. 5 d. 2 e. 1 f. 3

4

je vais - je passe - on a visité - on a fait - ils nous aident - nous rentrons

5

b. 3 c. 1 d. 6 e. 4 f. 5

6

b. Nous faisons des courses. / On fait des courses. c. Vous partez en vacances ? d. Elles étudient à l'université. e. Ils vont à un concert de jazz. f. Vous venez dîner à la maison ?

7

b. 1 c. 2 d. 1 e. 3 f. 2

8

b. On danse bien le flamenco. c. On t'a téléphoné. d. On a volé mon téléphone. e. On regarde un reportage à la télévision. f. On a laissé un message sur le répondeur.

9

Proposition de réponse :

– Dans mon pays, on mange des escargots. Le dimanche, on aime bien aller à la boulangerie et acheter un croissant ou un pain au chocolat. En général, on passe beaucoup de temps à table le week-end. Avec les amis, on aime aller prendre un verre le vendredi ou le samedi soir. Pendant la semaine, au dîner, on parle de notre journée au bureau, à l'école…

10

Propositions de réponses :

a. J'attends le train. - Tu regardes l'heure. - Il téléphone. - Elle parle. - On mange. - Nous lisons le journal. - Vous écoutez la radio. - Ils achètent un billet. - Elles montent dans le train.
b. Je discute. - Tu achètes des pommes. - Il vend des légumes. - Elle marche. - On paye. - Nous parlons avec les commerçants. - Vous goûtez les fraises. - Ils mangent des prunes. - Elles choisissent des tomates.
c. Je commande un dessert. - Tu manges une quiche. - Il boit un verre de vin. - Elle discute. - On paye. - Nous servons les clients. - Vous téléphonez. - Ils cuisinent. - Elles lisent le menu.
d. J'écoute le professeur. - Tu lis un livre. - Il écrit. - Elle parle avec sa voisine. - On joue. - Nous enseignons l'anglais. - Vous faites des exercices. - Ils dessinent. - Elles discutent.

14. pronoms toniques

pages 63, 64 65

1 PISTE 41

Transcription :

a. *Dora vient chez nous demain soir.*
b. *Luc ne travaille pas demain et moi non plus.*
c. *Tu viens à la maison à quelle heure ?*
d. *Il fait très froid aujourd'hui.*
e. *On termine les cours à 18 h.*
f. *C'est toi qui as obtenu le travail.*
g. *Louane vient avec moi faire des courses.*
h. *Comment allez-vous ?*

pronom sujet : c, d, e, h
pronom tonique : a, b, f, g

2

b. 7 c. 8 d. 1 e. 3, 9 f. 6 g. 4 h. 5

3

b. Eux c. Nous d. Moi e. Vous f. Elles g. Moi h. Lui

4

b. vous c. lui d. elles e. eux f. toi g. elle h. vous

5

a. – Lui non plus. b. – Elles aussi. c. – Elle aussi. d. – Eux aussi. e. – Moi non plus. f. – Elle non plus.

6

b. elles c. eux d. eux e. elle f. nous

7

b. moi c. eux d. elle e. elle f. elles g. moi h. elle

8

b. – Oui, il est à moi. c. – Oui, elles sont à elle. d. – Oui, il est à eux. e. – Oui, elle est à elle. f. – Oui, il est à lui.

9

b. Ce cadeau est pour eux. c. Je vais avec eux au cirque. d. Veux-tu aller chez elles ? e. Cette voiture est pour lui. f. On se retrouve chez lui ? g. Je voudrais un rendez-vous avec lui.

10 PISTE 42

Transcription :

Ex. : – Il va chez son père ?
– Oui, il va chez lui.
a. *– Il va chez M. et Mme Burgos?*
– Oui, il va chez eux.
b. *– Clara va venir avec ses deux sœurs ?*
– Oui, elle va venir avec elles.
c. *– Il habite avec sa sœur ?*
– Oui, il habite avec elle.
d. *– Tu as parlé avec le directeur ?*
– Oui, j'ai parlé avec lui.
e. *– Il va chez ses parents ?*
– Oui, il va chez eux.
f. *– Il travaille pour M. Boulanger ?*
– Oui, il travaille pour lui.
g. *– Elle part en vacances avec sa grand-mère ?*
– Oui, elle part en vacances avec elle.
h. *– Ce livre est à M. Durant ?*
– Oui, ce livre est à lui.

11

a. – Ce n'est pas possible avec lui. b. – Non, ils restent chez eux. c. – C'est une bonne nouvelle pour elles. d. – Laurence est fâchée avec elle. e. – Ils ne m'ont pas invité à rester dormir chez eux.

12

b. avec nous c. chez lui d. chez moi e. avec eux

13

Propositions de réponses :

– Zhao et moi, on part en vacances à Saint-Malo vendredi prochain.
– Ah oui, nous, on part au mois d'août. Tu veux que je vous accompagne à la gare ?
– Oui, ce serait bien. Tu peux venir chez nous vendredi à 8 h ?
– Ah vendredi, moi, je travaille mais Tian est disponible.
– C'est parfait. Et pour le retour, si on rentre vers 22 h, c'est bon pour vous ?
– Oui, pas de problème. Tu veux que je vienne chez vous en votre absence ?
– Oui, s'il te plaît. Tu pourrais arroser les plantes et donner à manger à notre chien ? Toi, il te connaît bien.
– Oui, et je ferai une promenade avec lui dans le parc le dimanche.
– Super ! Et enfin, tu pourrais récupérer le courrier pour nous et surveiller notre maison ?
– Bien sûr, je viendrai chez vous chaque semaine.
– C'est vraiment très gentil ! Quand vous partirez en vacances, nous viendrons aussi chez vous !

15. pronoms relatifs

pages 67, 68, 69

1 PISTE 44

Transcription :

a. *Il y a un film qui est très bien.*
b. *Tu as lu les lettres qui sont sur le bureau.*
c. *La tablette que je voudrais coûte 500 €.*
d. *J'ai trouvé un site où il y a des jeux vidéo.*
e. *Le CV que j'ai reçu n'est pas complet.*
f. *Tu dois aller au restaurant où j'ai mangé.*
g. *Où est le livre que tu as acheté ?*
h. *Que veut l'homme qui est venu te voir ?*
i. *Qui veut goûter au gâteau que j'ai fait ?*

qui : a, b, h
que : c, e, g, i
où : d, f

2

a. que **b.** que - qui **c.** qui - que **d.** qui - qu' **e.** qu' - qui **f.** qui - que **g.** qui - que **h.** que - qui **i.** qui - que

3

b. que **c.** que **d.** où **e.** où **f.** où

4

a. 4
b. 1, 3, 5
c. 6

5

b. qui **c.** que **d.** où **e.** qui **f.** qui

6

b. Nous accueillons Tomoko qui sera notre nouvelle dessinatrice. **c.** Est-ce que tu as lu le livre que je t'ai offert à Noël ? **d.** L'hôtel a une chambre où Napoléon a dormi en 1815. **e.** Vous avez aimé le musée qu'on a visité. **f.** Il y a deux cinémas où on peut voir Shokusai. **g.** Julie est une jeune collègue que je trouve merveilleuse. **h.** Son frère travaille dans une ville qui se trouve près de Montréal. **i.** Comment s'appelle l'université où vous faites vos études ?

7 PISTE 45

Transcription :

Ex. Tu es allé dans ce restaurant.
– Comment s'appelle le restaurant où tu es allé ?
a. *Ton ami est parti au Brésil.*
– Comment va ton ami qui est parti au Brésil ?
b. *J'ai fait ce voyage au Japon.*
– Vous voulez voir les photos du voyage que j'ai fait au Japon ?
c. *Mes parents habitent dans cette région.*
– Tu aimerais aller voir la région où mes parents habitent ?
d. *L'hôtel se trouve à côté du théâtre.*
– Comment s'appelle l'hôtel qui se trouve à côté du théâtre ?
e. *Le musée présente l'histoire de la ville.*
– Est-ce que tu veux visiter un musée qui présente l'histoire de la ville ?
f. *La personne a laissé sa valise ici.*
– Est-ce que vous avez vu la personne qui a laissé sa valise ici ?
g. *On fabrique des brioches dans cette entreprise.*
– Voulez-vous visiter une entreprise où on fabrique des brioches ?
h. *Je t'ai offert ce livre.*
– Est-ce que tu as aimé le livre que je t'ai offert ?

8

b. L'hôtel que nous avons vu est très luxueux. La salle où elle fait du sport est près de la piscine. **c.** La réponse qu'elle donne ne me plaît pas. La question qui est posée est très intéressante.

9

b. qu' / réponse : « et » **c.** que - où / réponse : « dictionnaire » **d.** qui - qui / réponse : « oiseau » **e.** qui - qui - que / réponse : « prénom »

10

Proposition de réponse :

C'est une entreprise qui produit des brioches, des croissants et d'autres viennoiseries.
Il y a 1 000 personnes qui travaillent dans cette entreprise.
Elles ont un salaire qui va de 1 200 à 2 500 €.
Brioches Galichet travaille avec des entreprises partenaires qui se trouvent en France et dans plusieurs autres pays.
Les pays où Brioches Galichet a des clients sont surtout en Europe mais aussi en Asie : au Japon et en Chine.
L'argent que Brioche Galichet gagne est utilisé pour améliorer les produits.
Les employés ont un temps de travail qui va de 25 à 35 heures par semaine.
Ils ont six semaines de vacances qu'ils peuvent prendre quand ils veulent, en été ou en hiver.
Le restaurant où les employés peuvent manger propose plusieurs types de repas à un prix peu élevé.

16. pronoms démonstratifs

pages 71, 72, 73

1 PISTE 47

Transcription :

a. *Je vais prendre une seule bouteille : celle-là.*
b. *Non, cet homme n'est pas celui que j'ai vu hier soir.*
c. *Attention, ceux-là sont très dangereux.*
d. *Vous pouvez me montrer celles qui sont dans la vitrine ?*
e. *Celui en verre est de meilleure qualité.*
f. *Ceux à 200 € sont un peu chers.*
g. *Et la maison à gauche, c'est celle où j'ai habité il y a 10 ans.*
h. *Regarde ceux qui sont arrivés.*

celui : b, e
celle : a, g
celles : d
ceux : c, f, h

2

b. Celle-là. **c.** Tous ceux-là. **d.** Celles-là. **e.** Celles-là. **f.** Dans celle-là. **g.** Ceux-là. **h.** Dans celui-là.

3

a. – Quel pantalon tu préfères, celui-ci ou celui-là ?
b. – Quelle chemise tu préfères, celle-ci ou celle-là ?
c. – Quelles chaussures tu préfères, celles-ci ou celles-là ?
d. – Quel chapeau tu préfères, celui-ci ou celui-là ? **e.** – Quels gants tu préfères, ceux-ci ou ceux-là ? **f.** – Quelle jupe tu préfères, celle-ci ou celle-là ? **g.** – Quelle cravate tu préfères, celle-ci ou celle-là ? **h.** – Quelles chaussettes tu préfères, celles-ci ou celles-là ? **i.** – Quel manteau tu préfères, celui-ci ou celui-là ?

4

b. celui-là **c.** celles-là **d.** Ceux-là **e.** ceux-là **f.** celle-là

5

b. On va voir celui de Jean-Pierre Jeunet. **c.** Non, c'est celle de ma sœur. **d.** Oui, on prend ceux de Provence. **e.** Non, celui de Marseille est à l'heure. **f.** Non, c'est celui d'hier. **g.** Je préfère celle d'Amélie. **h.** Oui, mais celles à 150 € sont jolies.

6

b. Je voudrais voir celle avec les manches longues. **c.** Celui qui a le numéro 37 gagne un téléphone portable. **d.** On va visiter celle qui est près de l'église. **e.** Je remercie ceux qui sont venus.

7

b. 3 **c.** 1 **d.** 2 **e.** 6 **f.** 4 **g.** 5 **h.** 7

8 PISTE 48

Transcription :

Ex. – C'est un bon hôtel ?
– C'est celui où nous sommes allés l'année dernière.
a. *– Oh, il est beau ton miroir !*
– C'est celui que Julie m'a offert pour mon anniversaire.
b. *– Pourquoi il y a ces vêtements sur la table ?*
– C'est ceux que je veux donner à ma sœur.
c. *– C'est le train de 17 h 10 ?*
– C'est celui qui part à 17 h.
d. *– Oh, c'est un beau château !*
– C'est celui où Léonard de Vinci a habité.
e. *– Vous avez une jolie chambre ici.*
– C'est celle qu'on va transformer en bureau.
f. *– Qui est ton prof de maths cette année ?*
– C'est celui que mon frère a eu l'année dernière.
g. *– Tu achètes toujours des poires Conférences ?*
– C'est celles que je préfère.
h. *– Tu connais Mme Retailleau ?*
– C'est celle qui porte un tailleur rouge.

9

Proposition de réponse :

J'aime beaucoup cette photo. On y voit mes meilleurs amis. Ce sont ceux que je vois le plus souvent. Celle avec une robe rouge, Valérie, est celle qui travaille à la banque. Celle qui est à côté de Valérie est une amie que je connais depuis 15 ans, Amandine (c'est celle que je préfère). Celle en bleu, c'est Audrey. Celui qui fait la cuisine, c'est mon mari, Vincent. Celui qui est derrière Vincent est le mari de Valérie.

17. pronoms COD

pages 75, 76, 77

1 PISTE 50

Transcription :

a. *Tu la vois ?*
b. *Elle vous invite souvent.*
c. *Ils en mangent beaucoup.*
d. *Elle nous salue.*
e. *Ils l'aiment beaucoup.*
f. *Marie les aide pour les devoirs.*
g. *Elle en fait tous les jours.*
h. *Il le lit chaque matin.*
i. *Je la regarde.*
j. *On se voit souvent.*

a. la **b.** vous **c.** en **d.** nous **e.** l' **f.** les **g.** en **h.** le **i.** la **j.** se

2

b. m'attend **c.** le voulez **d.** m'entendez **e.** t'appelle **f.** l'aimons **g.** le vois **h.** se prépare **i.** me regarder

3

b. Élena l'achète à la librairie. **c.** Nous le prenons tous les matins. **d.** Je les admire. **e.** Antoine la chante toujours. **f.** Elle la regarde souvent.

4

b. On l'utilise pour boire. **c.** On les offre pour s'excuser. **d.** On l'ouvre pour chercher un mot. **e.** On l'utilise pour ouvrir une porte. **f.** On le prend pour aller à l'étranger.

5

b. 1 **c.** 4 **d.** 3 **e.** 6 **f.** 5

6

b. Elle la regarde beaucoup. **c.** On s'appelle tout à l'heure. **d.** Vous l'achetez tous les jours. **e.** Elles l'envoient cet après-midi. **f.** On les voit souvent.

7

a. je vous remercie **b.** tu peux nous attendre - je vous attends **c.** tu m'écoutes - je t'écoute **d.** Tu peux les aider - je vais les aider **e.** Tu la connais - on se voit

8

a. – J'en voudrais. **b.** – Elle en a ? **c.** – Vous en buvez ? **d.** – Tu en as ? **e.** – J'en voudrais. **f.** – Ils en veulent.

9

b. Oui, j'en ai beaucoup. **c.** Oui, ils en ont deux. **d.** Oui, elles en boivent un verre. **e.** Oui, il en faut 500 grammes.

10 PISTE 51

Transcription :

Ex : – Noah a beaucoup d'amis ?
– Oui, il en a beaucoup.
a. *– Tu veux de l'eau ?*
– Oui, j'en veux.
b. *– Romane, elle a des oiseaux ?*
– Oui, elle en a.
c. *– Madame, vous voulez deux kilos de cerises ?*
– Oui, j'en veux deux kilos.
d. *– Ambre, tu manges beaucoup de chocolats ?*
– Oui, j'en mange beaucoup.
e. *– Les étudiants lisent des livres en espagnol ?*
– Oui, ils en lisent.
f. *– Tu as de la chance dans la vie ?*
– Oui, j'en ai.
g. *– Les enfants, vous voulez du gâteau aux pommes ?*
– Oui, nous en voulons.
h. *– Madame, vous avez des timbres ?*
– Oui, j'en ai.

11

Proposition de réponse :

Pour faire un gâteau aux pommes, vous prenez un plat carré et vous le beurrez. Dans un saladier, vous mettez la farine (200 grammes) et vous la mélangez avec 100 grammes de sucre, 2 cuillères de lait et 3 œufs. Après, vous prenez 5 pommes et vous les coupez en quatre. Vous les placez au fond du plat puis vous versez la préparation sur les pommes. Le gâteau est prêt ! Vous le mettez au four pendant 35 minutes et vous le mangez froid.

18. pronoms COI

pages 79, 80, 81

1 PISTE 53

Transcription :

a. *Je lui téléphone.*
b. *Tu m'écris un message.*
c. *Ils y ont répondu hier.*
d. *On se téléphone souvent.*
e. *Je vous donne mon adresse.*
f. *Il nous a parlé de sa fête.*
g. *On s'écrit tous les jours.*
h. *Elle m'apporte un thé.*

a. lui b. m' c. y d. se e. vous f. nous g. s' h. m'

2

b. elle vient de me téléphoner - elle t'a dit c. Je t'ai prêté - tu m'as dit d. Tu peux m'envoyer - Je t'envoie e. tu m'as fait peur - tu ne me répondais pas f. Elle vous enseignait - elle nous parlait

3

b. il la regarde c. je vais lui téléphoner d. nous l'écoutons e. je lui ai dit

4

a. – Je lui dis bonjour tous les matins. b. – Pour Noël, je leur offre le dernier album de Philippe Katerine. c. – Martin lui ressemble beaucoup. d. – Je leur donne des conseils parce qu'ils vont à l'université. e. – Jonathan leur demande s'il peut aller à la fête.

5

b. leur parler - les rappelle c. leur raconter - les racontes d. leur donner - les emmènerai e. les regarder - les envoyer f. les aimes - les trouve

6

b. 1 c. 4 d. 3 e. 6 f. 5

7

Les enfants l'ont trouvé - ils l'ont ramené - nous l'avons adopté - Il nous apporte - il l'a mangé - nous lui avons interdit - Vous leur ferez - vous la voyez - vous pourrez l'embrasser - On se téléphone

8

b. Tu t'y habitues bien ? c. Elle y réfléchit encore. d. Nous y répondons. e. Elles y jouaient tous les jours. f. Tu y penses ?

9 PISTE 54

Transcription :

a. *Tu réponds au message ?*
b. *Vous pensez aux examens ?*
c. *Les enfants veulent un gâteau ?*
d. *Ton frère joue à la balle ?*
e. *Elle a beaucoup d'amis ?*
f. *Ahmed réfléchit à sa réponse ?*
g. *Tu penses à acheter du pain !*
h. *Elle s'habitue bien à sa nouvelle maison ?*

a. Oui, j'y réponds.
b. Non, nous n'y répondons pas.
d. Oui, il y joue.
f. Oui, il y réfléchit.
g. Oui, j'y pense.
h. Non, elle ne s'y habitue pas.

10

Propositions de réponses :

a. Pour me faire plaisir, il faut me cuisiner un bon repas, me téléphoner régulièrement, m'envoyer des SMS et me faire des compliments.
b. Pour faire plaisir à une femme, il faut lui offrir des fleurs, lui acheter des cadeaux, lui proposer des sorties et lui payer le restaurant. Il faut aussi lui poser des questions.
c. Pour faire plaisir à des enfants, il faut leur offrir des jouets, leur acheter des bonbons, leur lire des livres. Il faut aussi leur donner de l'argent.

19. verbes et pronoms

pages 83, 84, 85

1 PISTE 56

Transcription :

a. *Je pense à toi.*

b. *Vous y réfléchissez.*

c. *Il en revient.*

d. *Tu lui parles.*

e. *On parle d'elle.*

f. *Aziz s'y intéresse.*

g. *Je m'intéresse à eux.*

h. *Nous y retournons.*

i. *Ils s'en souviennent.*

b. y c. en d. lui e. d'elle f. y g. à eux h. y i. en

2

b. Tu t'en souviens ? c. Marie parle souvent de lui. d. Vous en rêvez. e. Nous sommes fiers d'eux. f. Qu'est-ce que vous en pensez ?

3

a. – Oui, je m'occupe d'eux. b. – Oui, j'en ai besoin. c. – Oui, j'en ai très peur. d. – Oui, il se souvient bien d'elles. e. – Oui, j'en profite bien. f. – Oui, ils en ont envie.

4

b. vous leur avez parlé c. je vais y répondre d. nous leur avons raconté e. le temps d'y penser f. rien à leur dire g. je vais lui offrir h. il y réfléchit

5

b. 2 c. 4 d. 3 e. 5 f. 6 g. 8 h. 7

6

b. on n'y va pas c. j'en reviens d. elle y reste e. j'en viens

7 PISTE 57

Transcription :

Ex. : – Tu étais à Paris ?

– Oui, j'en reviens.

a. *Tu vas aux sports d'hiver ?*

– Oui, j'y vais.

b. *– Tu montes en haut de la tour Eiffel ?*

– Oui, j'y monte.

c. *– Est-ce que Pauline et Aïsha vont à la soirée ?*

– Oui, elles y vont.

d. *– Luisa et Mario, vous êtes bronzés. Vous revenez de Sicile, c'est ça ?*

– Oui, nous en revenons.

e. *– Tu vas encore à Paris demain ?*

– Oui, j'y retourne.

f. *– M. et Mme Dubois, vous allez au théâtre ce soir ?*

– Oui, nous y allons.

8

b. On y trouve - la bibliothèque c. On y va - chez le médecin d. On en achète - des fleurs e. On en met - du parfum

9

a. – Roméo et Juliette en rêvent. b. – La famille Capulet en revient. c. – Juliette y pense. d. – Le père de Juliette s'y intéresse. e. – Le monde entier s'en souvient.

10

tu y retournes - on s'y promène - on en profite - ils en mangent beaucoup - ils s'y habituent - très fiers d'elle - on lui a parlé de toi - elle nous a dit - réponds-nous - très fort à toi

20. place du pronom

pages 87, 88, 89

1 PISTE 59

Transcription :

a. *Je ne l'ai pas mis dans la chambre.*
b. *Nous allons les saluer.*
c. *Vous ne la voyez pas.*
d. *On va se voir demain.*
e. *Tu l'as mis dans la cuisine.*
f. *Vas-y !*
g. *Ils vont leur donner.*
h. *Regarde-moi !*
i. *On vient d'en parler.*

avant le verbe conjugué : a, c, e
après le verbe conjugué : f, h
avant le verbe à l'infinitif : b, d, g, i

2

b. Ils ne l'achètent pas. c. Tu y es monté ? d. J'en voudrais un. e. Nous le prendrons. f. Tu n'y étais pas hier ? g. Vous l'avez regardé ? h. Tu en manges beaucoup ?

3

b. Oui, nous les visiterons. c. Non, je n'en ai pas pris. d. Oui, on en faisait. e. Oui, elles y sont descendues. f. Non, je n'en veux pas. g. Oui, nous y viendrons. h. Oui, on se voit souvent.

4 PISTE 60

Transcription :

Ex. : – Vous regardez la télé ?
– Non, nous ne la regardons pas.
a. *– Vous avez des timbres ?*
– Non, nous n'en avons pas.
b. *– Elle a parlé à Pierre ?*
– Oui, elle lui a parlé.
c. *– Vous allez à la mer en juillet ?*
– Non, nous n'y allons pas.
d. *– Petite, tu regardais beaucoup de dessins animés ?*
– Non, je n'en regardais pas beaucoup.
e. *– Ils sont allés au concert de jazz ?*
– Oui, ils y sont allés.
f. *– Elles boivent de l'alcool ?*
– Non, elles n'en boivent pas.
g. *– Vous aviez beaucoup de jouets ?*
– Oui, nous en avions beaucoup.
h. *– Vous prendrez des croissants ?*
– Oui, j'en prendrai.
i. *– Vous lisez des livres ?*
– Non, on n'en lit pas.

5

a. – Oui, je vais en prendre une. b. – Non, je ne vais pas la passer avec des amis. c. – Oui, je viens d'en voir une. d. – Non, je ne vais pas le prendre. e. – Oui, je viens d'en voir un. f. – Non, je ne viens pas d'y arriver. g. – Non, je ne vais pas l'acheter.

6

b. Non, je ne vais pas y aller. c. Non merci, nous venons d'en acheter. d. Oui, nous allons nous voir. e. Oui, elle va le prendre. f. Non merci, nous venons d'en boire. g. Oui, on vient de se marier.

7

b. Goûtez-le. c. Parlez-lui. d. Écris-moi ! e. Visitons-la. f. Écoute-le.

8

b. – Oui, vas‿y. c. – Oui, gardes‿en. d. – Oui, restes‿y. e. – Oui, prends‿en. f. – Oui, manges‿en.

9

b. Ne l'achetez pas ! c. N'y allons pas ! d. Ne le buvez pas ! e. Ne le prends pas ! f. Ne les mange pas !

10

a. – Saluez-les ! b. – Traversez-la prudemment ! c. – Faites-y attention ! d. – Prenez-les ! e. – Ne les jetez pas dans la rue ! f. – Ne faites pas de bruit ! g. – Ne buvez pas d'alcool ! h. – N'insultez pas les autres personnes !

11

a. Invitez-les au restaurant. Offrez-leur un café. Proposez-leur une visite de l'entreprise. Ne les accueillez pas froidement. b. Faites-lui un cadeau. Allez à la gare pour l'accueillir. Ne lui parlez pas très vite. Expliquez-lui les différences culturelles. Aidez-la avec les valises. Emmenez-la dans des musées.

21. présent (1)

..........pages 91, 92, 93

1 PISTE 62

Transcription :

a. *Elles ont une belle maison.*

b. *Nous allons au cinéma.*

c. *On est à la poste.*

d. *Vous êtes américain ?*

e. *Vous allez où ?*

f. *Ils ont très faim.*

g. *Vous avez froid ?*

h. *Nous avons quatre enfants.*

2

aller : je vais - elles vont - tu vas - nous allons
faire : on fait - elles font - vous faites - tu fais
avoir : on a - j'ai - vous avez - nous avons
être : je suis - elles sont - tu es - nous sommes

3

b. 3 **c.** 5 **d.** 6 **e.** 4 **f.** 1

4

b. Vous êtes **c.** Les enfants ont **d.** Lucas et moi allons **e.** Il fait **f.** Selma est **g.** on va **h.** il fait

5 PISTE 63

Transcription :

a. *Tes amis, ils sont vraiment sympas.*

b. *Elles ont deux chiens.*

c. *Ils ont beaucoup d'amis dans leur université.*

d. *Elles sont très calmes aujourd'hui.*

e. *Ils ont vraiment beaucoup de chance.*

f. *Elles ont un excellent travail.*

g. *Ils sont très grands pour leur âge.*

h. *Elles sont étudiantes à l'université Paris V.*

Ils sont : a, g
Ils ont : c, e
Elles sont : d, h
Elles ont : b, f

6

a. je fais - je vais **b.** vous avez - On a - On est **c.** Tu as - j'ai **d.** elle fait - elle fait **e.** Vous êtes - on est - on a **f.** on fait - On va **g.** Nous faisons - vous allez

7

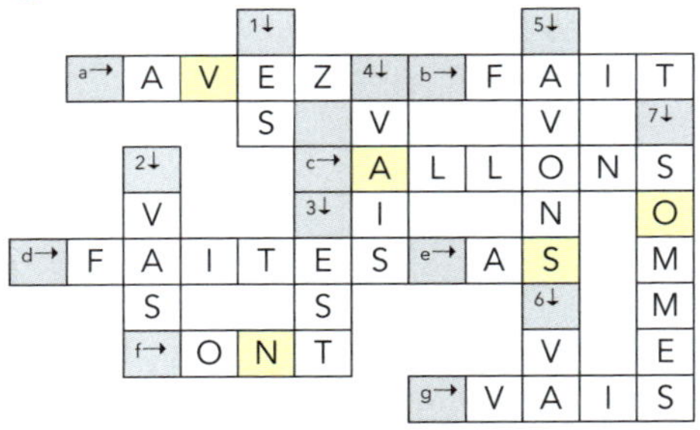

Verbe conjugué au présent : avons

8

b. Mes amis vont **c.** Sofia est **d.** vous avez **e.** Nous faisons **f.** Nous allons **g.** Vous n'allez **h.** avez-vous **i.** Elles font **j.** Mes parents et moi allons **k.** Paco et Pedro ont **l.** tu vas

9

il fait - Il fait - nous faisons - c'est - nous allons - Nous faisons - on va - Timéo est

10

a. Il est français. - Il est célibataire. - Il a vingt-cinq ans. - Il va au travail. - Il fait du football et de la course à pied. - Il est directeur d'entreprise. - Il est grand. - Il a les yeux bleus et il est brun. **b.** Ils sont retraités. - Ils sont mariés. - Elle est petite. - Il est grand. - Il a les yeux verts. - Ils font de la danse. - Ils vont au bal.

11

Proposition de réponse :

– Elle est finlandaise. Elle a 19 ans. Elle est célibataire. Elle fait du tennis et elle fait de la natation. Elle a les yeux marron.

22. présent (2)

pages 95, 96, 97

1 PISTE 65

Transcription :

a. *Qu'est-ce que tu étudies ?*
b. *Théo, tu te lèves tout de suite !*
c. *Ton mari travaille beaucoup ?*
d. *Qu'est-ce que vous cherchez ?*
e. *David se marie samedi prochain.*
f. *Est-ce qu'on téléphone à ta mère pour l'inviter ce soir ?*
g. *Est-ce que vous vous amusez bien ?*
h. *Nous regardons souvent la télévision le soir.*

a. étudies b. te lèves c. travaille d. cherchez e. se marie f. téléphone g. vous amusez h. regardons

2

b. Vous mangez c. Elle donne d. Xiao et Yuan aiment e. Tu préfères f. Je regarde g. Nous cherchons h. Mon mari déteste

3

b. Vous écoutez quel chanteur ? c. Tu parles trois langues. d. Camille porte une robe. e. M. et Mme Ramy arrivent à 16 h. f. Nous travaillons dans un cinéma. g. Mes frères habitent à Londres. h. Abdel regarde un film.

4

b. Non, je ne préfère pas rentrer. c. Non, je n'achète pas de baguette tous les jours. d. Non, nous ne commençons pas l'exercice. e. Non, je n'emmène pas les enfants au cirque. f. Non, nous ne voyageons pas souvent. g. Non, je ne jette pas ce sac dans la poubelle noire.

5

b. elle s'habille c. Les jeunes filles se maquillent d. je me brosse e. Nous nous retrouvons f. Vous vous promenez

6

b. Nous nous retrouvons c. Je me lève d. Matthieu se promène e. Vladimir et Larissa se marient f. tu t'appelles g. On s'excuse

7

il se lève - tu aimes - ils dînent - je m'appelle
Sujet et verbe au présent : il se lave

8

Tonio prépare - réveille - je me brosse - je me lave - je m'habille - je m'occupe - On se dépêche - Tonio emmène - je commence - je déjeune - on retourne - je passe - j'emmène - on rentre

9

Proposition de réponse :

Le matin, je me lève à 7 h 30 puis je prépare mon petit-déjeuner, je me douche et je m'habille. Après, je commence ma journée de cours. À 12 h, je déjeune avec mes copains à l'université puis je retourne en cours jusqu'à 18 h. Je rentre chez moi à 18 h 30 puis je prépare le dîner, je mange vers 20 h et je me couche vers 23 h.

10

Proposition de réponse :

– Les enfants jouent. Ils parlent. Une petite fille lance le ballon. Les enseignants surveillent les enfants. Un garçon crie. Un autre enfant pleure. Un enfant tombe. Un garçon chante. Deux enfants s'embrassent. Un enfant dessine. Un autre grimpe. Un enfant se cache. Une petite fille mange.

23. présent (3)

pages 99, 100, 101

1 PISTE 67

Transcription :

a. *Est-ce que tu peux corriger mon devoir ?*
b. *Je ne sais pas.*
c. *On veut faire du tennis.*
d. *Elle ne peut pas faire de sport.*
e. *Vous devez lever la main avant de parler.*
f. *Je veux aller à ton exposition.*
g. *Tu ne dois pas crier.*
h. *Nous ne savons pas conduire.*

pouvoir : a, d
vouloir : c, f
devoir : e, g
savoir : b, h

2

vouloir : elle veut - nous voulons - ils veulent - je veux
savoir : tu sais - nous savons - je sais - vous savez
pouvoir : elle peut - nous pouvons - ils peuvent - je peux
devoir : elle doit - tu dois - ils doivent - vous devez

3

b. 3 c. 5 d. 4 e. 1

4

b. je sais c. vous savez d. on sait e. elles savent f. nous savons

5

b. vous voulez c. Je veux d. Nous voulons e. Ils ne veulent pas f. Léo veut g. On veut h. Elle veut i. Ils veulent j. vous voulez k. Je ne veux pas

6

D	E	D	O	I	X	N	T	S	D
E	D	O	D	E	V	O	N	S	O
V	E	I	O	L	D	E	V	D	I
E	V	D	I	U	E	D	N	E	V
Z	E	A	T	N	V	I	D	V	E
O	D	E	V	E	I	O	O	E	N
I	D	E	U	V	E	Z	I	S	T
D	O	I	S	E	S	N	S	I	E

7

b. Je peux - tu veux c. vous pouvez d. on doit e. Vous voulez f. Tu peux g. Ils ne savent pas

8

a. vous ne pouvez pas b. Je dois - je veux c. On sait - tu veux - tu dois d. vous voulez - on peut - Vous devez e. Nous ne pouvons pas - Pierre doit f. Nous ne savons pas - tu peux

9

b. Oui, nous voulons/on veut faire du ski. c. Oui, je dois aller chercher les enfants à la garderie. d. Oui, je veux aller au théâtre samedi. e. Non, je ne sais / nous ne savons pas marcher sur les mains. f. Oui, je peux jongler avec 4 balles.

10 PISTE 68

Transcription :

a. *Ils veulent aller en discothèque demain soir.*
b. *Est-ce qu'elle veut aller au théâtre ?*
c. *Est-ce qu'elles savent faire du vélo ?*
d. *Ils doivent assister à la réunion.*
e. *Est-ce qu'il doit travailler ce week-end ?*
f. *Elle peut regarder la télévision jusqu'à 21 h.*
g. *Ils peuvent venir demain à 8 h.*
h. *Est-ce qu'il sait nager ?*

a. ils veulent b. elle veut c. elles savent d. ils doivent e. il doit f. elle peut g. ils peuvent h. il sait

11

Proposition de réponse :

– Vous ne devez pas courir autour de la piscine.
– Vous ne devez pas sauter dans la piscine.
– Vous devez marcher.
– Vous pouvez nager dans le grand bassin.
– Vous ne devez pas crier.

12

Proposition de réponse :

Salut Mélina,
Oui, nous pouvons venir le samedi 15 octobre. Tu veux de l'aide pour préparer cette fête ? Le matin, nous devons aller chez mes parents mais nous pouvons venir t'aider juste après. Sinon, tu as prévu un cadeau pour Ludovic ? Je sais qu'il rêve d'avoir une guitare, alors c'est peut-être la bonne occasion pour lui offrir ce cadeau ! On en reparle ?
Bises.
Nico.

24. présent (4)

....pages 103, 104, 105

1 PISTE 70

Transcription :

a. *On finit tard.*
b. *Nous partons tôt.*
c. *Vous ne dormez pas tard.*
d. *Ils ouvrent la porte.*
e. *Tu ne réfléchis pas beaucoup.*
f. *Il offre des fleurs.*
g. *Je ne viens pas avec une bonne nouvelle.*
h. *Elles réussissent leurs études.*
i. *Nous découvrons la Grèce.*

venir : g
finir : a
partir : b
offrir : f
ouvrir : d
réussir : h
dormir : c
réfléchir : e
découvrir : i

2

b. 3 **c.** 5 **d.** 2 **e.** 6 **f.** 1

3

b. Vous réfléchissez **c.** Greta remplit **d.** Nous réunissons **e.** Tu réussis **f.** Clara n'obéit jamais **g.** Saïd et Monia ne vieillissent pas. **h.** Vous finissez

4

b. Tu pars **c.** Vous sortez **d.** Ce parfum sent **e.** Notre voisin part **f.** Nous servons **g.** Alessandro et Iris partent **h.** Je ne sors jamais

5

b. elles sentent **c.** On sort **d.** je te sers **e.** Vous partez **f.** ils ne vieillissent pas **g.** Tom qui choisit

6

Proposition de réponse :

Pour être en forme, je sors avec mes amis, je dors à 23 h, je choisis des aliments biologiques, je pars souvent en vacances, je finis le travail tôt.

7

Tu te souviens - elle et son mari viennent - Ils tiennent - tu deviens - un livre qui t'appartient - tu me préviens

8

O	O	F	R	O	O	N	S	O	O
F	F	F	O	F	F	R	E	N	T
F	R	O	F	F	R	E	Z	F	R
R	O	F	F	R	E	S	N	R	E
E	N	O	F	F	R	O	N	S	Z

9 PISTE 71

Transcription :

a. *Elles finissent tard.*
b. *Il sort tous les soirs.*
c. *Elles offrent des cadeaux.*
d. *Il vient à la maison.*
e. *Ils ouvrent la fenêtre.*
f. *Ils réfléchissent beaucoup.*
g. *Elle sert de l'eau à table.*

10

b. – Non, je dors dans un camping. **c.** – Oui, il ouvre à 14h. **d.** – Non, et en plus elles finissent à 16 h. **e.** – Oui, je reviens de Bretagne. **f.** – Oui, ils servent des plats typiques.

11

a. Il offre des fleurs. **b.** Elle grossit. **c.** Ils dorment. **d.** Elles se souviennent. **e.** On part en voyage.

25. présent (5)

pages 107, 108, 109

1 PISTE 73

Transcription :

1. *Elle ne dit rien.*
2. *Tu attends le bus ?*
3. *Ils lisent un roman.*
4. *On voit des enfants.*
5. *Elles boivent de l'eau.*
6. *Nous vivons dans une petite ville.*
7. *Vous prenez votre parapluie ?*
8. *Les enfants mettent la table.*
9. *Il reçoit un courriel.*
10. *Je ne te crois pas.*
11. *Elle répond à la question.*
12. *Tu connais cet acteur ?*

a. 3 lire b. 2 attendre c. 9 recevoir e. 7 prendre f. 10 croire g. 8 mettre h. 5 boire i. 11 répondre j. 4 voir k. 6 vivre l. 12 connaître

2

b. Les enfants écrivent c. Nous vivons d. J'écris e. Les enfants ne lisent pas f. Vous dites g. On suit

3

b. Nous descendons c. Max et Rachida vendent d. Vous n'apprenez pas e. Vous m'entendez f. Elle répond g. Je ne comprends pas h. Tu perds

4

b. Nous vivons c. je te dis d. Les enfants prennent e. On n'entend rien f. Je les perds

5

boire : nous buvons - elles boivent - vous buvez - tu bois - on boit

mettre : nous mettons - je mets - elles mettent - tu mets - on met

croire : nous croyons - je crois - vous croyez - tu crois - on croit

voir : nous voyons - je vois - elles voient - vous voyez - on voit

recevoir : je reçois - elles reçoivent - vous recevez - tu reçois - on reçoit

connaître : nous connaissons - je connais - elles connaissent - vous connaissez - tu connais

6

b. – Oui, elle ne comprend pas les mathématiques. c. – Pas vraiment, nous ne lisons pas souvent. d. – Non, on ne connaît pas le fromage français. e. – Oui, parce qu'elles ne voient pas bien. f. – Non, je ne réponds pas aux courriels. g. – Non, en général, nous ne prenons pas le bus.

7

b. Je reconnais c. Vous décrivez d. Ils comprennent e. Nous entendons f. Vous lisez g. On reçoit h. Elles vivent

8

Proposition de réponse :

Le matin, les parents boivent un café. Hakim lit le journal et Hélène écrit un mot dans son agenda. Arthur descend l'escalier et répond à des SMS. Lou met sa serviette et attend ses tartines.

9 PISTE 74

Transcription :

Ex. – Théo et Laura, vous écrivez un courriel ?
– Oui, nous écrivons un courriel.

a. *– Pedro, est-ce que tu comprends la leçon ?*
– Oui, je comprends la leçon.

b. *– Les enfants, est-ce que vous buvez du jus d'orange?*
– Oui, nous buvons du jus d'orange.

c. *– M. Bouley, est-ce que vous entendez la musique ?*
– Oui, j'entends la musique.

d. *– Est-ce qu'elle attend le bus ?*
– Oui, elle attend le bus.

e. *– Luce et Maël, vous lisez à la bibliothèque ?*
– Oui, nous lisons à la bibliothèque.

f. *– Mon chéri, est-ce que tu prends un thé ?*
– Oui, je prends un thé.

g. *– Pascual, tu connais cette chanson ?*
– Oui, je connais cette chanson.

10

a. – Je lis des bandes-dessinées. b. – Elle écrit des courriels. Elle répond au téléphone. Elle reçoit des messages. c. – On prend le taxi. On attend le train.

26. futur proche / passé récent

pages 111, 112, 113

1 PISTE 76

Transcription :

a. *Je viens d'arriver.*
b. *Elles viennent de trouver un travail.*
c. *Il va avoir 18 ans ?*
d. *Je viens de comprendre.*
e. *Nous venons d'avoir un enfant.*
f. *Ils vont dormir.*
g. *Tu vas manger chez tes parents ?*
h. *Vous allez voir le concert ?*

passé récent : a, b, d, e
futur proche : c, f, g, h

2

b. le train va partir **c.** tu vas faire **d.** Nous allons regarder **e.** vous allez passer **f.** Les voisins vont vendre **g.** Notre fille va avoir **h.** il va pleuvoir

3

b. 1. F. **c.** 2. E. **d.** 5. C. **e.** 4. A. **f.** 3. B.

4

b. Elles ne vont pas se reposer pendant le week-end. **c.** Vous n'allez pas prendre un verre en ville. **d.** Nous n'allons pas travailler cet été. **e.** Les enfants ne vont pas se coucher tard. **f.** Mme Lepic ne va pas se promener toute seule. **g.** Tu ne vas pas fumer à l'intérieur. **h.** Il ne va pas neiger dans les Alpes.

5

Propositions de réponses :

a. – Non, je vais déjeuner avec maman. **b.** – Oui, bien sûr, je vais aller au marché avec toi. **c.** – Moi aussi ! On va participer au même cours de sport. **d.** – Avec Julian, on va voir un film au cinéma. **e.** – Non, je vais prendre le train pour Paris vendredi, à 21 h 35.

6

Propositions de réponses :

AÏCHA L'année prochaine, je vais chercher un nouveau travail et je vais faire plus de sport. Noah jouer au loto et il va économiser de l'argent.
AÏCHA ET NOAH Nous allons nous marier, nous allons acheter une grande maison et nous allons faire un beau voyage.

7

b. Léanne vient d'avoir **c.** nous venons de partir **d.** il vient de sortir **e.** je viens de prendre **f.** elle vient de quitter

8 PISTE 77

Attention ! La prononciation des phrases correspond à l'usage oral, avec élision du *e* : nous venons de partir = nous venons *d'* partir.

Transcription :

a. *– Non, ils viennent de faire le tour du monde.*
b. *– Oui, Léanne vient d'avoir une petite fille.*
c. *– Non, nous venons* ***d'****partir.*
d. *– Non, il vient* ***d'****sortir.*
e. *– Oui, je viens* ***d'****prendre un verre avec lui.*
f. *– Oui, elle vient* ***d'****quitter l'hôpital.*

9 PISTE 78

Attention ! La prononciation des phrases correspond à l'usage oral, avec élision du *e* : je viens de prendre mon goûter = je viens *d'* prendre mon goûter.

Transcription :

Ex. : Je peux parler à Julie ?
– Non, désolé, elle vient ***d'****partir.*
a. *– Jérôme, tu viens avec nous au restaurant ?*
– Non, je viens ***d'****prendre mon goûter.*
b. *– Elle va bien ?*
– Non, elle vient ***d'****retourner au lit.*
c. *– Il a une nouvelle adresse ?*
– Oui, il vient ***d'****trouver une maison.*
d. *– Vous voulez boire quelque chose ?*
– Non merci, je viens ***d'****boire un café.*
e. *– Mamie est fatiguée ?*
– Oui, elle vient ***d'****marcher dans le parc.*
f. *– Tu n'es pas content ?*
– Non, je viens ***d'****perdre aux échecs.*

10

b. Je viens de passer une année fatigante, je vais me reposer un peu. **c.** Nous venons d'apprendre une bonne nouvelle, nous allons avoir notre quatrième enfant. **d.** Mes parents viennent de prendre leur retraite, ils vont venir avec nous dans le Sud. **e.** Notre fils aîné Thibaud vient d'avoir son bac, il va étudier à l'université de la Méditerranée. **f.** Nous venons de vendre notre appartement, nous allons chercher une maison dans le quartier du Mistral. **g.** Je viens de rencontrer le directeur de l'entreprise Richardson, je vais avoir un poste intéressant. **h.** Notre fille Sara vient d'avoir son brevet, elle va aller au lycée Saint-Charles.

11

Propositions de réponses :

b. – Notre petit Kilian va commencer à marcher. **c.** – Notre ami grec Nicos va aller à Athènes. **d.** – Son équipe vient de gagner le match. **e.** – Ma fille de 18 ans vient d'avoir son permis de conduire. **f.** – Abdou et Elsa vont se marier. **g.** – La police vient d'arrêter le voleur.

27. passé composé avec *avoir*

pages 115, 116, 117

1 PISTE 80

Transcription :

a. *Est-ce que tu as un ticket de métro ?*
b. *Elle a téléphoné à Mme Fonteneau.*
c. *Vous avez eu des problèmes ?*
d. *On va acheter des fraises.*
e. *Elle ne va pas accepter ton invitation.*
f. *Vous avez choisi ?*
g. *Tu as pensé à mon cadeau ?*
h. *Ils sont à Montréal cette semaine.*
i. *Elles ont pris l'avion à 11 h.*
j. *J'écris un message.*

au passé composé : b, c, f, g, i

2

réussir : réussi
avoir : eu
être : été
faire : fait
devoir : dû
vouloir : voulu
savoir : su
voir : vu
perdre : perdu
répondre : répondu
vendre : vendu
dire : dit
écrire : écrit
comprendre : compris
ouvrir : ouvert

3

b. Nous avons c. Vous avez d. On a e. Elles ont f. Elle a g. Tu as h. J'ai

4

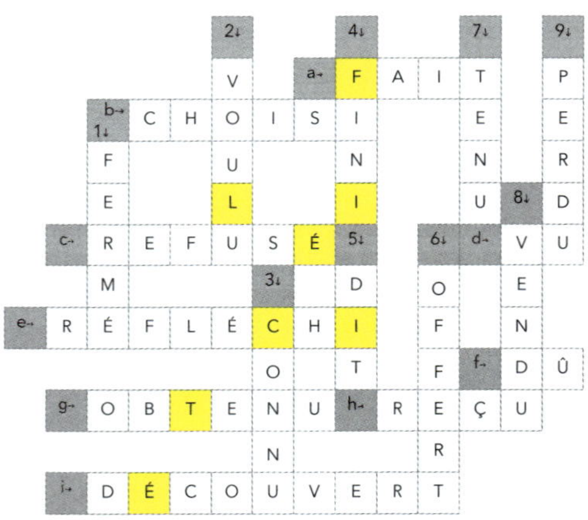

Participe passé : félicité

5

b. J'ai été c. On a eu d. Vous avez fait e. Tu as vu f. J'ai rencontré g. Ils ont vendu h. Vous avez réfléchi i. Tu as appris

6

b. On n'a pas gagné ! c. Tu n'as pas fini ? d. Elle n'a pas dit bonjour. e. Vous n'avez pas lu sa lettre ? f. Ils n'ont pas voulu venir. g. Je n'ai pas vu Lola ce matin ! h. Il n'a pas fait la vaisselle. i. Il n'a pas accepté ma proposition.

7

j'ai vieilli - j'ai grossi - tu n'as pas changé - tu as fait - J'ai travaillé - j'ai eu - j'ai acheté - j'ai eu - j'ai perdu - cela a été - ma femme m'a quitté - cela m'a fait

8 PISTE 81

Transcription :

Ex. : Tu as rencontré Julie Queffelec ?
– Oui, j'ai rencontré Julie Queffelec en 2012.
a. *– Vous avez des nouvelles de M. Dubois ?*
– Oui, j'ai téléphoné à M. Dubois lundi.
b. *– Vous connaissez Paris ?*
– Oui, j'ai visité Paris l'année dernière.
c. *– Vous avez mangé au restaurant La Bonne Table ?*
– Oui, j'ai dîné au restaurant samedi soir.
d. *– Jane vous a téléphoné ?*
– Oui, j'ai reçu un message de Jane hier soir.
e. *– Vous connaissez le film* Cosmopolis *?*
– Oui, j'ai vu le film à la télé le mois dernier.
f. *– Vous avez envoyé un message à Clara ?*
– Oui, j'ai envoyé un message à Clara ce matin.

9

Proposition de réponse :

Cher Clément,
Tout va bien. Ce matin, j'ai eu mon entretien d'embauche. Cela n'a pas été trop difficile. J'ai rencontré le directeur. Il a posé beaucoup de questions sur ma formation. J'ai expliqué tout ce que nous avons appris à l'université. J'ai aussi parlé de mon travail à Lyon. J'ai interrogé le directeur sur sa société. Nous avons parlé environ une heure.
À bientôt,
Yan

28. passé composé avec *être*

.....pages 119, 120, 121

1 PISTE 83

Transcription :

a. *Tu as acheté du pain ?*
b. *Je me suis couché tard.*
c. *Ils ont eu des problèmes.*
d. *Ils sont arrivés ce matin.*
e. *Elle est retournée au Maroc.*
f. *Vous avez reçu un nouveau message.*
g. *On s'est perdus dans Bruxelles.*
h. *On n'a pas pu venir plus tôt.*
i. *Nous sommes montés à la tour Eiffel.*
j. *Il est resté chez lui.*

avoir : c, f, h
être : b, d, e, g, i, j

2

aller : allé
sortir : sorti
venir : venu
descendre : descendu
apparaître : apparu
naître : né
mourir : mort

3

a. avec *avoir* : comprendre - savoir - commencer - vouloir - sortir* - aimer - dire - essayer - pouvoir - retourner*
b. avec *être* : rester - tomber - sortir* - aller - arriver - s'habiller - repartir - retourner* - se réveiller - revenir

* les verbes *sortir* et *retourner* acceptent les deux auxiliaires : *Je suis sortie tous les soirs. / J'ai sorti les clés de mon sac.*

4

b. Vous vous êtes c. Arthur est d. Je suis e. Le médecin est f. Ils sont

5

b. mariés c. posé d. retournée e. fini f. parties

6

b. Le téléphone a c. Vous êtes d. J'ai e. Vous êtes f. Ils sont

7

b. On ne s'est pas vus depuis longtemps.
c. Nous ne sommes pas partis à Bordeaux.
d. Vous ne vous êtes pas perdus.
e. Nous ne nous sommes pas amusées à sa soirée.

8

apparu - appris - connu - découvert - descendu - offert - parti - perdu - rentré - sorti - vendu

9 PISTE 84

Transcription :

Ex. :Ils se sont réveillés à 10 h ?
– Non, ils se sont réveillés à 6 h.
a. *– Les clients vont partir ?*
– Non, les clients sont partis à 14 h.
b. *– Tu vas téléphoner à Amélie ?*
– Non, j'ai téléphoné à Amélie hier soir.
c. *– Le bébé de Julie va naître bientôt ?*
– Non, le bébé de Julie est né mardi matin.
d. *– Ils vont se rencontrer cet après-midi ?*
– Non, ils se sont rencontrés ce matin.
e. *– Myriam va retourner à Lyon le week-end prochain ?*
– Non, Myriam est retournée à Lyon le week-end dernier.
f. *– M. et Mme Paoli vont venir te voir ?*
– Non, M. et Mme Paoli sont venus à 9 h.

10

Il a adoré - il est allé - Il a commencé - Il est parti - Tout s'est passé - Adrien est tombé - il est arrivé - il n'est pas mort - il s'est blessé - Il n'a pas pu - il est rentré

11

Proposition de réponse :

Cher Thomas, samedi dernier, je suis allé en Belgique. J'ai adoré Bruxelles. J'ai dormi à l'hôtel Métropole et je me suis levé à 9 h le matin. J'ai vu le Manneken Pis, j'ai lu des BD au musée de la BD et j'ai visité l'Atomium. Je ne me suis pas perdu dans un vieux quartier. J'ai mangé des frites et j'ai bu de la bière, et j'ai aussi parlé français avec l'accent belge. Malheureusement, je suis rentré à la maison dimanche.

29. imparfait

....pages 123, 124, 125

1 PISTE 86

Transcription :

a. *Nous mangeons du chocolat.*

b. *Elle faisait des gâteaux ?*

c. *Il y avait beaucoup de monde.*

d. *On est heureux.*

e. *Elles allaient à la mer.*

f. *Tu étais calme.*

g. *Je prends le train.*

h. *Vous dormiez bien ?*

présent : a, d, g
imparfait : b, c, e, f, h

2

b. 1 **c.** 3 **d.** 6 **e.** 4 **f.** 5

3

b. On buvait **c.** les professeurs donnaient **d.** Vous faisiez **e.** Mon père ne regardait jamais **f.** Tu recevais **g.** Nous mangions **h.** Mégane et Oriane lisaient

4

b. Je buvais du thé. **c.** On prenait un bain le dimanche. **d.** Tu te promenais beaucoup. **e.** Elle lisait bien. **f.** Nous commencions la journée à 8 h. **g.** Vous étudiiez chez vous. **h.** Nous faisions beaucoup de bruit.

5

b. Ma sœur et moi allions **c.** Tu buvais **d.** On ne portait pas **e.** vous lisiez **f.** Je faisais **g.** Mes grands-parents se réveillaient **h.** Mon frère était

6

L	V	B	M	L	A	É
J	O	U	A	I	T	T
A	Y	V	N	É	E	U
V	A	A	G	T	N	D
I	I	I	E	I	I	I
E	E	S	A	O	O	I
Z	N	S	I	N	N	E
A	T	I	T	S	S	Z
P	R	E	N	A	I	T

Verbe conjugué à l'imparfait : J'allais

7

tu étais - tu riais - Tu adorais - je lisais - Tu me demandais - Ça t'amusait - il me racontait - il t'emmenait - Vous mangiez - vous donniez - On faisait - C'était

8

b. Avant, on envoyait des lettres. **c.** Avant, tout le monde avait une radio. **d.** Avant, on lavait son linge à la main. **e.** Avant, les Français travaillaient 45 h par semaine. **f.** Avant, il y avait des voitures à cheval dans les villes. **g.** Avant, on achetait le lait à la ferme.

9

Proposition de réponse :

– En 1910, les femmes ne portaient pas de pantalon.
On ne prenait pas le train mais on conduisait des voitures à cheval. On mangeait des produits de saison et on cultivait notre jardin. On allait au bal. Les gens écrivaient des lettres. Ils n'avaient pas la télévision et ils lisaient le journal. Les femmes s'occupaient des enfants. On ne voyageait pas à l'étranger. On parlait avec nos voisins.
Les enfants n'allaient pas à l'école le jeudi.

10

Proposition de réponse :

Quand j'étais petit(e), je jouais à la poupée et aux petites voitures. Je lisais des livres mais je faisais aussi des bêtises. J'aidais mes parents à la maison et je me couchais à 21 h. Je rendais visite à mes grands-parents tous les week-ends parce qu'ils habitaient à la campagne. Je cuisinais avec ma grand-mère. Et avec mon grand-père, on se promenait dans le parc. Je ne regardais jamais la télé.

30. imparfait et passé composé

pages 127, 128, 129

1 PISTE 88

Transcription :

a. Quand il a téléphoné, il y avait beaucoup de bruit. b. Il faisait beau, on est allés à la plage. c. J'étais fatigué, je me suis couché à 9 h. d. On a fait une promenade parce qu'il y avait du soleil. e. Elle était dans l'arbre pour cueillir des cerises et elle est tombée. f. Je racontais une histoire à Lucie et elle s'est mise à pleurer. g. Elle a lu une BD parce qu'il n'y avait rien à voir à la télé. h. On a mangé du fromage : il ne restait rien d'autre dans le frigo. i. Elle avait trop de problèmes avec son directeur alors elle a démissionné. j. Manuela passait à Rouen donc j'ai pu la rencontrer.

passé composé : a, d, g, h / imparfait : b, c, e, f, i, j

2

b. on a préféré c. tout s'est bloqué d. on allait e. personne n'a répondu f. une voiture bloquait g. je dormais h. nous étions

3

b. Il portait - on s'est rencontrés c. elle a vu - elle est partie d. Ingrid avait - elle a eu e. J'étais - il a commencé f. Linda est allée - elle avait g. J'attendais - elle est passée

4

b. Virginie descendait du bus quand elle a glissé. c. Il pleuvait quand les enfants sont sortis. d. On faisait les courses quand on a rencontré Mme Duval. e. Nous étions dehors quand les voleurs ont cassé la porte. f. Erwan et Gaëlle avaient 10 ans quand on a pris cette photo. g. Elle riait quand le directeur est entré dans le bureau. h. Les policiers bloquaient la rue Savary quand les manifestants sont arrivés.

5

b. Alors, comment tu as trouvé le film? J'ai beaucoup aimé la musique.
Pourquoi tu as fait des études de musique ? J'aimais beaucoup la musique.
c. Pourquoi tu n'as pas répondu au téléphone ? Je prenais une douche.
Qu'est-ce que tu as fait en arrivant chez toi ? J'ai pris une douche.
d. Comment tu t'es coupé la main ? J'ouvrais une boîte de sardines.
Qu'est-ce que tu as mangé hier soir ? J'ai ouvert une boîte de sardines.
e. Alors, a-t-elle trouvé une solution ? Oui, elle a parlé au directeur.
Tu as vu Julie ce matin ? Oui, elle parlait au directeur.
f. Qu'est-ce qu'il a fait dans les Alpes ? Il a fait du ski.
Comment s'est-il cassé une jambe ? Il faisait du ski.
g. Pourquoi tu as posé toutes ces questions ? Je ne comprenais pas.
Qu'est-ce qu'il a dit ? Je n'ai pas compris.
h. Son voyage s'est bien passé ? Non, il a été malade.
Mathieu n'est pas venu ce matin ? Non, il était malade.

6 PISTE 89

Transcription :

Ex. : – Pourquoi vous n'êtes pas allés vous promener ? – Il faisait trop froid. a. – Pourquoi tu n'es pas venue ? – J'étais malade. b. – Alors, qu'est-ce que tu as fait ? – J'ai téléphoné à la police. c. – Alors, ce dîner au restaurant ? – C'était cher et pas bon. d. – Tu as eu des nouvelles de tes amis ? – Ils ont envoyé un message hier. e. – Ton appareil photo ne marche plus ? – Il est tombé. f. – Comment tu as trouvé l'hôtel ? – Il était très confortable.

7

J'avais une invitation - J'étais à Lomé - je ne connaissais pas du tout la ville - j'ai pris un taxi-moto - Le chauffeur du taxi-moto a eu beaucoup - Il faisait nuit, les rues n'étaient pas éclairées. Nous nous sommes arrêtés - nous avons fait - nous avons trouvé - des personnes entraient. J'ai payé mon chauffeur, je l'ai remercié et je suis entré - on m'a accueilli - j'ai compris qu'il y avait un problème, que je n'étais pas - Je me suis excusé et je suis sorti

8

j'ai trouvé - une trentaine de personnes qui tenaient / tenait - elles attendaient - J'ai lu - j'ai trouvé - Je me suis dirigé - je l'ai salué - J'ai compris - il ne parlait pas - Il m'a fait - m'a invité - C'était - je venais - je ne connaissais pas - je devais - nous sommes arrivés - j'avais - J'ai donné - réceptionniste qui a contacté - Une jeune femme m'a accompagné - Il était - Il m'a demandé - Je lui ai dit - Il s'est excusé - je n'étais pas - il attendait - Il y avait - il y avait

9 PISTE 90

Transcription :

Le Petit Chaperon rouge avait 12 ans. Un jour, elle a demandé à sa mère : « Je peux aller chez grand-mère ? ». Le Petit Chaperon rouge voulait lui apporter un pot de beurre et une galette. Elle a pris son vélo pour aller chez sa grand-mère. En chemin, elle a parlé à un loup qui faisait un pique-nique dans la forêt. Quand elle est arrivée chez sa grand-mère, elle a sonné à la porte et elle est entrée. Sa grand-mère regardait un match de football à la télévision parce qu'elle aimait le sport.

« Tu vas aller chez ta grand-mère ». Le Petit Chaperon rouge devait lui apporter un pot de beurre et une galette. Elle est partie chez sa grand-mère. En chemin, elle a rencontré un loup qui était perdu dans la forêt. Quand elle est arrivée chez sa grand-mère, elle a frappé à la porte et elle est entrée. Sa grand-mère était dans son lit parce qu'elle était malade.

b. Je peux aller chez grand-mère ? **c.** Le Petit Chaperon rouge voulait lui apporter un pot de beurre **d.** Elle a pris son vélo pour aller chez sa grand-mère **e.** elle a parlé à un loup qui faisait un pique-nique **e.** elle a sonné à la porte **f.** Sa grand-mère regardait un match de football à la télévision parce qu'elle aimait le sport.

31. futur simple

....pages 131, 132, 133

1 PISTE 92

Transcription :

a. *Vous venez à quelle heure ?*
b. *J'étudierai à Lille l'année prochaine.*
c. *Le patron de l'usine rencontrera les salariés le 6 mai.*
d. *Nous admirons le coucher de soleil.*
e. *Tu passes à quelle heure ?*
f. *Nous rentrerons à minuit.*
g. *Le soleil brillera sur toute la France.*
h. *Elles ne travaillent pas cette semaine.*
i. *J'ai découvert un nouveau restaurant.*
j. *Elle a rencontré de nouveaux clients.*

passé : i, j
présent : a, d, e, h
futur : b, c, f, g

2

b. Je réussirai **c.** Le président arrivera **d.** Nous apporterons **e.** Vous signerez **f.** Tu lui offriras **g.** Les travaux commenceront **h.** Il ne visitera pas

3

b. On arrivera **c.** Nous dînerons **d.** Je déjeunerai **e.** Ils essayeront **f.** Vous rencontrerez **g.** Tu commenceras **h.** Sofia nous retrouvera

4

b. Tu paieras / payeras **c.** Il gèlera **d.** j'essayerai / j'essaierai **e.** On comprendra **f.** Ils essuieront **g.** Barry nettoiera

5

être : nous serons - elles seront
avoir : j'aurai - nous aurons
prendre : je prendrai - elles prendront
pouvoir : nous pourrons - elles pourront
vendre : je vendrai - nous vendrons
aller : nous irons - elles iront
venir : je viendrai - elles viendront
vouloir : je voudrai - nous voudrons
écrire : j'écrirai - elles écriront

6

Verbe conjugué au futur simple : prendras

7

– Il fera beau dans le Sud de la France.
– Le soleil brillera à Bordeaux et à Marseille.
– Le vent soufflera fort à Brest.
– Il pleuvra dans le nord de la France et à Lyon.
– Il y aura de l'orage à Lyon.
– Il y aura des nuages à Brest.
– Il fera 20 degrés à Nantes.

8

Je n'oublierai jamais - Votre guide viendra - (Votre guide) vous accompagnera - Vous conduirez - Vous pourrez - les participants prépareront - Vous passerez - Vous vous lèverez - les voyageurs auront - ils verront - les étoiles et la Lune vous guideront - vous profiterez

9

Proposition de réponse :

Salut Ben,
Quelle bonne nouvelle ! L'année prochaine, on sera tous les deux en Espagne ! Moi, je serai à Barcelone où j'étudierai le droit. J'apprendrai un peu l'espagnol et aussi le catalan. Je prendrai une chambre chez l'habitant pour commencer, j'en profiterai pour parler un peu avec des personnes qui connaissent bien la ville. J'irai à l'université en métro et je pense que le week-end, je visiterai les musées de la ville. Et bien sûr, je goûterai aux fameux churros !
À plus !

32. impératif

....pages 135, 136, 137

1 PISTE 94

Transcription :

a. *Finis ton assiette !*

b. *Ne regarde pas la télé !*

c. *Vous lisez le journal ?*

d. *Nous faisons du bon travail.*

e. *Amusez-vous bien !*

f. *Tu m'écoutes ?*

g. *Allons-y !*

h. *Ne m'attends pas !*

indicatif : c, d, f

impératif : a, b, e, g, h

2

b. Pars à la mer ! c. Écoutez le professeur ! d. Va au lit ! e. Fermons les yeux ! f. Écris des cartes postales !

3

Dans une casserole, fais fondre 200 grammes de chocolat noir. Ajoute 100 grammes de beurre coupé en morceaux. Dans un saladier, mets le sucre, les œufs, la farine. Ajoute le chocolat et le beurre. Mélange bien. Beurre un plat rond et verse la pâte dedans. Fais cuire au four environ 20 minutes. Bon appétit !

4

b. ne fais pas c. ne venez pas d. ne rentrons pas e. ne finis pas f. ne prenez pas

5

Proposition de réponse :

Pour être de bonne humeur, buvez un bon café, puis allez chez le coiffeur et rendez visite à vos amis. N'allez pas au travail mais téléphonez à votre famille. Ensuite, faites du sport puis mangez du chocolat. Faites les magasins et allez au cinéma avec vos amis. Riez une heure par jour et ne pensez pas aux choses négatives.

6

b. N'aie pas peur. c. Ne sois pas inquiète. d. Veuillez entrer. e. Sachez être patient.

7

b. Amusez-vous c. Repose-toi d. arrêtons-nous e. promenez-vous f. dépêche-toi

8

b. Ne vous approchez pas de nous ! c. N'en mangeons pas ! d. N'y allez pas ! e. N'ayez pas peur ! f. Ne nous inquiétons pas !

9 PISTE 95

Transcription :

a. *Vas-y !*

b. *Ne me téléphone pas !*

c. *Ne le prenez pas !*

d. *Parles-en à ta sœur !*

e. *Regarde-moi !*

f. *Allons-y !*

10

Proposition de réponse :

– Parle français tous les jours. N'utilise pas ta langue maternelle. Écoute la radio française. Regarde des films français. Apprends les conjugaisons. Ne te décourage pas.

11

ne t'inquiète pas - Sors - prends - Continue - tourne - prends-le - téléphone-moi

33. conditionnel présent

pages 139, 140, 141

1 PISTE 97

Transcription :

a. *Tu pourrais m'aider ?*
b. *Nous ferons le tour du monde.*
c. *Tu crois qu'ils aimeront ce livre ?*
d. *On souhaiterait vous aider.*
e. *Nous participerons à la randonnée, et vous ?*
f. *Je voudrais une baguette, s'il vous plaît.*
g. *Il pourra nous rejoindre dans le centre ville.*
h. *Auriez-vous un stylo ?*

futur simple : b, c, e, g
conditionnel présent : a, d, f, h

2

b. Il devrait **c.** Nous aimerions **d.** Je voudrais **e.** vous souhaiteriez **f.** On pourrait **g.** Aurais-tu **h.** préféreriez-vous

3

b. 1 **c.** 4 **d.** 3 **e.** 5 **f.** 6

4

b. Auriez-vous **c.** Vous pourriez **d.** On souhaiterait **e.** Adam préférerait **f.** Je voudrais **g.** Tu devrais

5

pouvoir : je pourrais - ils pourraient
vouloir : je voudrais - on voudrait
savoir : on saurait - ils sauraient
avoir : j'aurais - ils auraient
prendre : je prendrais - on prendrait
devoir : on devrait - ils devraient

6

b. Je voudrais un kilo de cerises. **c.** Nous souhaiterions camper. **d.** Vous pourriez me dire où est la poste ? **e.** Est-ce que tu aurais un parapluie ? **f.** Je pourrais utiliser ton ordinateur ? **g.** On voudrait aller à Rome. **h.** Ils préféreraient prendre l'avion.

7

b. il aimerait **c.** je voudrais **d.** vous pourriez **e.** on souhaiterait

8

b. On préférerait **c.** Ils souhaiteraient **d.** J'aurais **e.** Julie aimerait **f.** Tu devrais **g.** Elle pourrait **h.** Il faudrait

9

b. *Proposition de réponse :*
Salut Sofia,
Je voudrais vraiment assister à ton mariage mais je ne peux pas car c'est aussi le jour du mariage de ma sœur.
Je suis désolée.
Clara.

c. *Proposition de réponse :*
Bonjour Anita,
Je vais partir deux semaines à Paris. Est-ce que tu pourrais surveiller ma maison ? Est-ce que tu pourrais aussi arroser les plantes et garder mon chat ?
Je te remercie.
Marie

10

a. *Proposition de réponse :*
– Vous devriez faire du sport. Vous pourriez aller à la piscine ou bien faire du yoga. Il faudrait marcher 30 minutes par jour. Vous devriez vous reposer un peu plus. Vous pourriez écouter de la musique classique.

b. *Proposition de réponse :*
– J'organise une fête demain. Tu pourrais venir ?
Je pourrais te présenter mes amis. Tu pourrais aussi t'inscrire dans un club de sports pour faire des rencontres. Tu devrais aussi inviter tes voisins pour faire connaissance.

34. subjonctif présent

pages 143, 144, 145

1 PISTE 99

Transcription :

a. *On souhaite qu'il obtienne son examen de fin d'études.*
b. *J'espère qu'il viendra nous rendre visite.*
c. *Il aimerait que je réussisse à trouver un bon travail.*
d. *Je suis certaine qu'il est déjà parti.*
e. *Tu crois qu'il va faire beau ce week-end ?*
f. *Je voudrais que nous partions en vacances.*
g. *Il faudrait que vous finissiez ce dossier avant de partir.*
h. *Je pense qu'il va m'aider.*
i. *Ils veulent que tu sois présente à la réunion.*

Expressions suivies du subjonctif :
a. On souhaite que…
c. Il aimerait que…
f. Je voudrais que…
g. Il faudrait que…
i. Ils veulent que…

2

b. que tu prennes c. qu'il parte d. qu'on choisisse
e. que je lui écrive f. que vous triiez

3

b. 2 c. 6 d. 3 e. 5 f. 4

4

b. nous dansons - que vous dansiez
c. ils partent - qu'ils partent
d. nous prenons - que nous prenions
e. nous buvons - que vous buviez
f. nous étudions - que vous étudiiez
g. ils viennent - que je vienne
h. nous sortons - que vous sortiez

5

				2↓					
	1↓		a→	F	A	S	S	E	S
	D			A		3↓			4↓
	O			S	b→	A	I	E	S
	I			S		I			A
c→	V	E	U	I	L	L	E		C
	E			E		L			H
				Z		E			I
									E
	d→	P	U	I	S	S	I	E	Z

Verbe au subjonctif présent : sois

6

b. que vous buviez c. que mes amis dorment d. qu'ils viennent e. que tu prennes f. qu'ils soient g. que tu t'excuses h. qu'on étudie

7

b. On voudrait qu'il nous réponde rapidement.
On croit qu'il nous répondra rapidement.
c. Je pense que vous nous dites la vérité.
J'aimerais que vous nous disiez la vérité.
d. Il faut que tu prennes la bonne décision.
On espère que tu prendras la bonne décision.

8

a. – Il faut qu'il offre des fleurs. Il faut qu'il invite la jeune femme au restaurant. Il faut qu'il lui écrive des mots doux. Il faut qu'il soit sympathique. Il faut qu'il ait de l'humour.
b. – Il faut que tu arrives en avance. Il faut que tu t'habilles bien. Il faut que tu fasses attention à ton langage. Il faut que tu parles de tes expériences. Il faut que tu montres ta motivation.

9

Proposition de réponse :

Je voudrais que vous téléphoniez au service des ressources humaines. Il faudrait que vous écriviez à M. Gouin. J'aimerais que vous remplissiez le formulaire de demande de visa pour l'Angola et que vous commandiez le visa. Il faudrait que vous envoyiez un message à Mme Blankaert pour confirmer le rendez-vous. Je voudrais que vous alliez au service technique et que vous voyiez Julien Erckens. Il faudrait que vous accueilliez Mme Melaerts le 27 juillet à 8h. Enfin, je voudrais que vous arrosiez la plante dans mon bureau.

35. prépositions de lieu

pages 147, 148, 149

1 PISTE 101

Transcription :

a. *Je reviens d'Italie.* **b.** *Elle habite en Espagne.* **c.** *Sors de la cuisine tout de suite !* **d.** *Il rentre des Philippines.* **e.** *On arrive à l'aéroport à 8 h.* **f.** *Tu peux aller à la banque ?* **g.** *Nous partons aux États-Unis.* **h.** *Tu vas au théâtre ?* **i.** *Vous travaillez à Paris ?* **j.** *Il sort de l'hôpital.* **k.** *On revient de Casablanca.* **l.** *Je suis originaire du Cambodge.*

du : l - de : k - d' : a - de l' : j - de la : c - des : d - au : h - à la : f - à l' : e - aux : g - à : i - en : b

2

b. J'habite à Moscou. **c.** Nous allons au restaurant. **d.** Elles arrivent de Paris. **e.** Je sors du théâtre. **f.** Tom revient de Colombie. **g.** Elle va à la banque. **h.** Vous rentrez du Portugal.

3

b. de Munich **c.** à Séville **d.** à Los Angeles **e.** de Séoul **f.** à Montréal **g.** à Lisbonne **h.** à Copenhague

4

b. 5, 6 **c.** 4 **d.** 1, 3 **f.** 9, 10 **g.** 11 **h.** 8, 12

5

b. de Suisse **c.** en Suède **d.** des États-Unis **e.** en Irak **f.** en Équateur **g.** en Russie **h.** au Liban

6

b. en Allemagne. **c.** au Mali **d.** du Japon **e.** d'Éthiopie **f.** des Philippines **g.** en Indonésie **h.** du Danemark **i.** aux Pays-Bas **j.** en Égypte **k.** en Autriche **l.** au Portugal

7

b. à la - de la **c.** à l' - de l' **d.** à la - de la **e.** à l' - à la **f.** du - au **g.** à la - de la **h.** à la - de la

8 PISTE 102

Transcription :

Ex. : – D'où reviens-tu ?
– Je reviens d'Angleterre.

a. *– Où habite-t-elle ?*
– Elle habite à Lyon.

b. *– Où vas-tu ?*
– Je vais au supermarché.

c. *– Où vit-elle ?*
– Elle vit en Irlande.

d. *– D'où arrive-t-il ?*
– Il arrive de New-York.

e. *– Où étudies-tu ?*
– J'étudie au Mexique.

f. *– D'où revient-il ?*
– Il revient du Sénégal.

g. *– Où sont-ils ?*
– Ils sont à la librairie.

h. *– D'où sors-tu ?*
– Je sors du tribunal.

9

b. Yunfei est à la maison et, avec ses enfants, elle va à la piscine. **c.** Marion sort du cinéma et elle va au restaurant. **d.** Antonio est né à Mexico et il étudie à Monterrey. **e.** Zeina est originaire de Syrie et elle travaille à Lyon. **f.** Je descends du train et je rentre à la maison. **g.** Ils arrivent à l'hôtel et ils dînent à la crêperie. **h.** Antonio est originaire du Chili et il habite à Paris.

10

Proposition de réponse :

– Le 1er septembre, M. Moreau est parti au Japon, à Tokyo. Il est arrivé à l'aéroport à 18 h puis il est allé à l'hôtel.
– Le 2 septembre, il est allé à la gare et il est parti à Osaka.
– Le 3 septembre, il a déjeuné au restaurant avec M. Sakamoto. Il a eu une réunion à Osaka avec le président de l'université.
– Le 4 et le 5 septembre, il est allé à des réunions et à des conférences.
– Le 6 septembre, il est retourné à Tokyo et il a visité des temples.
– Le 7 septembre, il est allé à l'aéroport et il est rentré à Paris.

11

Proposition de réponse :

Je suis né à Toulouse mais j'habite maintenant à Saint-Malo. J'ai étudié à Rennes et j'ai travaillé à Paris. Puis, je suis parti un an à Moscou pour le travail. J'ai voyagé en Russie mais aussi en Chine et au Japon. Je suis aussi allé au Brésil et en Argentine. Je me suis marié en 2007. Ma femme vient de Moscou. Elle est originaire de Russie. Elle est arrivée en France en 2008.

12

Propositions de réponses :

a. – Je suis né à Londres.
b. – Je viens d'Angleterre.
c. – Je travaille à Paris.
d. – Je suis allé en Italie, à Rome et à Milan. Je suis allé aux États-Unis, à New-York et à Chicago.
e. – J'aimerais aller en Turquie, à Istanbul et j'aimerais aussi aller à Pékin, en Chine.
f. – J'aimerais bien aller au cinéma, à la piscine et au stade pour voir des matchs de football.

36. verbes et prépositions

pages 151, 152, 153

1 PISTE 104

Transcription :

a. Qu'est-ce que tu penses de cette proposition ?
b. Elle ressemble beaucoup à sa mère.
c. Tu as pensé à mon livre ?
d. J'ai commandé un gâteau.
e. Ma voisine joue du piano.
f. Tu n'as pas coché la bonne case.
g. Est-ce que vous avez écrit à Mme Marceau ?
h. Tu te souviens de notre voyage à Madrid ?
i. Elle manque beaucoup à sa famille.
j. On l'a mangé.
k. Ferme la fenêtre !
l. Tu as besoin de quelque chose ?

direct : d, f, j, k
indirect avec à : b, c, g, i
indirect avec de : a, e, h, l

2

b. de la société c. à ses parents d. d'un petit voyage
e. à la marche f. à Samia g. de M. Yars h. à la dame
i. à l'art j. de temps

3

b. à ma femme c. Ø d. des araignées e. Ø f. Ø
g. à la marchande h. à Aurélia i. Ø j. d'un dossier

4

b. 1 c. 5 d. 4 e. 3

5

b. de travailler c. de payer d. de déménager e. à comprendre
f. de t'habiller g. à réparer h. de faire i. à couper j. de fermer
k. de venir l. de marcher

6

Thomas leur a proposé - il les a invités - ses amis l'ont aidé - lui ont donné - ils lui ont chanté - Thomas les a remerciés - il leur a promis - il leur a demandé

7

b. S'il vous plaît, rappelez à Adrien de venir mardi.
S'il vous plaît, invitez Adrien à venir mardi.
c. J'ai suggéré à Ana de trouver un bon travail.
J'ai aidé Ana à trouver un bon travail.
d. On a entendu une personne téléphoner.
On a dit à une personne de téléphoner.
e. J'ai promis à ma mère de ranger ma chambre.
J'ai regardé ma mère ranger ma chambre.
f. Elle a conseillé à Killian de partir.
Elle a vu Killian partir.
g. Vous pouvez féliciter votre fils d'avoir réussi ses examens.
Vous pouvez encourager votre fils à réussir ses examens.
h. J'ai déconseillé aux étudiants d'utiliser ce livre de grammaire.
J'ai obligé les étudiants à utiliser ce livre de grammaire.

8 PISTE 105

Transcription :

Ex. : De quoi est-ce que vous rêvez ?
– Je rêve de faire le tour du monde.
a. Qu'est-ce que vous avez appris ?
– J'ai appris à comprendre les autres cultures.
b. Qu'est-ce que vous regrettez ?
– Je regrette de ne pas parler japonais et coréen.
c. Qu'est-ce que vous pouvez me conseiller ?
– Je vous conseille de passer deux semaines au Bhoutan.
d. Qu'est-ce que vous me déconseiller ?
– Je vous déconseille de faire des voyages organisés.
e. Qu'est-ce que vous avez réussi ?
– J'ai réussi à avoir des amis dans beaucoup de pays.
f. De quoi est-ce que vous avez peur ?
– J'ai peur de manquer de temps pour tout visiter.
g. Qu'est-ce que vous aimeriez ?
– J'aimerais aller en Antarctique.
h. Qu'est-ce que vous pouvez me promettre ?
– Je vous promets de vous raconter mon prochain voyage.

10

Proposition de réponse :

Si vous prenez l'avion, vous devez essayer de faire vos réservations trois ou quatre mois avant votre départ et je vous conseille de comparer les prix pour les avions, les hôtels. Dans votre lieu de vacances, il ne faut pas avoir peur de parler aux personnes que vous rencontrez. Je déconseille aux personnes qui voyagent peu de partir seules. Je vous invite à prendre des photos et à rapporter des souvenirs à vos amis pour leur faire découvrir votre voyage.

37. sens et place des adverbes

pages 155, 156, 157

1 PISTE 107

Transcription :

a. *Elle est très belle.*
b. *Nous avons trop mangé.*
c. *Vous allez bien ?*
d. *Il parle peu.*
e. *Tu as assez dormi ?*
f. *Je prends souvent le train.*
g. *Elle mange toujours du pain.*
h. *Vous avez beaucoup voyagé ?*
i. *On est arrivés hier.*

a. très **b.** trop **c.** bien **d.** peu **e.** assez **f.** souvent **g.** toujours **h.** beaucoup **i.** hier

2

b. Je vais souvent à la bibliothèque. **c.** Nos anciens voisins étaient vraiment sympas. **d.** Mon mari ne parle pas beaucoup. **e.** Faites attention, vous conduisez trop vite. **f.** Les étudiants ne se couchent pas assez tôt. **g.** Nous n'habitons pas très loin du centre.

3

b. vraiment **c.** assez bien **d.** mal **e.** tard **f.** bien

4

b. Je n'ai pas bien compris ta question. **c.** Vous allez beaucoup dormir pendant les vacances ? **d.** Niels est peu sorti avec ses amis. **e.** Nous venons de bien comprendre le règlement. **f.** Vous avez mal expliqué les directions. **g.** Elles vont souvent aller à la plage.

5

Proposition de réponse :
Je me suis levé tôt ! J'ai bien écouté la maîtresse et j'ai vraiment aimé le déjeuner. J'ai beaucoup joué avec les copains et j'ai couru très vite, c'était super ! J'ai lancé le ballon très loin. J'ai assez bien travaillé.

6

b. Ø **c.** beaucoup **d.** Ø **e.** très **f.** très **g.** beaucoup

7

b. beaucoup **c.** très **d.** très **e.** très **f.** trop/beaucoup **g.** beaucoup **h.** très

8

b. Les voisins m'ont beaucoup aidé. **c.** Nous allons bien travailler. **d.** Je suis un peu nerveuse. **e.** Ils n'ont pas assez dormi. **f.** Cet enfant vient de mal se comporter. **g.** Vous avez été très sages.

9

a. – Oui, elle a beaucoup étudié le français en Slovaquie.
b. – Non, elle est arrivée hier.
c. – Elle est assez fatiguée.
d. – Elle le fera demain.
e. – Elle parle très bien anglais.
f. – Oui, elle n'habite pas très loin.

38. comparatifs

pages 159, 160, 161

1 PISTE 109

Transcription :

a. *Demain, le temps sera aussi beau qu'aujourd'hui.*

b. *Je suis moins fatigué que les autres.*

c. *Les rouges sont aussi belles que les jaunes.*

d. *Vous pouvez parler plus fort ?*

e. *Je trouve qu'elles sont meilleures.*

f. *Lola travaille moins bien depuis un mois.*

g. *Je vais rentrer plus tard ce soir.*

h. *Ils ont un plus grand appartement que nous.*

i. *L'hôtel de France est aussi cher que l'hôtel du Mail.*

j. *On mange mieux au restaurant Le Grenier à Sel.*

+ : d, e, g, h, j

- : b, f

= : a, c, i

2

b. Mathieu vient moins souvent que Sarah. **c.** Le mois d'août est plus tranquille que juillet. **d.** Lucas est aussi gentil que Lina. **e.** Enzo a répondu moins rapidement que Jules. **f.** Je ne suis pas plus stupide qu'elle.

3

b. meilleure solution **c.** mieux dormi **d.** comprenez mieux **e.** Il joue mieux **f.** de meilleures conditions **g.** Je vois mieux **h.** de meilleure qualité

4

b. Lilou porte une plus jolie robe que Maëlys. **c.** Les pommes sont des fruits moins exotiques que les mangues. **d.** Grand-père a une meilleure santé que grand-mère. **e.** Je trouve la vie à Paris moins agréable qu'en province. **f.** Marina Foïs est une actrice moins connue que Marylin Monroe. **g.** Le Costa Rica est un pays plus touristique que le Nicaragua. **h.** *Le Monde* est un journal plus complet que *Le Courrier picard*.

5

b. Une tortue vit plus longtemps qu'un moustique. **c.** La tour de Pise est moins haute que la tour Eiffel. **d.** Les avions volent plus vite que les oiseaux. **e.** La boxe est un sport plus violent que le ping-pong. **f.** Les voyages en train sont moins fatigants que les voyages en voiture. **g.** Les fruits du marché sont meilleurs que les fruits du supermarché.

6

b. L'hôtel de France est plus confortable que l'hôtel du Mail. **c.** L'hôtel de France est plus cher que l'hôtel du Mail. **d.** Le petit-déjeuner de l'hôtel du Mail est meilleur. **e.** L'hôtel de France est aussi grand que l'hôtel du Mail. **f.** L'hôtel du Mail est plus près du centre-ville. **g.** L'hôtel du Mail est plus vieux que l'hôtel de France.

7

Proposition de réponse :

Vincent est plus grand et plus gros que Benoît. Benoît est plus mince.

Les cheveux de Vincent sont aussi longs que les cheveux de Benoît.

Vincent est peut-être plus riche que Benoît et il est plus sérieux.

Benoît semble plus sympathique que Vincent.

Benoît est certainement aussi intelligent que Vincent.

Vincent semble plus calme, mais plus triste que Benoît.

Benoît est peut-être moins timide et plus joyeux.

8 PISTE 110

Transcription :

Ex. : – Quelle est la différence entre un éléphant et une vache ?

– Un éléphant est plus lourd qu'une vache.

a. *– Quelle est la différence entre un train et un vélo ?*

– Un train va plus vite qu'un vélo.

b. *– Quelle est la différence entre un enfant et un adulte ?*

– Un enfant est moins grand qu'un adulte.

c. *– Quelle est la différence entre une rue et un boulevard ?*

– Une rue est moins large qu'un boulevard.

d. *– Quelle est la différence de climat entre la Norvège et le Sénégal ?*

– Le climat est moins chaud en Norvège qu'au Sénégal.

e. *– Quelle est la différence entre le métro et un taxi ?*

– Le métro coûte moins cher qu'un taxi.

f. *– Quelle est la différence entre une carte postale et un message électronique ?*

– Une carte postale arrive moins rapidement qu'un message électronique.

g. *– Quelle est la différence entre la ville et la campagne ?*

– La ville est moins calme que la campagne.

h. *– Quelle est la différence entre un pilote d'avion et un chauffeur de taxi ?*

– Un pilote d'avion voyage plus loin qu'un chauffeur de taxi.

9

Proposition de réponse :

Un vélo électrique est plus pratique qu'un vélo classique. C'est vrai qu'un vélo électrique coûte plus cher, mais c'est plus rapide. C'est moins écologique et plus lourd qu'un vélo classique parce qu'il y a une batterie. Le vélo électrique n'est pas plus dangereux que le vélo classique. C'est moins fatigant et plus confortable pour circuler en ville ou à la campagne.

39. négation

pages 163, 164, 165

1 PISTE 112

Transcription :

a. *Il n'y a plus de pain, je vais à la boulangerie.*
b. *Je n'ai pas compris.*
c. *Elle n'a jamais pris l'avion.*
d. *Vous n'avez rien acheté ?*
e. *Il n'y a personne dans la salle.*
f. *C'est fermé, on ne peut pas entrer.*
g. *Non, Amélie n'habite plus à Cannes.*
h. *Il y a trop de bruit, je n'entends rien.*

ne… pas : b, f
ne… plus : a, g
ne… rien : d, h
ne… personne : e
ne… jamais : c

2

b. On n'a rien mangé. **c.** Il n'a jamais répondu à ma lettre. **d.** Le magasin n'est pas ouvert le lundi. **e.** Elle ne connaît personne en France. **f.** Nous n'avons rencontré personne.

3

b. On n'a rien fait pendant les vacances. **c.** Il n'a jamais travaillé le dimanche. **d.** Elle n'a parlé à personne. **e.** Ils ne sont plus venus nous voir. **f.** Vous n'avez pas eu de chance !

4

b. Ne va jamais dans ce restaurant ! **c.** Ne donne plus d'argent à Guillaume ! **d.** Ne prenez pas de photos ! **e.** Ne dis rien ! **f.** Ne parle à personne de ce problème !

5

b. Il n'y a plus de lait dans le frigo. **c.** Pourquoi tu ne prépares jamais de plats mexicains ? **d.** Tu ne veux rien boire ? **e.** Vous n'avez pas aimé mes lasagnes ? **f.** Tu n'auras pas de dessert !

6

- La femme ne sourit pas.
- Il n'y a rien dans le panier.
- L'homme ne porte pas de lunettes.
- La main de l'homme n'est pas dans sa poche.
- La bouche de l'homme n'est pas ouverte.
- Il n'y a pas d'oiseau.
- Il n'y a personne sur le banc.

7 PISTE 113

Transcription :

Ex. : – Mme Gomez a accepté ?
– Non, elle n'a pas accepté.
a. *– Elle vient souvent ?*
– Non, elle ne vient jamais.
b. *– Tu as de l'argent ?*
– Non, je n'ai plus d'argent.
c. *– Est-ce que tu entends quelque chose ?*
– Non, je n'entends rien.
d. *– Il a vu quelqu'un ?*
– Non, il n'a vu personne.
e. *– Tu peux venir demain ?*
– Non, je ne peux pas venir demain.
f. *– M. Benmansour habite ici ?*
– Non, il n'habite plus ici.
g. *– Mais, tu es allé en Afrique du Sud ?*
– Non, je ne suis jamais allé en Afrique du Sud.
h. *– C'est difficile ?*
– Non, ce n'est pas difficile.

8

Elle n'a jamais eu de chance. Petite, elle n'avait pas de bonnes relations avec ses parents qui ne l'aimaient pas. À l'école, elle n'était jamais la première de la classe. Comme elle n'a pas fait de bonnes études universitaires, elle n'a jamais pu trouver de bons emplois. Elle ne gagne pas beaucoup d'argent et ne part pas souvent en vacances. Elle n'a pas d'amis et elle n'est jamais invitée à des fêtes. Elle n'a rien et n'est pas très heureuse.

9

Proposition de réponse :

Je dois te parler de Gaétan. Je ne l'aime pas. J'ai travaillé un peu avec lui mais il ne fait rien. Il n'arrive jamais à l'heure quand on a un rendez-vous. Il ne lit pas les livres qu'il faut lire. Il n'a donc pas assez d'informations pour pouvoir étudier et il ne comprend rien. Il n'y a personne qui veut travailler avec lui et il ne parle plus avec les autres. Je ne sais pas quoi faire.

40. interrogation (1)

..........pages 167, 168, 169

1 PISTE 115

Transcription :

a. *Est-ce que tu as faim ?*
b. *Qu'est-ce qu'ils ont dit ?*
c. *Voulez-vous une glace ?*
d. *Qui est-ce qui prend de la salade ?*
e. *Tu aimes bien la musique ?*
f. *Elles allaient bien ?*
g. *Qui est-ce que tu appelles ?*
h. *Qu'est-ce qui est petit et gentil ?*
i. *Pourriez-vous répéter, s'il vous plaît ?*

est-ce que : a
qu'est-ce que : b
qu'est-ce qui : h
qui est-ce qui : d
qui est-ce que : g
inversion sujet-verbe : c, i
intonation montante seule : e, f

2

b. 1, 3, 6 c. 2, 6 d. 4

3

b. Je peux vous aider ? Puis-je vous aider ? c. Il va au cinéma ? Va-t-il au cinéma ? d. Je pourrais vous parler ? Pourrais-je vous parler ? e. Vous avez des problèmes ? Avez-vous des problèmes ? f. Elle aime son travail ? Aime-t-elle son travail ?

4

b. Vas-tu regarder le match de tennis ? c. Viennent-ils d'apprendre cette chanson ? d. Avez-vous bien dormi ? e. Va-t-elle aller au marché ? f. Avez-vous demandé l'autorisation de sortir ? g. Avons-nous pris un parapluie ?

5

b. – Est-ce que Pedro est en France ? c. – Qu'est-ce que vous faites ? d. – Qu'est-ce que les enfants regardent à la télé ? e. – Est-ce que tu vas voyager pendant les vacances ? f. – Est-ce que vous êtes partis à l'étranger ?

6

b. Qu'est-ce que vous avez préféré dans ce film ? Le jeu des acteurs.
Qui est-ce que vous avez préféré dans ce film ? L'acteur Omar Sy.
c. Qu'est-ce qui vous attire ? Le calme de la campagne.
Qui est-ce qui vous attire ? Un homme calme.
d. Qu'est-ce qui passe ce soir ? Le film *Le dîner de cons*.
Qui est-ce qui passe ce soir ? Sarah, et elle dîne avec nous.

7

b. Qu'est-ce que c. qu'est-ce qui - d. Qu'est-ce qu' - e. Qui est-ce que - f. Qu'est-ce que

8

Est-ce que - est-ce que - qui est-ce qui - est-ce que - Est-ce que

9

Proposition de réponse :

– Salut Flavien, qu'est-ce que tu deviens ? Est-ce que tu es toujours musicien ?
– Oui, et toi, qu'est-ce que tu fais ?
– Je suis encore étudiant et aussi célibataire ! Est-ce que tu es marié ?
– Oui, et j'ai deux enfants ! Est-ce que tu voyages encore ?
– Oui, j'ai voyagé en Italie le mois dernier.
– Donc, tu ne vis plus à Lyon ?
– Ah si ! Et toi, tu vis à Paris ?
– Oui. Est-ce que tu aimes toujours le cinéma et le rock ?
– Oui, beaucoup ! Et toi, qu'est-ce que tu aimes faire ? Désolé, j'ai oublié !
– J'aime cuisiner et faire de la natation.

41. interrogation (2)

pages 171, 172, 173

1 PISTE 117

Transcription :

a. *Où est-ce qu'ils vont ?*
b. *Pourquoi sont-elles en colère ?*
c. *On fait quoi ce soir ?*
d. *À qui est-ce que vous parlez ?*
e. *On va quand au cinéma ?*
f. *Il coûte combien, ce livre ?*
g. *Que regardez-vous ?*
h. *Comment s'appelle-t-elle ?*
i. *Vous regardez qui dans la rue ?*

a. où **b.** pourquoi **c.** quoi **d.** à qui **e.** quand **f.** combien **g.** que **h.** comment **i.** qui

2

b. Quand est-ce que ça finira ? **c.** Pourquoi est-ce qu'ils ne m'ont pas répondu ? **d.** Combien de temps est-ce que ce film dure ? **e.** Comment est-ce que vous allez payer ? **f.** Qu'est-ce qu'on fait ce soir ? **g.** Qui est-ce que vous avez vu au marché ? **h.** Quand est-ce qu'elles vont venir ?

3

b. – Qu'est-ce qu'ils vont voir ? **c.** – Combien est-ce que ce voyage a coûté ? **d.** – Comment est-ce qu'ils sont allés à Lyon ? **e.** – Pourquoi est-ce que vous ne venez pas ? **f.** – Où est-ce qu'elle va dormir ? **g.** – Qu'est-ce que les enfants ne regarderont pas ?

4

b. Combien de personnes employez-vous ? **c.** Pourquoi pleures-tu ? **d.** Quand sort-elle de l'hôpital ? **e.** Où va-t-on samedi prochain ? **f.** Que diras-tu à la réunion ? **g.** Comment va-t-elle ?

5

a. – Comment êtes-vous allée en Guinée-Bissau? **b.** – Combien de temps êtes-vous restée ? **c.** – Qu'avez-vous mangé ? **d.** – Pourquoi avez-vous choisi la Guinée-Bissau ? **e.** – Où venez-vous d'aller ? **f.** – Quand allez-vous repartir en Afrique ?

6

b. Où va-t-il dormir ? **c.** Que regardes-tu ? **d.** Elle reste combien de temps ? **e.** Pourquoi est-ce que vous n'êtes pas à l'heure ? **f.** Avez-vous lu le journal ? **g.** Qui venez-vous de rencontrer ? **h.** As-tu soif ?

7

b. depuis combien de **c.** avec qui **d.** De quoi **e.** À partir de quand **f.** D'où **g.** Depuis quand

8 PISTE 118

Transcription :

Ex. : – Depuis 20 ans.
– Depuis quand travaillez-vous ici ?
a. *– Un concert à Paris.*
– Qu'est-ce que tu vas voir ?
b. *– Parce que nous avons du travail.*
– Pourquoi partez-vous ?
c. *– La tour Eiffel.*
– Elles ont visité quoi ?
d. *– 50 €.*
– Combien a-t-il payé ?
e. *– Depuis l'été dernier.*
– Depuis quand est-ce qu'ils ne se sont pas vus ?
f. *– Avec ma sœur.*
– Tu en parleras avec qui ?
g. *– À la gare de Lyon.*
– Où prend-on le train ?
h. *– Pour leurs grands-parents.*
– Pour qui est-ce qu'ils achètent des fleurs ?

9

Propositions de réponses :

a. – Depuis combien de temps est-ce que vous êtes actrice ?
– Avec qui est-ce que vous avez tourné ?
– Avec qui est-ce que vous êtes mariée ?
b. – Où avez-vous fait vos études ?
– Combien de livres lisez-vous en ce moment ?
– Qu'aimez-vous faire pendant votre temps libre ?
– Où allez-vous voyager ?

42. interrogation (3)

..........pages 175, 176, 177

1 PISTE 120

Transcription :

a. *Quel journal tu lis ?*

b. *Parmi ces fruits, vous préférez lesquels ?*

c. *Quel cheval a gagné la course ?*

d. *Ces deux chapeaux vous vont bien. Lequel prenez-vous ?*

e. *Quelles actrices françaises sont très connues ?*

f. *En quelle année est-il né ?*

g. *Pardon monsieur, la rue Berlioz, c'est laquelle ?*

h. *Quels sont vos projets pour cet été ?*

i. *J'aime toutes ces pommes. Lesquelles sont les meilleures ?*

j. *Entre ces deux livres, lequel préfères-tu ?*

quel, quelle : a, c, f
quels, quelles : e, h
lequel : d, j
laquelle : g
lesquels, lesquelles : b, i

2

b. Quel âge c. quels journaux d. Quelles chaussures e. Quels animaux f. Quel jour g. quelle émission h. Quelles villes

3

a. 9 b. 3, 4, 7 c. 2, 5, 8 d. 6, 10

4

b. Quel est le prix de cette baguette ? c. Quels sont les prénoms des sœurs de Lucas ? d. Quelle est la nationalité de Marco ? e. Quel est le numéro de téléphone de Salim ? f. Quelles sont les couleurs du drapeau français ?

5

a. – Tu fais quelles études ? b. – Tu rentres en quelle année ? c. – Tu manges quel type de nourriture ? d. – Tu te lèves à quelle heure ? e. – Tu fais quelles tâches ménagères ? f. – Tu écoutes quel style de musique ? g. – Tu regardes quels films au cinéma ? h. – Tu rentres chez tes parents quel jour ?

6

b. Dans quelle ville avez-vous passé de bonnes vacances ? c. Quelle est votre couleur préférée ? d. Avec quelle personne connue aimeriez-vous parler ? e. Quels objets vous prendriez sur une île déserte ? f. À quelle époque souhaiteriez-vous vivre ?

7

b. Lesquelles est-ce que tu parles ? c. Laquelle vous préférez ? d. Lesquels aimez-vous ? e. Lequel a-t-elle pris ? f. Lesquels allez-vous faire ?

8

b. Laquelle c. Lesquels d. lequel e. lesquelles f. Lequel

9

quelle occasion - Quelle bonne idée - Lequel - Quelle est la couleur - Quel est son style - quelle est sa pierre

43. discours indirect

pages 179, 180, 181

1 PISTE 122

Transcription :

a. *Il dit qu'il va bien.*
b. *Est-ce que tu as besoin d'aide ?*
c. *Quand pars-tu en vacances ?*
d. *Il me demande à quelle heure tu arrives.*
e. *D'où venez-vous ?*
f. *Elle veut savoir ce qui ne va pas.*
g. *Elles disent qu'elles ne peuvent pas venir.*
h. *Je serai là à 20 h.*

discours direct : b, c, e, h
discours indirect : a, d, f, g

2

b. 1 c. 3 d. 4 e. 6 f. 5

3

b. Les adversaires disent qu'ils sont très déçus. c. Un journaliste annonce que les joueurs ont fait un bon match. d. Les supporters disent qu'ils vont gagner la coupe. e. Le capitaine déclare que c'est la meilleure équipe française. f. Les joueurs disent qu'ils sont contents d'avoir gagné.

4

a. – Le directeur va te demander où tu as étudié l'année dernière. b. – Le directeur va te demander pourquoi tu as choisi de postuler dans leur entreprise. c. – Le directeur va te demander si tu as des expériences professionnelles. d. – Le directeur va te demander quelles sont tes motivations. e. – Le directeur va te demander si tu parles plusieurs langues. f. – Le directeur va te demander comment tu as connu leur entreprise.

5

b. si - combien c. si - ce que d. comment - où e. ce qui - si

6

b. Le patron dit à ses ouvriers d'être ponctuels.
c. Un commerçant demande à son client de fermer la porte.
d. Mon ami me conseille d'accepter cette proposition.
e. Le médecin ordonne à son patient de faire un régime.
f. Un directeur dit à son employé de bien se reposer pendant les vacances.

7

Proposition de réponse :

– J'ai reçu un courriel de Jennifer. Elle dit qu'elle va bien. Elle demande comment je vais. Elle dit qu'elle est d'accord pour venir chez nous demain soir. Elle demande si je veux qu'elle apporte le dessert. Elle demande à quelle heure je veux qu'elle vienne. Elle dit qu'elle a téléphoné à Ben mais qu'il n'a pas répondu. Elle dit qu'elle essaiera de le rappeler ce soir. Elle dit de te passer le bonjour.

8

b. Je voudrais savoir si vous avez écouté mon message. c. Mathilde nous demande d'aller la chercher. d. Il demande à quelle heure on arrive. e. Elle demande ce que tu vas faire demain. f. Ils veulent savoir quel livre nous aimerions lire.

9

Proposition de réponse :

M. Chraïbi demande ce qu'on va faire pour communiquer sur nos nouveaux produits.
Mme Ndiaye dit qu'on pourrait envoyer un courrier à nos clients et une publicité par voie postale.
Mme Jaber dit que ce serait mieux de mettre une publicité et une vidéo sur notre site Internet.
M. Chraïbi demande quand on pourra mettre la publicité et la vidéo.
Mme Jaber dit qu'il y a un problème pour la vidéo, qu'il faut deux semaines pour la réaliser.
M. Chraïbi conseille de demander à une autre entreprise.
Mme Ndiaye demande si quelqu'un a une idée pour la publicité.
Mme Jaber dit de contacter Mme Barreau au service communication.

44. cause, conséquence, but et opposition

pages 183, 184, 185

1 PISTE 124

Transcription :

a. *Je ne sors pas parce que je suis fatiguée.*
b. *Elle est allée en Amazonie pour prendre des photos.*
c. *Je ne serai pas là samedi, mais je viendrai te voir dimanche.*
d. *Il a pris du poids, alors il fait un régime.*
e. *Ils ont acheté une maison grâce à l'argent de leurs parents.*
f. *On chante parce qu'on est heureux.*
g. *J'aime le thé, par contre je déteste le café.*
h. *Tu n'es pas gentil, donc tu n'auras pas de bonbons !*
i. *Je reste chez moi à cause d'un mal de tête.*

a. parce que b. pour c. mais d. alors e. grâce à f. parce que g. par contre h. donc i. à cause de

2

b. 4 c. 6 d. 7 e. 1 f. 3 g. 5 h. 8

3

b. parce que c. parce que d. à cause de e. parce que f. grâce à

4

b. Il ne peut pas courir parce qu'il s'est cassé la jambe.
c. Beaucoup d'arbres sont tombés à cause de la tempête.
d. Elle est fatiguée parce qu'elle a conduit toute la nuit.
e. M. Mauger est absent à cause d'un rendez-vous chez le dentiste. f. Elle a obtenu son diplôme grâce à ses efforts.

5

b. parce qu' c. , donc d. parce qu'elle e. , donc f. parce que

6

b. Il y a moins de bruit la nuit parce que les bars de la ville ferment à minuit. / Les bars de la ville ferment à minuit, donc il y a moins de bruit la nuit.
c. À cause de la pollution des voitures, on a construit des tramways. / On a construit des tramways à cause de la pollution des voitures.
d. Quelques musées sont gratuits parce que les étudiants n'ont pas d'argent. / Les étudiants n'ont pas d'argent, alors quelques musées sont gratuits.
e. Grâce à la rentrée scolaire, les villes sont plus animées. / Les villes sont plus animées grâce à la rentrée scolaire.
f. Les étudiants sortent le soir parce qu'il y a des cinémas en ville. / Il y a des cinémas en ville, donc les étudiants sortent le soir.
g. Grâce aux aides de la mairie, les quartiers se sont développés. / Les quartiers se sont développés grâce aux aides de la mairie.

7

b. Je suis en forme grâce au sport. Par contre / Mais, j'en fais moins qu'avant.
c. J'ai mal au ventre parce que j'ai trop mangé, donc / alors je vais prendre un médicament. (je vais donc / je vais alors prendre un médicament.)
d. Je suis inquiet à cause des examens. Par contre / Mais je dors bien.
e. J'ai tout compris grâce au professeur, donc / alors je vais lui écrire pour le remercier. (je vais donc / je vais alors lui écrire pour le remercier.)
f. Je suis content parce que mes amis viennent ce week-end. Par contre / Mais, je travaille samedi.

8

b. parce que c. parce que d. pour e. pour f. parce que

9

grâce à vous - à cause des blagues - mais / par contre vous - Par contre / Mais - parce qu'il - donc / alors - donc / alors - Mais / Par contre

10

Proposition de réponse :

Mes chers amis,
Je vous écris pour vous remercier de votre excellent accueil hier soir. Marcella, je te félicite parce que le vin et le repas étaient délicieux. Grâce à toi et à Livo, j'ai beaucoup ri et je n'ai pas vu le temps passer. Mais, le problème, c'est que ce matin, je n'ai pas entendu mon réveil, donc je suis arrivé en retard au travail ! Ce n'est pas grave !
Je vous remercie encore une fois pour cette bonne soirée et je souhaite vous inviter chez moi la prochaine fois !
Bises,
Clément

45. condition

pages 187, 188, 189

1 PISTE 126

Transcription :

a. *Si tu veux, j'irai avec toi chez le médecin.*
b. *Si vous ne faites pas attention, vous allez tomber !*
c. *Si tu es malade, ne sors pas !*
d. *Si on a un compte bancaire, on peut retirer de l'argent.*
e. *Si tu continues, tu vas avoir des problèmes.*
f. *Si nous avons du retard, nous te préviendrons.*
g. *Si les enfants sont sages, nous leur achèterons un cadeau.*
h. *Si vous vous sentez seuls, téléphonez-nous !*

présent de l'indicatif : d
futur simple : a, f, g
futur proche : b, e
impératif : c, h

2

b. 3 **c.** 1 **d.** 5 **e.** 4 **f.** 6

3

b. S'il **c.** Si tu **d.** si elles **e.** Si on **f.** s'ils **g.** Si vous

4

b. Ils sont sympas. Nous les inviterons.
S'ils sont sympas, nous les inviterons.
c. N'hésitez pas à nous contacter ! Vous avez besoin de nous.
N'hésitez pas à nous contacter si vous avez besoin de nous !
d. Ils sont fatigués. Ils doivent se coucher plus tôt.
S'ils sont fatigués, ils doivent se coucher plus tôt.
e. Elles vont organiser une fête. Elles ont assez d'argent.
Elles vont organiser une fête si elles ont assez d'argent.
f. Préviens-moi ! Tu es disponible le week-end du 18 octobre.
Préviens-moi si tu es disponible le week-end du 18 octobre !
g. Nous partons dans une heure. Nous allons être en retard.
Si nous partons dans une heure, nous allons être en retard.

5

b. Si vous aimez danser, je vous conseille d'aller à La Plage. **c.** Si on a de l'argent, on peut tout faire. **d.** Si vous vous ennuyez, je vous propose de venir au parc avec moi. **e.** Si le film ne finit pas tard, on peut aussi aller au restaurant. **f.** S'il fait beau, tu vas à la piscine. **g.** Si tu as du retard, nous te demandons de nous prévenir.

6

a. – Si tu es toujours en retard, achète-toi un réveil.
b. – Si tu veux faire un régime, commence par faire du sport.
c. – Si tu n'es pas d'accord avec tes parents, écris-leur.
d. – Si tu t'ennuies le week-end, va au bord de la mer.
e. – Si tu as de mauvaises notes, travaille plus.
f. – Si tu es célibataire, inscris-toi à un club de rencontre.
g. – Si tu as mal à la tête, prends des médicaments.

7

Elle vous fera - vous aurez - les autres mamans penseront - ils vous diront - vous leur achèterez - ils voudront - tout le monde se demandera

8

b. Si mon mari et moi avons le temps, nous allons partir en vacances. **c.** Si les enfants ne sont pas fatigués, nous irons faire des courses. **d.** Si vous aimez cuisiner, ce livre sera parfait pour vous. **e.** Si on ne travaille pas assez, on ne va pas avoir notre diplôme. **f.** Si tu ne fais pas attention, tu vas faire des erreurs. **g.** S'ils ont faim, ils mangeront plus tôt. **h.** Si nous pouvons, nous vous téléphonerons.

9

a. *Proposition de réponse :*
Si je change de travail, j'aurai plus de responsabilités et j'aurai un meilleur salaire.
b. *Proposition de réponse :*
Si ma famille et moi partons sur une île déserte, nous n'irons plus au supermarché et nous serons moins stressés. Si nous vivons seuls, nous n'aurons plus de contacts avec les autres.
c. *Proposition de réponse :*
Si mon meilleur ami part vivre à l'étranger, il déménagera et on ne se verra plus très souvent. S'il vit loin, j'achèterai une valise et je lui rendrai visite pendant les vacances.

Bilan 1

page 192

1
a. une musicienne b. une infirmière c. des danseurs d. une directrice e. un boulanger

2
a. les châteaux b. aux yeux c. les clés d. des animaux e. les œufs

3
a. Mon amie est grande, brune et sportive. b. Sa petite sœur est mignonne et gentille. c. Ta mère est une femme cultivée mais fière. d. Leur petite-fille est italienne et espagnole. e. Votre tante est finlandaise ou suédoise ?

4
la fête - des parents - les stands - de bénévoles - l'événement - de bonnes conditions

5
a. le mari de la directrice b. les clés de la voiture c. la porte du garage d. l'ordinateur de l'enseignant e. les livres des étudiants

6
a. 3 b. 2 c. 1 d. 4

7
a. un joli chemisier rouge b. une petite ville animée c. un bon repas japonais d. un nouvel étudiant roumain e. de beaux yeux bleus

8
a. tous les mardis b. un peu de travail c. plusieurs solutions d. aucun problème e. chaque jour

Bilan 2

page 193

1
a. 3 b. 5 c. 1 d. 2 e. 4

2
a. On t'appelle. b. On part en Corée. c. Au Québec, on parle français. d. On t'a envoyé des fleurs. e. On va prévenir les étudiants.

3
a. c'est moi b. ce sont eux c. c'est lui d. ce sont elles e. c'est nous

4
a. Je pars avec vous ? b. Nous adorons le surf. c. On va chez eux. d. Elle va avoir 30 ans. e. Vous habitez à Monaco.

5
a. la femme qui b. le croissant que c. la maison où d. le restaurant qui e. le musée que

6
un quartier que nous aimons - un quartier où il y a - un centre culturel qui propose - les enfants qui ont - un quartier où nous

7
a. 5 b. 1 c. 2 d. 3 e. 4

8
a. celui où on est allés b. celle que je préfère c. celles que je fais d. ceux que je portais e. celui qui cuisine

Bilan 3

page 194

❶
a. lui parle b. les saluent c. l'appelle d. leur écrivez e. la regarde

❷
a. la vois b. nous attendre c. lui direz d. les connaissent e. te demande

❸
a. en veux b. y vais c. les aimons d. en a e. y pense

❹
a. Tu en as acheté ? b. Vous le prendrez à 7 h 15. c. Elle y est montée. d. On ne la regardait pas. e. Elle leur écrira ?

❺
a. Oui, j'en ai peur. b. Non, il ne s'y intéresse pas. c. Oui, nous nous souvenons d'eux. d. Non, je n'en reparlerai pas. e. Oui, elle pense beaucoup à elle.

❻
a. Elle ne l'a pas pris. b. On vient de se disputer. c. Je vous téléphonerai demain. d. Nous allons y réfléchir. e. Tu ne vas pas lui demander.

❼
a. Ne le regarde pas ! b. N'y allons pas ! c. Prenez-en ! d. Ne les mangez pas ! e. Vas-y !

❽
de moi - m'as - l'as - y aller - te donne

Bilan 4

page 195

❶
a. Tu cherches b. Nous nous réveillons c. Vous habitez d. Je ne travaille pas e. Elles se dépêchent.

❷
a. 4 b. 1 c. 5 d. 3 e. 2

❸
a. Je veux b. Nous pouvons c. Elles doivent d. Je ne sais e. Vous voulez

❹
a. On est b. Nous avons c. Ils ne font d. Il va e. Vous êtes

❺
a. Ils prennent b. On attend c. Vous buvez d. Tu vends e. Nous vivons

❻
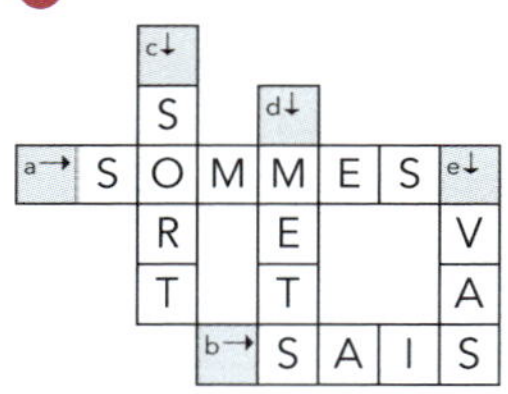

❼
a. je ne me lève jamais b. Je prends c. nous nous promenons d. Nos enfants n'aiment pas e. Ils se reposent

❽
a. Vous connaissez Istanbul ? b. Ils ne réfléchissent pas assez. c. Nous ne devons pas sortir. d. On dort mal. e. Nous vous croyons.

Bilan 5

page 196

1

a. Il s'est b. Nous avons c. Ils sont d. Vous avez e. Tu as

2

			d↓					
			C					
		a→	O	U	V	E	R	T
			M				e↓	
			P				P	
b→	S	O	R	T	I		E	
			I				R	
c→	D	E	S	C	E	N	D	U
							U	

3

a. Elles sont allées b. J'ai reçu c. La nouvelle est arrivée d. Ils ont divorcé e. Elle n'a pas fini

4

a. 4 b. 5 c. 3 d. 1 e. 2

5

a. Elle s'est réveillée b. Tu as grossi c. tu lui as offert d. Ils se sont assis e. Tout s'est passé

6

a. Il n'a pas pu parler à Florian. b. Nous ne nous sommes pas perdus. c. On ne s'est pas amusées chez Lola. d. Je n'ai pas voulu la déranger. e. On ne s'est pas vus depuis le lycée.

7

a. Oh là là, nous étions inquiets ! b. Pardon, on ne savait pas. c. Qu'est-ce que tu buvais ? d. Les voisins faisaient du bruit. e. Il commençait à faire froid.

8

Mme Guérin est rentrée - elle n'a pas vu - la porte d'entrée était ouverte - elle n'entendait pas - ses amis ont crié

Bilan 6

page 197

1

a. Nous voudrions b. J'aimerais c. Ils souhaiteraient d. Il faudrait e. Vous pourriez

2

a. Nous pourrions passer par là. b. On voudrait venir avec toi. c. Est-ce que vous auriez l'heure ? d. Je souhaiterais aller à New-York. e. Ils préféreraient aller à l'hôtel.

3

a. 4 b. 1 c. 3 d. 2 e. 5

4

a. Je ne veux pas que tu sortes. b. Il faudrait qu'on parte à 7h. c. Je souhaite qu'ils viennent me voir. d. Elle voudrait que je lui fasse un gâteau. e. On aimerait que vous nous accompagniez.

5

tu m'aides - tu pourrais demander - qu'elle soit - que tu viennes - Tu peux me retrouver

6

				d↓			
		a→	S	A	C	H	E
				Y		e↓	
	b→	V	I	E	N	S	
				Z		O	
						I	
c→	P	R	E	N	D	S	

7

a. Ne lui dis pas la vérité !. b. Vas-y ! c. Ne me téléphonez pas ce soir ! d. Achètes-en ! e. Ne le regarde pas !

8

a. Partons! b. ne rentre pas c. venez d. ne prenez pas e. amuse-toi

Bilan 7

page 198

1

a. à Paris b. d'Alger c. de Lyon d. à Montréal e. à Osaka

2

a. du Canada b. en Autriche c. des Philippines d. de Thaïlande e. au Mexique

3

a. 3 b. 4 c. 2 d. 1

4

a. Ø la mauvaise case b. des araignées c. à Mme Lopez d. au monsieur e. d'un voyage f. Ø M. Morel

5

a. On a réussi à réparer le vélo. b. Ma fille apprend à nager. c. Il veut arrêter de travailler. d. Elle va commencer à lire. e. Vous devez éviter de marcher.

6

d' arriver - de nous prévenir - à comprendre - de venir - à être présent

7

a. J'ai vu une fille courir. b. J'ai promis à Alka de l'inviter. c. Il a obligé son fils à venir. d. Dites à M. Leroy d'entrer. e. Invitez les clients à s'inscrire.

8

à l'aéroport - à Paris - Ø ce monsieur - à prendre - de l'avoir aidé

Bilan 8

page 199

1

a. Vous ne mangez pas assez ? b. Elle travaille beaucoup trop. c. Vous n'habitez pas très loin. d. Nous ne lisons pas bien. e. Tu parles trop vite.

2

a. Tu as assez dormi ? b. Nous venons de déménager loin. c. Je vais bien m'amuser ! d. Vous avez toujours rêvé de voyager ? e. Elle va vraiment vivre en Inde ?

3

a. très bonne b. très joyeuse c. Ø délicieux d. trop mangé e. Ø excellent

4

a. Nous n'avons pas assez parlé. b. Je ne travaille pas loin de la gare. c. Ils n'ont pas bien compris la leçon. d. Matilda ne va pas se coucher tard. e. Vous n'avez pas beaucoup dansé.

5

pas bien - très inquiet - assez étudié - jamais tous les tests - trop loin

6

a. meilleur étudiant b. j'aime mieux c. est moins bien d. tu dors mieux e. danse moins bien

7

a. Je suis plus grande que toi. b. Elle parle moins bien que son frère. c. Léa téléphone plus régulièrement que Marta. d. La tour Eiffel est aussi célèbre que Notre-Dame. e. La campagne est moins stressante que la ville.

8

la cuisine italienne est meilleure - une ville plus historique - aussi agréable - les rues sont aussi animées - je me détends moins facilement

Bilan 9

page 200

❶

a. Un rappeur célèbre. b. Oui, bien sûr ! c. Une pièce de Molière. d. L'acteur principal. e. Si, je l'aime bien.

❷

a. Combien d'enfants b. Quand est-ce que c. D'où vient d. Pourquoi est-ce que e. Depuis quand est-il

❸

a. Est-ce qu'il vient avec nous ? b. As-tu du temps ? c. Sont-ils en colère ? d. Est-ce que je peux vous téléphoner ? e. Peut-on vous aider ?

❹

a. Es-tu allée au cinéma hier ? b. Va-t-elle prendre le train ? c. Venez-vous d'arriver ? d. A-t-il payé le taxi ? e. Vas-tu acheter le journal ?

❺

a. Quand est-il venu ? b. Qu'est-ce qui se passe ? c. Vous n'allez pas au bureau ? d. Où est-ce que nous allons ? e. Comment s'appellent-ils ?

❻

a. Est-ce que vous pouvez parler ? / Pouvez-vous parler ? b. Que souhaitez-vous savoir ? / Vous souhaitez savoir quoi ? c. Quand est-ce que vous avez décidé de les aider ? / Quand avez-vous décidé de les aider ? d. Combien d'enfants a-t-elle ? / Elle a combien d'enfants ? e. Est-ce qu'ils ont trouvé du travail ? / Ils ont trouvé du travail ?

❼

a. quel magasin b. Laquelle veux-tu c. quel film d. Lesquels souhaites-tu e. quelle année

❽

lequel me conseillez-vous - quel type - quels sont vos auteurs - quelle nationalité - Lequel avez-vous préféré

Bilan 10

page 201

❶

a. 2 b. 4 c. 3, 1. d. 5 e. 1

❷

a. Ella dit à sa fille de manger des légumes. b. Juan demande à Fanny quand elle part. c. Le directeur déclare que l'entreprise va fermer. d. Lou demande à Elie quel est l'âge de Sara. e. La chanteuse annonce que c'est son dernier disque.

❸

a. ce que j'ai fait b. où nous allons. c. s'il (= si + il) peut d. où nous étudions. e. si j'ai réussi.

❹

a. grâce à ton aide b. pour voyager c. mais il déteste d. à cause de la neige e. Par contre, je joue

❺

a. Je suis inquiet à cause de mes mauvaises notes. b. Il mange bien, mais / par contre il est maigre. c. Nous faisons du sport pour rester en forme. d. On sort tard, donc / alors on est fatigués. e. Tu ne dors pas parce que tu bois du café.

❻

a. Si vous avez plus de 60 ans, vous avez une réduction. b. Téléphone-moi, si tu as un problème. c. Si je gagne au loto, je ferai un beau voyage. d. Elles n'iront pas à la plage s'il pleut. e. Si nous sommes en retard, nous ne verrons pas le concert.

❼

a. repose-toi b. j'irai c. servez-vous ! d. je ne les inviterai pas e. nous allons prendre

Masculine or Feminine?

pages 204

1

a. une certitude b. un chemisier c. une révolution
d. une grille e. une saison f. un remplacement

2

Une fille - une ville - une solitude - une multitude - un problème - un système - une solution - une explication

Indefinite Articles

page 205

a. un train b. une recette c. un hôtel d. une adresse
e. un restaurant f. un examen

Definite Articles

page 205

a. le camping b. la banque c. l'hôtel d. la poste
e. l'anorak f. le short

Plural of Nouns and Articles

page 206

a. Visiter les monuments historiques b. Acheter des souvenirs c. Manger les spécialités locales d. Observer des animaux sauvages e. Prendre des photos f. Regarder les bateaux dans le port

Partitive Articles

page 206

a. Du parmesan ? - pas de parmesan
b. De la limonade ? - pas de limonade
c. De l'eau ? - de l'eau

Possessive Adjectives

pages 207

1

Mon amie - Son chien - ses jouets - leur maison - leur jardin - Mes parents - leur / notre maison

2

Son petit sac - sa canne - ses lunettes - ton temps - tes ressources - ton amitié

Adjective Agreement and Position

page 208

a. un grand sac b. une robe courte c. des pantalons bleus
d. une jolie chemise

Expressing the Future

page 208

a. retournerai b. ferez c. travaillerons - construirons
d. donnera

Verb Endings, Regular and Irregular Verbs

page 209

habitent - regarde - choisit - n'aime pas - préfère - regardez - préférez

C'est / Il est

page 210

a. C'est la fille b. Il est très grand - c'est un géant c. ce sont les miens d. C'est / Il est bon

Los adjetivos posesivos

page 210

a. sa fille - ses exercices b. ses lunettes c. leur maison d. son numéro - son adresse e. leurs avions

Artículos partitivos

page 211

1

a. de l'ail - du piment b. de la chance c. un spectacle d. le poisson - de viande e. une bouteille - de l'eau f. du bateau g. un appartement

2

a. de temps b. du courage c. de café d. du raisin e. de la colle f. de monde g. du beurre

¿Dónde colocar los adjetivos?

page 212

a. un nouveau pull b. les programmes économiques c. une grande armoire d. le prochain train e. la semaine dernière

Los pronombres tónicos

page 212

a. moi b. Ils c. Lui d. Toi - nous

El futuro próximo

page 213

a. il va faire b. vous allez voir c. on va bientôt partir d. je vais aller

El pasado compuesto

page 213

a. a pris b. est allée c. a passé d. s'est beaucoup promenée e. a sorti

Los verbos y sus preposiciones

page 214

1

a. de faire - à rien b. Ø - à un cross c. de quelque chose - de raconter d. à trouver - à personne e. Ø - de l'avoir aidée f. à rien - à faire g. d'essayer - de réparer - de le faire h. à se décider - Ø - Ø

2

a. 4 b. 5 c. 7 d. 1 e. 2 f. 3 g. 6

¿Dónde colocar la negación?

page 215

1

a. Non, il n'a pas eu la varicelle. b. Non, rien n'a changé. c. Non, elle ne va plus à la mer. d. Non, il n'y a personne. e. Non, elle ne s'est pas toujours levée tôt. f. Non, rien ne le gêne. g. Non, elle n'espère plus partir. h. Non, elle n'est pas partie.

2

a. Je n'ai rien fait ce week-end. b. Mon mari n'a jamais aimé faire la vaisselle. c. Mes enfants n'ont jamais visité le musée d'Orsay. d. Juliette a promis de ne plus rentrer tard. e. Presque personne n'est venu à la conférence.

Tableau des conjugaisons

Verbes avec prépositions *à* et *de*

Tableau des conjugaisons

			Verbes réguliers en *-er*	Verbes particuliers en *-er*		
	Être	**Avoir**	**Parler**	**Aller**	**Acheter**	**Préférer**
Présent	je suis tu es il, elle, on est nous sommes vous êtes ils, elles sont	j'ai tu as il, elle, on a nous avons vous avez ils, elles ont	je parle tu parles il, elle, on parle nous parlons vous parlez ils, elles parlent	je vais tu vas il, elle, on va nous allons vous allez ils, elles vont	j'ach**è**te tu ach**è**tes il, elle, on ach**è**te nous achetons vous achetez ils, elles ach**è**tent	je préf**è**re tu préf**è**res il, elle, on préf**è**re nous préférons vous préférez ils, elles préf**è**rent
Passé composé	j'ai été tu as été il, elle, on a été nous avons été vous avez été ils, elles ont été	j'ai eu tu as eu il, elle, on a eu nous avons eu vous avez eu ils, elles ont eu	j'ai parlé tu as parlé il, elle, on a parlé nous avons parlé vous avez parlé ils, elles ont parlé	je suis allé(e) tu es allé(e) il, elle, on est allé(e)(s) nous sommes allé(e)s vous êtes allé(e)(s) ils, elles sont allé(e)s	j'ai acheté tu as acheté il, elle, on a acheté nous avons acheté vous avez acheté ils, elles ont acheté	j'ai préféré tu as préféré il, elle, on a préféré nous avons préféré vous avez préféré ils, elles ont préféré
Imparfait	j'étais tu étais il, elle, on était nous étions vous étiez ils, elles étaient	j'avais tu avais il, elle, on avait nous avions vous aviez ils, elles avaient	je parlais tu parlais il, elle, on parlait nous parlions vous parliez ils, elles parlaient	j'allais tu allais il, elle, on allait nous allions vous alliez ils, elles allaient	j'achetais tu achetais il, elle, on achetait nous achetions vous achetiez ils, elles achetaient	je préférais tu préférais il, elle, on préférait nous préférions vous préfériez ils, elles préféraient
Futur	je serai tu seras il, elle, on sera nous serons vous serez ils, elles seront	j'aurai tu auras il, elle, on aura nous aurons vous aurez ils, elles auront	je parlerai tu parleras il, elle, on parlera nous parlerons vous parlerez ils, elles parleront	j'irai tu iras il, elle, on ira nous irons vous irez ils, elles iront	j'ach**è**terai tu ach**è**teras il, elle, on ach**è**tera nous ach**è**terons vous ach**è**terez ils, elles ach**è**teront	je préférerai tu préféreras il, elle, on préférera nous préférerons vous préférerez ils, elles préféreront
Impératif	sois soyons soyez	aie ayons ayez	parle parlons parlez	va allons allez	ach**è**te achetons achetez	préf**è**re préférons préférez
Conditionnel présent	je serais tu serais il, elle, on serait nous serions vous seriez ils, elles seraient	j'aurais tu aurais il, elle, on aurait nous aurions vous auriez ils, elles auraient	je parlerais tu parlerais il, elle, on parlerait nous parlerions vous parleriez ils, elles parleraient	j'irais tu irais il, elle, on irait nous irions vous iriez ils, elles iraient	j'ach**è**terais tu ach**è**terais il, elle, on ach**è**terait nous ach**è**terions vous ach**è**teriez ils, elles ach**è**teraient	je préférerais tu préférerais il, elle, on préférerait nous préférerions vous préféreriez ils, elles préféreraient
Subjonctif présent	je sois tu sois il, elle, on soit nous soyons vous soyez ils, elles soient	j'aie tu aies il, elle, on ait nous ayons vous ayez ils, elles aient	je parle tu parles il, elle, on parle nous parlions vous parliez ils, elles parlent	j'aille tu ailles il, elle, on aille nous allions vous alliez ils, elles aillent	j'ach**è**te tu ach**è**tes il, elle, on ach**è**te nous achetions vous achetiez ils, elles ach**è**tent	je préf**è**re tu préf**è**res il, elle, on préf**è**re nous préférions vous préfériez ils, elles préf**è**rent

Verbes particuliers en *-er*				Verbes réguliers en *-ir*
Commencer	**Manger**	**Appeler**	**Payer**	**Finir**
je commence tu commences il, elle, on commence nous commen**ç**ons vous commencez ils, elles commencent	je mange tu manges il, elle, on mange nous man**ge**ons vous mangez ils, elles mangent	j'appe**ll**e tu appe**ll**es il, elle, on appe**ll**e nous appelons vous appelez ils, elles appe**ll**ent	je paye / paie tu payes / paies il, elle, on paye / paie nous payons vous payez ils, elles payent / paient	je finis tu finis il, elle, on finit nous finissons vous finissez ils, elles finissent
j'ai commencé tu as commencé il, elle, on a commencé nous avons commencé vous avez commencé ils, elles ont commencé	j'ai mangé tu as mangé il, elle, on a mangé nous avons mangé vous avez mangé ils, elles ont mangé	j'ai appelé tu as appelé il, elle, on a appelé nous avons appelé vous avez appelé ils, elles ont appelé	j'ai payé tu as payé il, elle, on a payé nous avons payé vous avez payé ils, elles ont payé	j'ai fini tu as fini il, elle, on a fini nous avons fini vous avez fini ils, elles ont fini
je commen**ç**ais tu commen**ç**ais il, elle, on commen**ç**ait nous commencions vous commenciez ils, elles commen**ç**aient	je mangeais tu mangeais il, elle, on man**ge**ait nous mangions vous mangiez ils, elles man**ge**aient	j'appelais tu appelais il, elle, on appelait nous appelions vous appeliez ils, elles appelaient	je payais tu payais il, elle, on payait nous payions vous payiez ils, elles payaient	je finissais tu finissais il, elle, on finissait nous finissions vous finissiez ils, elles finissaient
je commencerai tu commenceras il, elle, on commencera nous commencerons vous commencerez ils, elles commenceront	je mangerai tu mangeras il, elle, on mangera nous mangerons vous mangerez ils, elles mangeront	j'appe**ll**erai tu appe**ll**eras il, elle, on appe**ll**era nous appe**ll**erons vous appe**ll**erez ils, elles appe**ll**eront	je payerai / paierai tu payeras / paieras il, elle, on payera / paiera nous payerons / paierons vous payerez / paierez ils, elles payeront / paieront	je finirai tu finiras il, elle, on finira nous finirons vous finirez ils, elles finiront
commence commen**ç**ons commencez	mange man**ge**ons mangez	appe**ll**e appelons appelez	paye / paie payons payez	finis finissons finissez
je commencerais tu commencerais il, elle, on commencerait nous commencerions vous commenceriez ils, elles commenceraient	je mangerais tu mangerais il, elle, on mangerait nous mangerions vous mangeriez ils, elles mangeraient	j'appe**ll**erais tu appe**ll**erais il, elle, on appe**ll**erait nous appe**ll**erions vous appe**ll**eriez ils, elles appe**ll**eraient	je payerais / paierais tu payerais / paierais il, elle, on payerait / paierait nous payerions / paierions vous payeriez / paieriez ils, elles payeraient / paieraient	je finirais tu finirais il, elle, on finirait nous finirions vous finiriez ils, elles finiraient
je commence tu commences il, elle, on commence nous commencions vous commenciez ils, elles commencent	je mange tu manges il, elle, on mange nous mangions vous mangiez ils, elles mangent	j'appe**ll**e tu appe**ll**es il, elle, on appe**ll**e nous appelions vous appeliez ils, elles appe**ll**ent	je paye / paie tu payes / paies il, elle, on paye / paie nous payions vous payiez ils, elles payent / paient	je finisse tu finisses il, elle, on finisse nous finissions vous finissiez ils, elles finissent

	Verbes en *-ir*			Verbes en *-ire*	
	Sortir	**Venir**	**Offrir**	**Écrire**	**Dire**
Présent	je sors tu sors il, elle, on sort nous sortons vous sortez ils, elles sortent	je viens tu viens il, elle, on vient nous venons vous venez ils, elles viennent	j'offre tu offres il, elle, on offre nous offrons vous offrez ils, elles offrent	j'écris tu écris il, elle, on écrit nous écrivons vous écrivez ils, elles écrivent	je dis tu dis il, elle, on dit nous disons vous dites ils, elles disent
Passé composé	je suis sorti(e) tu es sorti(e) il, elle, on est sorti(e)(s) nous sommes sorti(e)s vous êtes sorti(e)(s) ils, elles sont sorti(e)s	je suis venu(e) tu es venu(e) il, elle, on est venu(e)(s) nous sommes venu(e)s vous êtes venu(e)(s) ils, elles sont venu(e)s	j'ai offert tu as offert il, elle, on a offert nous avons offert vous avez offert ils, elles ont offert	j'ai écrit tu as écrit il, elle, on a écrit nous avons écrit vous avez écrit ils, elles ont écrit	j'ai dit tu as dit il a dit nous avons dit vous avez dit ils, elles ont dit
Imparfait	je sortais tu sortais il, elle, on sortait nous sortions vous sortiez ils, elles sortaient	je venais tu venais il, elle, on venait nous venions vous veniez ils, elles venaient	j'offrais tu offrais il, elle, on offrait nous offrions vous offriez ils, elles offraient	j'écrivais tu écrivais il, elle, on écrivait nous écrivions vous écriviez ils, elles écrivaient	je disais tu disais il, elle, on disait nous disions vous disiez ils, elles disaient
Futur	je sortirai tu sortiras il, elle, on sortira nous sortirons vous sortirez ils, elles sortiront	je viendrai tu viendras il, elle, on viendra nous viendrons vous viendrez ils, elles viendront	j'offrirai tu offriras il, elle, on offrira nous offrirons vous offrirez ils, elles offriront	j'écrirai tu écriras il, elle, on écrira nous écrirons vous écrirez ils, elles écriront	je dirai tu diras il, elle, on dira nous dirons vous direz ils, elles diront
Impératif	sors sortons sortez	viens venons venez	offre offrons offrez	écris écrivons écrivez	dis disons dites
Conditionnel présent	je sortirais tu sortirais il, elle, on sortirait nous sortirions vous sortiriez ils, elles sortiraient	je viendrais tu viendrais il, elle, on viendrait nous viendrions vous viendriez ils, elles viendraient	j'offrirais tu offrirais il, elle, on offrirait nous offririons vous offririez ils, elles offriraient	j'écrirais tu écrirais il, elle, on écrirait nous écririons vous écririez ils, elles écriraient	je dirais tu dirais il, elle, on dirait nous dirions vous diriez ils, elles diraient
Subjonctif présent	je sorte tu sortes il, elle, on sorte nous sortions vous sortiez ils, elles sortent	je vienne tu viennes il, elle, on vienne nous venions vous veniez ils, elles viennent	j'offre tu offres il, elle, on offre nous offrions vous offriez ils, elles offrent	j'écrive tu écrives il, elle, on écrive nous écrivions vous écriviez ils, elles écrivent	je dise tu dises il, elle, on dise nous disions vous disiez ils, elles disent

Verbes en *-ire*	Verbes en *-oir*				
Lire	**Pouvoir**	**Vouloir**	**Devoir**	**Voir**	**Savoir**
je lis tu lis il, elle, on lit nous lisons vous lisez ils, elles lisent	je peux tu peux il, elle, on peut nous pouvons vous pouvez ils, elles peuvent	je veux tu veux il, elle, on veut nous voulons vous voulez ils, elles veulent	je dois tu dois il, elle, on doit nous devons vous devez ils, elles doivent	je vois tu vois il, elle, on voit nous voyons vous voyez ils, elles voient	je sais tu sais il, elle, on sait nous savons vous savez ils, elles savent
j'ai lu tu as lu il, elle, on a lu nous avons lu vous avez lu ils, elles ont lu	j'ai pu tu as pu il, elle, on a pu nous avons pu vous avez pu ils, elles ont pu	j'ai voulu tu as voulu il, elle, on a voulu nous avons voulu vous avez voulu ils, elles ont voulu	j'ai dû tu as dû il, elle, on a dû nous avons dû vous avez dû ils, elles ont dû	j'ai vu tu as vu il, elle, on a vu nous avons vu vous avez vu ils, elles ont vu	j'ai su tu as su il, elle, on a su nous avons su vous avez su ils, elles ont su
je lisais tu lisais il, elle, on lisait nous lisions vous lisiez ils, elles lisaient	je pouvais tu pouvais il, elle, on pouvait nous pouvions vous pouviez ils, elles pouvaient	je voulais tu voulais il, elle, on voulait nous voulions vous vouliez ils, elles voulaient	je devais tu devais il, elle, on devait nous devions vous deviez ils, elles devaient	je voyais tu voyais il, elle, on voyait nous voyions vous voyiez ils, elles voyaient	je savais tu savais il, elle, on savait nous savions vous saviez ils, elles savaient
je lirai tu liras il, elle, on lira nous lirons vous lirez ils, elles liront	je pourrai tu pourras il, elle, on pourra nous pourrons vous pourrez ils, elles pourront	je voudrai tu voudras il, elle, on voudra nous voudrons vous voudrez ils, elles voudront	je devrai tu devras il, elle, on devra nous devrons vous devrez ils, elles devront	je verrai tu verras il, elle, on verra nous verrons vous verrez ils, elles verront	je saurai tu sauras il, elle, on saura nous saurons vous saurez ils, elles sauront
lis lisons lisez	*n'existe pas*	veuillez	*pas utilisé*	vois voyons voyez	sache sachons sachez
je lirais tu lirais il, elle, on lirait nous lirions vous liriez ils, elles liraient	je pourrais tu pourrais il, elle, on pourrait nous pourrions vous pourriez ils, elles pourraient	je voudrais tu voudrais il, elle, on voudrait nous voudrions vous voudriez ils, elles voudraient	je devrais tu devrais il, elle, on devrait nous devrions vous devriez ils, elles devraient	je verrais tu verrais il, elle, on verrait nous verrions vous verriez ils, elles verraient	je saurais tu saurais il, elle, on saurait nous saurions vous sauriez ils, elles sauraient
je lise tu lises il, elle, on lise nous lisions vous lisiez ils, elles lisent	je puisse tu puisses il, elle, on puisse nous puissions vous puissiez ils, elles puissent	je veuille tu veuilles il, elle, on veuille nous voulions vous vouliez ils, elles veuillent	je doive tu doives il, elle, on doive nous devions vous deviez ils, elles doivent	je voie tu voies il, elle, on voie nous voyions vous voyiez ils, elles voient	je sache tu saches il, elle, on sache nous sachions vous sachiez ils, elles sachent

	Verbes en *-oire*		Verbes en *-dre*		Verbes en *-tre*
	Boire	**Croire**	**Prendre**	**Vendre**	**Connaître**
Présent	je bois tu bois il, elle, on boit nous buvons vous buvez ils, elles boivent	je crois tu crois il, elle, on croit nous croyons vous croyez ils, elles croient	je prends tu prends il, elle, on prend nous prenons vous prenez ils, elles prennent	je vends tu vends il, elle, on vend nous vendons vous vendez ils, elles vendent	je connais tu connais il, elle, on connaît nous connaissons vous connaissez ils, elles connaissent
Passé composé	j'ai bu tu as bu il, elle, on a bu nous avons bu vous avez bu ils, elles ont bu	j'ai cru tu as cru il, elle, on a cru nous avons cru vous avez cru ils, elles ont cru	j'ai pris tu as pris il, elle, on a pris nous avons pris vous avez pris ils, elles ont pris	j'ai vendu tu as vendu il, elle, on a vendu nous avons vendu vous avez vendu ils, elles ont vendu	j'ai connu tu as connu il, elle, on a connu nous avons connu vous avez connu ils, elles ont connu
Imparfait	je buvais tu buvais il, elle, on buvait nous buvions vous buviez ils, elles buvaient	je croyais tu croyais il, elle, on croyait nous croyions vous croyiez ils, elles croyaient	je prenais tu prenais il, elle, on prenait nous prenions vous preniez ils, elles prenaient	je vendais tu vendais il, elle, on vendait nous vendions vous vendiez ils, elles vendaient	je connaissais tu connaissais il, elle, on connaissait nous connaissions vous connaissiez ils, elles connaissaient
Futur	je boirai tu boiras il, elle, on boira nous boirons vous boirez ils, elles boiront	je croirai tu croiras il, elle, on croira nous croirons vous croirez ils, elles croiront	je prendrai tu prendras il, elle, on prendra nous prendrons vous prendrez ils, elles prendront	je vendrai tu vendras il, elle, on vendra nous vendrons vous vendrez ils, elles vendront	je connaîtrai tu connaîtras il, elle, on connaîtra nous connaîtrons vous connaîtrez ils, elles connaîtront
Impératif	bois buvons buvez	crois croyons croyez	prends prenons prenez	vends vendons vendez	*peu utilisé*
Conditionnel présent	je boirais tu boirais il, elle, on boirait nous boirions vous boiriez ils, elles boiraient	je croirais tu croirais il, elle, on croirait nous croirions vous croiriez ils, elles croiraient	je prendrais tu prendrais il, elle, on prendrait nous prendrions vous prendriez ils, elles prendraient	je vendrais tu vendrais il, elle, on vendrait nous vendrions vous vendriez ils, elles vendraient	je connaîtrais tu connaîtrais il, elle, on connaîtrait nous connaîtrions vous connaîtriez ils, elles connaîtraient
Subjonctif présent	je boive tu boives il, elle, on boive nous buvions vous buviez ils, elles boivent	je croie tu croies il, elle, on croie nous croyions vous croyiez ils, elles croient	je prenne tu prennes il, elle, on prenne nous prenions vous preniez ils, elles prennent	je vende tu vendes il, elle, on vende nous vendions vous vendiez ils, elles vendent	je connaisse tu connaisses il, elle, on connaisse nous connaissions vous connaissiez ils, elles connaissent

Verbes en *-tre*	Verbes en *-re*		Verbes pronominaux
Mettre	**Faire**	**Vivre**	**Se souvenir**
je mets tu mets il, elle, on met nous mettons vous mettez ils, elles mettent	je fais tu fais il, elle, on fait nous faisons vous faites ils, elles font	je vis tu vis il, elle, on vit nous vivons vous vivez ils, elles vivent	je me souviens tu te souviens il, elle, on se souvient nous nous souvenons vous vous souvenez ils, elles se souviennent
j'ai mis tu as mis il, elle, on a mis nous avons mis vous avez mis ils, elles ont mis	j'ai fait tu as fait il, elle, on a fait nous avons fait vous avez fait ils, elles ont fait	j'ai vécu tu as vécu il, elle, on a vécu nous avons vécu vous avez vécu ils, elles ont vécu	je me suis souvenu(e) tu t'es souvenu(e) il, elle, on s'est souvenu(e)(s) nous nous sommes souvenu(e)s vous vous êtes souvenu(e)(s) ils, elles se sont souvenu(e)s
je mettais tu mettais il, elle, on mettait nous mettions vous mettiez ils, elles mettaient	je faisais tu faisais il, elle, on faisait nous faisions vous faisiez ils, elles faisaient	je vivais tu vivais il, elle, on vivait nous vivions vous viviez ils, elles vivaient	je me souvenais tu te souvenais il, elle, on se souvenait nous nous souvenions vous vous souveniez ils, elles se souvenaient
je mettrai tu mettras il, elle, on mettra nous mettrons vous mettrez ils, elles mettront	je ferai tu feras il, elle, on fera nous ferons vous ferez ils, elles feront	je vivrai tu vivras il, elle, on vivra nous vivrons vous vivrez ils, elles vivront	je me souviendrai tu te souviendras il, elle, on se souviendra nous nous souviendrons vous vous souviendrez ils, elles se souviendront
mets mettons mettez	fais faisons faites	vis vivons vivez	souviens-toi souvenons-nous souvenez-vous
je mettrais tu mettrais il, elle, on mettrait nous mettrions vous mettriez ils, elles mettraient	je ferais tu ferais il, elle, on ferait nous ferions vous feriez ils, elles feraient	je vivrais tu vivrais il, elle, on vivrait nous vivrions vous vivriez ils, elles vivraient	je me souviendrais tu te souviendrais il, elle, on se souviendrait nous nous souviendrions vous vous souviendriez ils, elles se souviendraient
je mette tu mettes il, elle, on mette nous mettions vous mettiez ils, elles mettent	je fasse tu fasses il, elle, on fasse nous fassions vous fassiez ils, elles fassent	je vive tu vives il, elle, on vive nous vivions vous viviez ils, elles vivent	je me souvienne tu te souviennes il, elle, on se souvienne nous nous souvenions vous vous souveniez ils, elles se souviennent

Verbes impersonnels
Falloir
il faut il a fallu il fallait il faudra *n'existe pas* il faudrait il faille
Pleuvoir
il pleut il a plu il pleuvait il pleuvra *n'existe pas* il pleuvrait il pleuve

Verbes avec prépositions *à* et *de*

Abréviations : *qqch* (quelque chose) / *qqn* (quelqu'un)

A

accepter de faire* *(qqch)*/*qqch*
acheter *qqch (à qqn)*
aider *(qqn)* à (faire) *qqch*/*qqn***
apporter *qqch (à qqn)*
apprendre à faire/*(à qqn)* (à faire) *qqch*
arrêter (de faire) *qqch*
arriver à faire *(qqch)*
assister à *qqch*
avoir besoin de (faire) *qqch*/de *qqn*
avoir envie de (faire) *qqch*
avoir peur de (faire) *qqch*/de *qqn*

C

choisir (de faire) *qqch*
commander *(à qqn)* (de faire) *qqch*
commencer (à faire) *qqch*
conseiller *(à qqn)* (de faire) *qqch*/*qqn*
continuer (à faire/de faire) *qqch*
croire à *qqch*/à *qqn*

D

décider de (faire) *qqch*
déclarer *(à qqn)* (faire) *qqch*
déconseiller *(à qqn)* (de faire) *qqch*/*qqn*
demander *(à qqn)* (de faire) *qqch*/*qqn*
dire *(à qqn)* (de faire) *qqch*
discuter de *qqch*/de *qqn*
donner *qqch (à qqn)*

E

échouer à *qqch*
écrire à *qqn (qqch)*/*qqch*
emporter *qqch (à qqn)*
emprunter *qqch (à qqn)*
encourager (*qqn* à faire) *qqch*/*qqn*
envisager de faire/(de faire) *qqch*
envoyer *qqch (à qqn)*
essayer de faire/(de faire) *qqch*
éviter de faire/(de faire) *qqch*

F

faire attention à *qqch*/à *qqn*
faire confiance à *qqn*/à *qqch*
féliciter *qqn* de (faire) *qqch*/*qqn*
finir (de faire) *qqch*

I

interdire *(à qqn)* (de faire) *qqch*
inviter *qqn* à (faire) *qqch*/*qqn*

J

jouer à (faire) *qqch*
jouer de *qqch*

M

manquer à *qqn*
manquer de *qqch*

* Le verbe *faire* est donné à titre d'exemple et peut être remplacé par un autre verbe.
Ex. : *J'accepte de faire un gâteau. / J'accepte de préparer un gâteau. / J'accepte de donner mon gâteau à Élodie.*
** Plusieurs constructions sont souvent possibles. Exemples :
accepter → *J'accepte de travailler / J'accepte ton invitation.*
acheter → *J'achète au boulanger trois gâteaux. / J'achète trois gâteaux.*
aider → *J'aide Marius à construire sa maison. / J'aide à construire la maison. / J'aide à la construction de la maison. / J'aide Marius.*

O

obliger *qqn* à faire *(qqch)*
offrir *qqch (à qqn)*
oublier de faire / (de faire) *qqch* / *qqn*

P

parler à *qqn* / de *qqn (à qqn)* / de (faire) *qqch (à qqn)*
participer à *qqch*
penser à (faire) *qqch* / à *qqn*
penser de (faire) *qqch* / de *qqn*
prendre *qqch (à qqn)*
prêter *qqch (à qqn)*
promettre *(à qqn)* (de faire) *qqch*
proposer *(à qqn)* (de faire) *qqch*

R

rappeler *(à qqn)* (de faire) *qqch*
recevoir *qqch* (de *qqn*)
réclamer *(à qqn) qqch* / *qqn*
refuser *(à qqn)* (de faire) *qqch*
regretter (de faire) *qqch*
remercier *qqn* de (faire) *qqch*
rendre visite à *qqn*
répondre à *qqch* / à *qqn*
ressembler à *qqch* / à *qqn*
réussir à faire *(qqch)* / *qqch*
rêver de (faire) *qqch* / de *qqn*
risquer (de faire) *qqch*

S

s'adresser à *qqn*
s'amuser à faire *(qqch)*
s'excuser de (faire) *qqch*
s'opposer à *qqch* / *qqn*
se dépêcher de faire *(qqch)*
se mettre à (faire) *qqch*
se moquer de *qqch* / de *qqn*
se servir de *qqch* / de *qqn*
se souvenir de (faire) *qqch* / de *qqn*
servir à (faire) *qqch* / à *qqn*
s'inscrire à *qqch*
s'intéresser à *qqch* / à *qqn*
s'occuper de (faire) *qqch* / de *qqn*
souhaiter *(à qqn)* (de faire) *qqch*
suggérer *(à qqn)* (de faire) *qqch*

T

téléphoner à *qqn*
tenir à (faire) *qqch* / à *qqn*
transmettre *qqch (à qqn)*

V

vendre *qqch (à qqn)*
voler *qqch (à qqn)*

Index

Index